QICHE GAIZHUANG JINENG SUCHENG

汽车改装技能速成

THE SECOND EDITION

第二版

杨松有　顾惠烽　等　编著

化学工业出版社

·北京·

内 容 简 介

《汽车改装技能速成》（第二版）主要介绍与汽车改装操作技能相关的知识，涉及汽车改装基本知识、车身改装、底盘改装、发动机改装、电气改装及内饰改装等，不仅涵盖传统燃油汽车改装知识，还涵盖新能源汽车和智能汽车的改装知识。以实用为目的，重点介绍改装施工和质检的操作方法、操作步骤及操作要领。全书以图为主介绍内容，辅以简洁的文字说明，复杂的操作配套操作视频讲解，由专业视频教学团队精心制作而成，直观易懂。

本书适合汽车改装爱好者和汽车维修相关技术从业人员使用，可作为各类职业技术院校汽车维修相关专业的参考教材，以及汽车改装企业的教学培训指导用书，对汽车改装感兴趣的私家车主和驾驶员也能看懂。

图书在版编目（CIP）数据

汽车改装技能速成 / 杨松有等编著. -- 2版.

北京 : 化学工业出版社, 2025. 6. -- ISBN 978-7-122
-47778-1

Ⅰ. U472

中国国家版本馆CIP数据核字第2025S2F386号

责任编辑：黄 滢　　　　　　　　　装帧设计：王晓宇
责任校对：边 涛

出版发行：化学工业出版社（北京市东城区青年湖南街13号　邮政编码100011）
印　　装：北京云浩印刷有限责任公司
710mm×1000mm　1/16　印张14½　字数376千字　2025年7月北京第2版第1次印刷

购书咨询：010-64518888　　　　　　售后服务：010-64518899
网　　址：http://www.cip.com.cn
凡购买本书，如有缺损质量问题，本社销售中心负责调换。

定　　价：99.00元　　　　　　　　　　　　　　　版权所有　违者必究

前言

《汽车改装技能速成》自2020年8月面世以来，收获了远超笔者预期的反响。许多汽车改装爱好者通过这本书，成功迈出了他们在改装领域的第一步，从对改装一知半解的新手，成长为能够独立完成一些基础改装项目的行家。在与读者的交流互动中，笔者收到了大量的反馈信息，他们分享了自己运用书中知识完成改装的喜悦，也提出了许多宝贵的意见和建议。这些反馈不仅让笔者深感欣慰，也激励着笔者不断完善和更新这本书，以更好地满足读者的需求。

汽车改装行业的发展日新月异，新的改装技术不断涌现，更先进的改装部件层出不穷，汽车制造工艺的升级也为改装带来了全新的挑战和机遇。与此同时，相关的政策法规也在不断调整和完善，以适应行业的发展和变化。为了让读者能够紧跟行业的步伐，掌握最新、最实用的改装知识，现推出《汽车改装技能速成》第二版。

第二版在继续保持第一版风格的基础上，针对第一版中存在的问题和不足，进行了系统的修订、更新和优化，主要体现在以下几个方面。

（1）紧密结合汽车行业发展动态，新增了新能源汽车和智能驾驶辅助系统的改装知识。介绍了新能源汽车的改装特点、注意事项以及一些常见的改装案例，阐述了如何在合法合规的前提下对车辆的智能驾驶辅助系统进行升级和优化，以提升驾驶的安全性和便利性等。

（2）针对第一版中部分读者反映的知识点不够深入、讲解不够详细的问题，进行了重点优化。例如，对汽车车身贴色膜的内容进行了更加详细的介绍，深入剖析了贴膜新技术的工作原理和改装要点，帮助读者更好地理解和掌握贴膜技术的方法和技巧。

（3）在政策法规方面进行了及时的更新。随着各地对汽车改装管理的规范化，了解并遵守相关法规成为汽车改装爱好者必须重视的问题。在第二版中，详细梳理了最新的汽车改装政策法规，明确了哪些改装项目是合法合规的，哪些是禁止的，同时提供了一些合法改装的建议和方法，帮助读者在享受改装乐趣的同时，避免因违规改装所带来的不必要的麻烦。

（4）除了内容的更新和完善，还进一步增加了配套资源，例如在各章节中穿插了大量的一线车间真实案例和图片说明，对于较复杂的改装操作内容配套丰富的操作视频讲解，使抽象的知识更加直观易懂。此外，还配备了电子教学课件PPT，有需要的读者购书后可致电010-64519275或发邮件至huangying0436@163.com免费领取。

第二版的编写人员有杨松有、顾惠烽、张浩、刘观芳、朱如坤、陈浩澄、廖毅生、李袤、周焜、黎文武、彭川。在修订过程中，依然得到了众多行业专家、汽车改装从业者以及广大读者的支持和帮助。他们为本书的编写出版提供了大量的一手资料和实践经验，提出了许多宝贵的修改意见和建议，让本书得以不断完善。在此，再次一并表示衷心的感谢！

最后，祝愿每一位汽车改装爱好者都能在改装的世界里找到属于自己的乐趣和成就！

编著者

目录

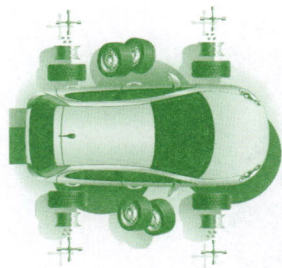

第 3 章　汽车底盘改装　　　50

第6章　汽车内饰改装　190

本书配套视频　224

第1章
汽车改装基本知识

1.1 汽车改装国内、国外现状及发展前景

1.1.1 汽车改装国内现状及发展前景 🖼

1.1.1.1 国内汽车改装行业现状分析

（1）市场规模与增长趋势

国内汽车改装市场近年来呈现稳步增长态势，市场规模以每年 15% 的速度增长，远超汽车行业整体增速。这一迅猛发展态势，使得小众车型改装市场在汽车行业中的影响力与日俱增，新能源技术在小众车型改装中的应用比例从 10% 跃升至 30%，个性化定制服务在改装业务中的占比达到 40%，展现出汽车改装市场的巨大潜力和活力。

（2）消费者需求与细分市场

汽车改装市场正逐渐走向细分化，从外观装饰、性能提升到舒适性改进，消费者对改装的需求更加多样化。年轻一代消费者对个性化和性能提升的追求，推动了高性能改装、运动套件等细分市场的快速发展（图 1-1-1）。

图 1-1-1 消费者需求与细分市场

（3）政策法规与市场环境

对汽车改装行业的态度趋向开放，逐步放宽了对车辆外观、内饰、轻度性能改装的限制，但对涉及车辆安全、环保标准的改装仍保持严格管控。政策的适度放宽为汽车改装市场提供了更广阔的发展空间。

（4）技术进步与创新

随着汽车科技的发展，改装技术也在不断创新，如碳纤维材料的广泛应用、电子控制系统的优化、智能驾驶辅助系统的集成等，为汽车改装带来了更丰富的可能性和更高的性能表现。

（5）品牌与文化影响

国际知名改装品牌和汽车赛事文化的传播，对我国改装汽车市场产生了深远影响。消费者对改装品牌的认可度提高，追求品牌效应和改装文化的体验，推动了市场专业化和高端化的发展趋势。

1.1.1.2 汽车改装行业技术与创新分析

（1）材料科学与轻量化技术

碳纤维、高性能合金等材料在汽车改装中的应用，实现了车身和零部件的轻量化（图 1-1-2），不仅提高了车辆的性能，还降低了油耗，体现了材料科学与汽车改装的完美结合。

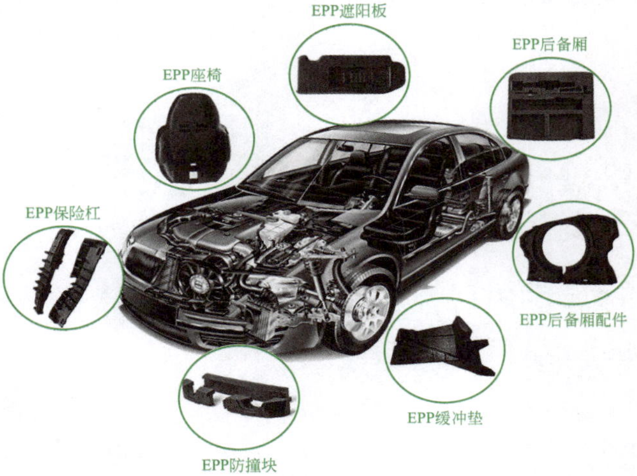

图 1-1-2　汽车轻量化技术

EPP 是发泡聚丙烯，一种新型泡沫塑料

（2）动力系统与性能提升

发动机调校、涡轮增压（图 1-1-3）、机械增压等技术的运用，使车辆动力输出更加强劲。同时，电动化趋势下的电池管理系统、电动机性能优化，也为汽车改装提供了新的动力源。

（3）智能科技与驾驶辅助

智能驾驶辅助系统的集成（图 1-1-4），如自动泊车、盲点监测、自适应巡航等，提升了汽车改装的驾驶安全性和舒适性。同时，车联网技术的应用，使车辆能够实现远程监控和智能管理。

（4）外观设计与个性化

3D 打印、定制涂装等技术的应用，让汽车改装的外观设计更加个性化和艺术化（图 1-1-5）。

消费者可以根据自己的喜好，打造独一无二的车辆外观，体现了汽车美学与改装文化的融合。

图 1-1-3 发动机涡轮增压器

图 1-1-4 驾驶辅助系统

（5）内饰升级与舒适性

高级音响系统、豪华座椅、氛围灯等内饰改装，提升了车辆的舒适性和驾乘体验。智能化的内饰设计，如触控屏幕、智能语音控制，也让改装汽车更加符合现代科技感（图 1-1-6）。

图 1-1-5 个性化定制涂装

图 1-1-6 内饰升级

1.1.2 汽车改装国外现状及发展前景

汽车改装在国外一直很流行。现在，世界各大著名汽车厂商都有它们的专业改装厂和改装品牌，如专门为奔驰车用户进行改装的 AMG、BRABUS、CARLSSON 等，为宝马车用户进行改装的 ACSCHNITZER，为大众公司旗下的大众车和奥迪车用户进行改装的 ABT，为本田车用户进行改装的 HRC（本田赛车公司）、MUGEN（无限），为丰田车用户进行改装的 TOM'S 和 TRD（丰田赛车运动发展部），为富士车用户进行改装的 STI（富士世界技术部）和 TEIN，为尼桑车用户进行改装的 NISMO（尼桑汽车运动部）和为三菱车用户进行专业改装的 RALLIART（拉力艺）等。

个性化改装已形成了独特的汽车文化，汽车改装也形成了产业化，并成为汽车相关产业链中的一个重要组成部分。在发达国家，汽车改装的比例大概是 80%，也就是说 80% 的车都有过改装的记录。那么，这 80% 的车就产生了很大的产业链关系，使厂家在改装方面做更多的开发和投入，所以这是一个很大的市场。

国外的改装市场主要分为以下板块。

第一个板块是以德国为代表的改装，在改装性能方面与其汽车品牌文化有很大关系。在欧洲可以看到很多所谓的品牌改装，像奔驰、宝马、大众都有自己的改装企业，为其品牌旗下的产品进行专业的改装。这类改装得到了社会的支持，比如技术方面的转移和设计知识产

图 1-1-7　德国 ABT 改装品牌

权的共享，甚至还包括很多产品开发上面的技术。所以，这类改装在欧洲比较盛行，因为这种改装延伸了原厂品牌文化的特色，是把原厂品牌的功能和文化进行了很好的延伸，这是以德国为代表的欧洲汽车改装（图 1-1-7）。

第二个板块是以美国为代表的改装。美国的特色是很多车都是经过改装的定制车。这些车完全按照美国车主的想象、偏好、个人倾向，对其进行全方位的改装。这类改装有一个独特的文化现象（图 1-1-8），有很多是汽车制造的成分，而不是改的概念。

第三个板块是以日本为代表的改装，追求一种适用性和舒适性。日本许多改装，运用了很多先进的装备，所以说日本的改装，实际上相对技术层面来说是比较领先的（图 1-1-9）。

图 1-1-8　美国 RBP 改装品牌

图 1-1-9　日本 HKS 改装品牌

第四个板块是以新加坡为代表的改装。由于其汽车工业比较发达，所以综合性强，改装部位比较广，大多数汽车被改得比较华丽。

1.2　汽车改装法律法规

汽车的型号、发动机型号、车架号不能改，不能破坏车身结构；汽车改变颜色，更换发动机、车身或者车架的，必须交验汽车，更换发动机、车身或者车架的还要提交机动车安全技术检验合格证明。而对车身、车架、发动机的变更，要在已经损坏无法修复或者存在质量问题的前提下才能够进行。申请变更时，须同时出具修理厂的证明及更换发动机、车身或者车架的来历凭证。轮胎、进气系统、排气系统等改装是不允许的。根据公安部《机动车登记办法》有关规定，在用汽车轮胎规格、进气系统、排气系统都是国家不允许的变更项目。如在用汽车进行上述改装，可能会改变发动机功率，影响到行车安全，对进行非法改装的机动车所有人，将依法处以 500～1000 元的罚款，并责令其恢复原状。

申请变更所需要提交的材料及手续：填写"机动车变更登记申请表"，然后提交"机动车所有人及驾驶人身份证明"、"机动车登记证书"、"机动车行驶证"、申请办理变更登记机动车的标准照片。

1.2.1　外观 🚗

❶ 可以对车身颜色、燃料种类等进行改装，但有三种颜色属于特种车专用颜色，不能使用。红色为消防专用，黄色为工程抢险专用，上白下蓝为国家行政执法专用。

❷ 车贴面积不能超过车身总面积的 30%，超过了就必须去相关部门报批（图 1-2-1 和图 1-2-2）。

图 1-2-1　外观贴纸（合法）

图 1-2-2　外观贴纸（不合法，需报批）

❸ 更换前保险杠属于改变汽车外形，经过审批后是可行的，但对升高底盘等提升汽车越野性能的改装是不允许的。年审中一旦发现违规改装，必须恢复原状（图 1-2-3 和图 1-2-4）。

图 1-2-3　升高车辆底盘

图 1-2-4　原车车辆底盘高度

1.2.2　内饰 🚗

（1）协调

饰品颜色必须和汽车的颜色相协调，不可盲目追求高品位、高价位，以免弄巧成拙，比如浅色车的内部配以深色的座套及红色的地毯等。

（2）实用

根据车内空间大小，尽可能选用一些能充分体现车主个性的小巧、美观、实用的饰物，如茶杯架、香水瓶、储物盒等。

（3）整洁

车内饰品应做到干净、卫生、摆放有序，给人一种轻松、舒适的感觉。

（4）安全

车内饰品绝不能有碍驾驶员的安全行车或乘员的安全，如车内顶部吊物不宜过长、过大、过重；后挡风玻璃上的饰物不要影响倒车视线等。

（5）舒适

车内饰品的色彩和质感要符合车主的审美观，香水要清新，不宜太浓等。

1.3 汽车改装的定义和分类

（1）汽车改装的定义

汽车改装是指以汽车品牌文化为特征，以特性偏好为取向，在量产车型的基础上，结合造型设计理念，运用先进的工艺和成熟的配件与技术，对汽车的实用性、功能性、欣赏性进行改进、提升与美化，并使之符合汽车全面技术标准，最终满足人们对汽车这种特殊商品的多元化、多用途、多角度需求的一种市场形态。因为不同车辆之间存在性能方面的差异，车主对汽车改装的理解和目标不一样，因此汽车改装的内容和方法也是不同的，项目可简可繁，花费可多可少，每个人都能根据车辆的具体情况和个人经济实力、兴趣爱好等制定适合自己的改装方案。

（2）汽车改装的分类

汽车改装，大体可以分为以下几类：外观改装、动力系统改装、底盘改装、越野车改装、内饰改装、音响改装。

外观改装主要就是体现车主的个性。常见的有贴改色膜（图1-3-1）、改装前后保险杠、尾翼、两裙边、开孔发动机盖、HID氙气大灯等。

动力系统改装主要是为了提升动力，动力系统改装也是汽车改装的重中之重。常见的有改装进气、增加涡轮增压、改装机械增压、改装高性能点火线圈（图1-3-2）、改装功率提升器、加装外挂ECU等。

底盘改装主要是为了舒适性和安全性。基本上只要改装了动力，底盘是必然需要改装的，否则原本的底盘是无法承受更高动力的。常见的改装包括轮胎、轮毂、减振、弹簧、前顶吧、后顶吧、前底架、后底架等（图1-3-3）。

越野车改装，当然是为了越野，侧重点在于提高通过性，尽可能提高越野车对各种路况的适应与通过能力（图1-3-4）。

内饰改装主要是改装赛车座椅、客车换挡杆头以及各式各样的仪表等（图1-3-5）。

音响改装无非是改装主机、功放和喇叭等（图1-3-6）。

图1-3-1　贴改色膜

图1-3-2　改装高性能点火线圈

图 1-3-3　加装底盘加强件

图 1-3-4　越野车改装

图 1-3-5　内饰改装

图 1-3-6　音响改装

1.4　汽车改装常用工具及设备

（1）常用工具套装（图 1-4-1）
（2）万用表（图 1-4-2）

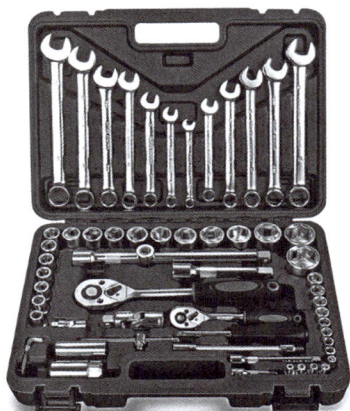

图 1-4-1　常用工具套装

LCD显示屏

关机挡位
指示灯

电阻挡
蜂鸣挡
二极管
电容挡

20A电流
输入端

电流输入端　负极公共端口

三极管插孔
直流电压

交流电压
交流电流
直流电流

电压电阻
输入端

图 1-4-2　万用表

（3）试灯（图1-4-3）
（4）刮板（图1-4-4）

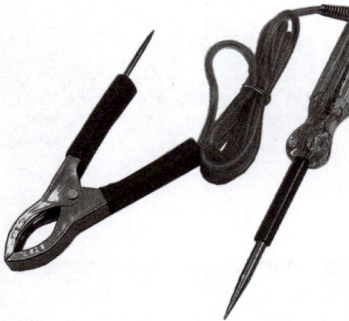

图 1-4-3　试灯

图 1-4-4　刮板

（5）烤枪（图1-4-5）
（6）美工刀（图1-4-6）

图 1-4-5　烤枪

图 1-4-6　美工刀

（7）扭力扳手（图1-4-7）
（8）电钻（图1-4-8）

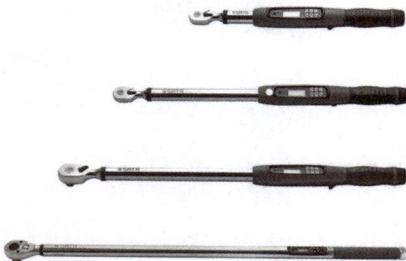

图 1-4-7　扭力扳手

图 1-4-8　电钻

第2章
汽车车身改装

2.1 加装汽车车身包围

2.1.1 汽车车身包围及安装车身包围的优缺点

2.1.1.1 汽车车身包围

汽车车身包围是指车身下部宽大的裙边装饰，一般由前包围、侧包围和后包围组成，在一些车型上还包括轮眉、挡泥板和门饰板等。加装包围后，汽车会变得更加美观，给人以雍容气派之感，车身富于动感。

汽车车身包围改装源自汽车运动，早期的汽车改装只针对提高赛车的性能，主要用于改善车身周围的气流对运动中车身稳定性的影响，以便赛车在比赛中取得好成绩。随着汽车工业的发展以及赛车运动的深入人心，汽车改装已揭开它的神秘面纱，成为普通"车迷"生活中的一部分，并渐渐成为一种时尚。而在目前民用改装车上，多为体现车主的个性思想，但也同样起到了降低风阻、提高行车安全系数的作用。

前后包围有全包围式和半包围式两种：全包围式是将原有保险杠拆除，然后装上大包围，或将大包围套在原保险杠表面；半包围式是在原保险杠的下部附加一个装饰件，这样可以不拆除保险杠。侧包围又称侧杠包围或侧杠裙边。由于汽车在发生撞击时，保险杠可以起到缓冲和吸震的作用，而且它是在汽车设计时经过精密计算得出的结果，可以最大限度地保护乘员，所以出于安全考虑，与全包围式相比半包围式更具有优势，但美中不足的是半包围式达不到全包围式的那种整体美感。

2.1.1.2 优点

❶ 一般车身包围包括前保险杠和后保险杠的扰流气坝，还有车身两侧的导流裙脚，以及后备厢上方的尾翼几个部分。而前保险杠下方的导流坝主要是让气流从车身正面下方的底盘快速通过，让车下方形成一个接近真空的地带，使车身可以被牢固地吸附在路面上，而发动机盖上方的气流经过后备厢的扰流尾翼后，会因速度的不同造成不同的下压力，这样自然就会让轮胎对地面的附着力更大；而左右两侧的扰流裙脚主要让车身下方两侧的紊流尽快地清除，或者将气流引到后轮的刹车系统以达到降温的目的。可见加装车身包围后能利用空气动力学原理增加其效率，而且能增加安全性。

❷ 在车身投影面积相同的情况下，车身外形不同或车身表面处理不同导致空气动压值有差别，其空气阻力系数也完全不同。由于空气阻力与空气阻力系数成正比关系，现代汽车为减少空气阻力，必须考虑降低空气阻力系数，目前，轿车空气阻力系数一般为0.28 ～ 0.4。有关试验表明，空气阻力系数每降低10%，燃油可节省7%左右。曾有人对两种同质量、同尺寸、同发动机，其他部件也基本相同，但具有不同的空气阻力系数（分别为0.44 和 0.25）的轿车进行比较，以 88km/h 的速度行驶了 100km，燃油消耗后者比前者节约了 1.7L。

❸ 车身包围可使车身加长，重心降低，给人以安全、稳健、踏实、庄重的感觉。

❹ 安装车身包围后，可以使车身的曲线更柔顺，棱角更分明，车型线条更顺畅，造型更优美，给人以整体和谐的愉悦感受，外形大变，极显个性。

2.1.1.3 缺点

❶ 目前市场上车身包围大多为美观而设计，如果车身包围的设计不良反而会造成车身有更大紊流产生，使车速降低并且增加油耗。

❷ 安装车身包围后汽车只能在平坦、良好的道路上行驶，否则会影响其通过性。

2.1.2 如何合理选择汽车车身包围

（1）可根据产品的材料、性能来选择

国内主要流行的汽车车身包围材质主要有玻璃纤维、ABS 塑料、合成树脂、聚酯塑料、合成橡胶等，下面就各种材料的性能进行分析。

❶ 玻璃纤维。此类产品价格较便宜，但韧性极差。成件安装、打孔麻烦，它的耐腐蚀性能好，对大气、水和一般浓度的酸、碱、盐及多种油类和溶剂都有较好的抵抗能力，热性能良好，热导率低，室温下为 1.25 ～ 1.67kJ/（m·h·K），只有金属的 1/100 ～ 1/1000，是优良的绝热材料。在瞬时超高温时，是理想的热防护和耐烧蚀材料，由于这种材料制作的时候收缩性较大，所以制造出的包围表面很容易会起波浪，经过一段时间的日晒后甚至可能出现裂缝。

❷ ABS 塑料。此类产品因为是以真空吸塑成型，厚度较薄，所以不能制作保险杠款的包围，只能制作唇款的包围。

❸ 合成树脂。此类材料收缩性较小，韧性较好，耐热且不易变形，所以制作出的产品表面光滑，同时抗扭力较强，密合度较高，但价格相对也较高。

❹ 聚酯塑料。此类产品采用高压注射成型制作，有很好的柔韧性与很高的强度。因为大

多数汽车的原装保险杠也采用聚酯塑料制造，是相同的材料，所以与车身的密合度也是最佳的，寿命较长。但此类产品造价极高，一般消费者难以承受。

❺ 合成橡胶。它是目前高档汽车所采用的汽车外饰材料，由于它具有抗冲击、不易变形、不易断裂、耐候性好（−40 ～ 80℃）且环保、无公害等诸多优点，已经成为国际汽车装饰业界公认最适合做汽车装饰板的材料，合成橡胶包围采用液体原料灌注而成，外形平整，光滑，表面喷涂亮漆后，外观效果非常好。

如图 2-1-1 所示产品采用树脂材料，其收缩性小，韧性好，表面经过处理，光滑，且其制作和安装技术也较好，整体看来和汽车的吻合度高，像是原车件，但价格较高。

（2）根据产品的价格选择

按照档次不同和各地区的消费水平不同，车身包围也有较大差异，普通轿车车身包围的价格一般在 400 ～ 3000 元，例如广东战晨生产的一

图 2-1-1　车辆包围

款型号为战神的马自达 M3 的车身包围价格为 2150 元，同品牌的马自达 M6 车身包围价格为 1850 元，还有同品牌的三菱蓝瑟车身包围价格为 1700 元；TOPMIX 品牌的卡罗拉 MA 车身包围价格为 2886 元，同品牌的凯美瑞 M 款车身包围价格为 2450 元；锐志 MA 款车身包围价格为 2650 元；X-POWER 生产的两厢飞度 A 款 FRP 前包围价格为 2880 元，生产的雨燕 ABS 前小包围价格为 2580 元；宝马 E909（华晨宝马新 3 系）HAMANN 改装款"前下巴"（碳纤维）价格为 900 元。一辆赛车根据产品档次的不同，加装车身包围的价位也有较大差异，一般在 1000 元之上，可以说上不封顶。比如适用于 2005 年款爱丽舍的两厢赛车车身包围价格为 1650 元，保时捷卡宴车身包围价格为 68000 元，但价格高不一定适合自己的爱车，所以安装时要根据自己的收入和款型等多方面因素做出合理决断。

如图 2-1-2 所示，此欧蓝德车身包围后杠采用进口原材料树脂生产，具有耐老化、抗冲击力强、吻合度高、安装容易等特点，为该车系的专用包围配件。

图 2-1-2　欧蓝德大包围后杠

（3）根据车身包围的设计原则选择

❶ 整体性原则。要将车辆前后左右各包围件当作一个整体来设计，将半包围和全包围进行比较，进行全包围可能会去除原有保险杠，但其设计时可以把大包围按照一个整体进行设计并安装；半包围虽然照顾到了安全性，但它可能更多的是使装饰件更好地配合原车的轮廓，因而整体性可能略差。

❷ 协调性原则。各包围件的造型与颜色要与车身相协调，车身包围件应该与车身紧密配合，

并且尽量与车体颜色不要有太大色差，可以根据色彩的几个决定性因素进行搭配。

a. 色彩的进退性。根据人们视觉距离的不同可分为前进色和后退色，例如红色和黄色，近距离看效果好些，而蓝色和绿色，远距离看会好些。

b. 色彩的胀缩性。根据人们视觉体积的不同色彩可以分为收缩色和膨胀色，例如蓝色和深绿色，看起来要比实际的小，而黄色和白色则相反。

c. 色彩的明暗性。根据人们视觉亮度的不同，色彩可以分为明色和暗色，例如红色和黄色为明色，这类物体看起来觉得大一些，近一些，而蓝色和绿色则为暗色，效果相反。

d. 色彩的反差性。不同的颜色进行合理搭配，形成色差，其视认性和注目性将大大改善，一般情况下，前进色应该与后退色搭配，膨胀色应该与收缩色搭配，明色应该与暗色搭配。

试验研究结果表明，在天气晴好的条件下，浅色系的汽车安全性能高于深色系的汽车，黑色汽车的事故率是白色汽车的 3 倍。通常情况下，比较容易被眼睛所辨别的颜色更能引起道路上驾驶者以及行人的注意，不易发生碰撞以及追尾等事故，交管部门的事故专家也很认同这样的试验结果。在新型试验中，工作人员选取绿、黑、蓝、银灰、白 5 种颜色的车进行试验。对比试验结果发现，黑色车辆在清晨及傍晚时段光线不好的情况下，最难被人眼识别，而绿色及蓝色车辆的颜色安全性居中，所以在进行车辆装饰的时候，要注意进行合理搭配，夏天最好采用冷色，冬天最好采用暖色。利用色彩的特性进行合理的搭配，可以使爱车漂亮的同时还能增加行驶时的安全性。

❸ 安全性原则。汽车安装包围后绝不能影响整车的性能和行车安全，设计时要考虑路面状况，所有饰件离地都应保持一定距离。例如加装大包围不当，虽然达到了美观的目的，但不符合空气动力学原理，不仅可能使原车的动力性能下降，增加油耗，还可能降低行车稳定性，造成不应有的事故。另外离地一定距离可以使汽车更好地驶过不平的路面。

❹ 标准性原则。车身包围组件要符合国家有关规定，我国法律虽然没有对汽车的相关改装做详细规定，只是规定不得私自改装车辆，但肆意地按照自己意愿安装汽车车身包围改变了车辆登记时的原貌是不符合国家规定的，所以车主在加装车身包围前还是应该先咨询相关事项，以免带来不必要的损失。

综合上面诸多因素，相信读者可以为自己的爱车选择一套合适的"外衣"。

2.1.3　施工与质检 🖼

2.1.3.1　施工前准备及所需工具

准备好安装所需的工具和材料。一般常用的工具有手电钻、螺丝刀、锤子、活动扳手、钳子等，准备好车身包围及其附属零件并按照说明做好各种处理工作。

图 2-1-3　清洁

2.1.3.2　施工过程及安装工艺

车身包围的常见安装工艺及典型安装工艺如下。

（1）常见安装工艺

❶ 将车身包围的安装部位进行擦拭和清洗，去除油污和污垢，使表面清洁（图 2-1-3）、

干燥。

❷ 在车身上安装车身包围的相应部位贴上保护用的皱纹纸（图 2-1-4），防止在安装过程中碰坏车身油漆。

❸ 将车身包围在车身上相应位置试放一下，观察两者的贴合程度，注意安装侧包围时应该把车门打开，安装后包围时注意排气管。

❹ 取下车身包围，按照试放的效果对其进行修整，将车身包围修边角和去毛刺，按照安装要求在车身下端钻好安装孔，并去掉孔边周围的毛刺（图 2-1-5）。在原装车的螺栓孔上安装并固定螺栓（图 2-1-6）。

图 2-1-4　贴上保护用的皱纹纸

图 2-1-5　去掉孔边周围的毛刺

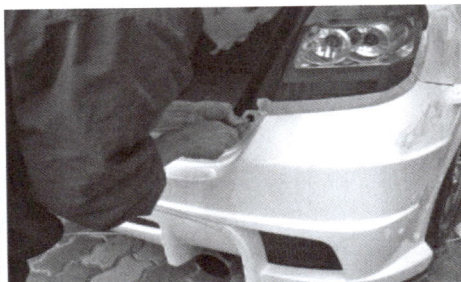

图 2-1-6　安装并固定螺栓

视频精讲

❺ 安装车身包围，施力时应该注意技巧，要使车身与包围紧密贴合，避免用力过猛而造成它们的损伤，必要时可以在它的内侧与车身贴合的位置涂上专用的胶水。拧上固定螺栓，最好在螺母上涂上油漆，使之与车身颜色协调（图 2-1-7）。

（2）典型安装工艺

❶ 测试前后唇强度：由两人各持一端向相反方向用力使其产生形变，然后松开看其是否能恢复原来状态，如此时前后唇发生了明显变形，则说明其强度不够。

❷ 安装灯眉：把灯眉粘贴在前大灯的上部。为保持原车漆面，在原车前后保险杠边缘粘贴皱纹

图 2-1-7　安装完成

纸，将后唇放到车上对位。

❸ 用角向磨光机和砂纸反复打磨修整后唇，使其与原车后保险杠紧密配合。

❹ 在后唇内部涂抹胶水，把后唇粘在后保险杠外面，并用皱纹纸粘贴固定。

❺ 在后唇内侧钻孔并用螺栓固定，在螺母上涂上调好的同颜色涂料。

按相同方法安装前唇并安装裙边（粘接）。

对比分析及小结：常见的安装方法可以说与典型的安装车身包围步骤大同小异，所不同的是一般常见安装方法把车身包围按照整体性的原则一次性将饰件安装在车身之上，而后者是将车身包围分装在车上并逐一固定。相比之下，常见的安装方法在美观的角度上应该强于后者，但由于是整体安装，它的牢固程度可能不如后者，将整件拆装按照小部件安装可以使饰件更牢固地装在车身上，以防车辆在行进中发生整体脱落，所以出于安全考虑后者更加实用。另外车主应该注意：按照常见的安装方法大都是用螺钉固定在车身上的，但某些小的修理厂为安装方便对某些部件采用粘贴方法，所以加装时应该注意，以防汽车在高速行驶时发生部件脱落事件，造成事故。

2.1.3.3 安装质检

安装完成后，需要检查各个部件是否安装到位，螺栓是否锁紧，粘胶是否牢靠。

2.2 改装汽车车身颜色

2.2.1 包膜

（1）包膜的定义

包膜就是通过高分子聚合材料贴附于物品表面，达到保护原有涂层、装饰物品的目的，并可随时轻易揭除，与传统的封釉、镀膜、喷漆等漆面化学改变形成鲜明对比。这种类型的贴膜有低黏度、高性能等特点，可以充分贴合物品表面，具备便于施工、柔韧性好、耐久性强、耐化学品腐蚀性好、不透光性更强等诸多优点。可有效保证施工过程中对有弧度的物品表面进行准确、无缝隙、无气泡贴覆，不会对物品的原漆或涂层造成损害，会起到很好的保护作用。

（2）包膜的优点

包膜在日常生活中可广泛应用于手机（图 2-2-1）、IPAD、IPOD、笔记本电脑、自行车、摩托车、小轿车、大货车等，因其个性化的特点还可应用于 KTV 包厢的室内装饰等。就如同在学校上学时，每当新书发下来，同学们都会给新书包上书皮，使书的原封面在使用过程中保持整洁和不被磨损，其实书皮就是包膜的一种，随着时间的推移和技术的不断发展，包膜也得以更好的改进和应用。

在追求时尚、崇尚自由的今天，包膜被广泛应用的另外一个原因是它有多种颜色可以选择，可以随意选择喜欢的颜色贴覆在自己的物品表面，彰显自己的个性，表达自己的喜好，不喜欢了又可以随时撕掉更换，操作非常简单方便。包膜在车辆上的应用如图 2-2-2 所示。

图 2-2-1　手机包膜

图 2-2-2　包膜在车辆上的应用

2.2.2　工具的使用

（1）美工刀

❶ 如何让美工刀无法伤及车漆？

尖端处避免顶到车体表面，加工过程中尽量使刀侧平行于车体。

❷ 如何使用美工刀移除多余直线材料？

将美工刀依靠在车体边缘顺着凹处做惯性切割，依照包边需要至少留 5mm 膜料。

❸ 如何确认何种时机使用何种美工刀？

美工刀可分为 45°及 30°两种类型。30°的美工刀较尖，便于弯曲处加工，加工过程中需时常确认刀片是否锋利，如果发现钝、裂、缺口，则需立即更新（图 2-2-3）。

❹ 开膜料时如何正确用美工刀以减少材料损耗？

确认包膜处的加工面积，再加工所需的预留边，依此面积开料。开料边缘须呈平滑线条，避免加工过程中拉撑过大，否则膜料会从缺口处破裂，破坏膜料完整度，导致重新开料。

图 2-2-3　美工刀的使用

（2）软/硬刮板

❶ 长柄刮及 5in 方刮：是要用喷壶喷水的膜料，多用于玻璃材质贴膜，以及卡典西德（Cutting Sheet）的广告材料、无导气槽的喷绘膜等（图 2-2-4）。

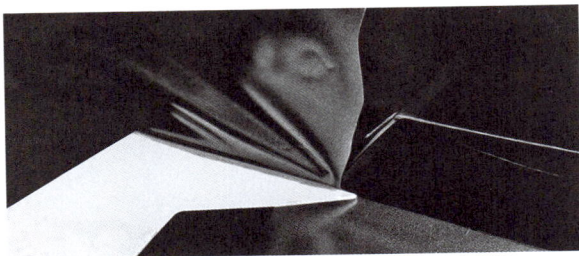

视频精讲

图 2-2-4　刮板的使用

15

❷改色膜双面刮：贴膜时广泛使用，基本上在做各式贴膜施工时都会用到双面刮。

❸小铲刀：用于细缝凹槽部位。

❹加长贴纸刮：可用于汽车玻璃、门窗玻璃、广告灯箱等。

❺其余刮板可以自行方便使用。

硬质刮板可用于简易平面刮整及边角藏料收边。

软质刮板利用刮板的软质特性，可作手势凹曲以符合加工面造型。

特殊造型平面可使用相对应的特殊刮板。

用刮板刮水时，均匀施力，由面中间往外、由上往下拨刮，将水刮净，如图 2-2-5 所示。以刮板做均匀施压刮挤，并以定温烤枪做均匀加热固定，可避免水流回流造成水泡。

（3）烤枪

如图 2-2-6 所示，烤枪用于对车膜进行加热，一边加热一边用塑料刮板挤压物体上的气泡和水，使车膜变形，直至与物体的曲面完全吻合。需要特别留意的是，加热要均匀，不要过分集中，否则温度太高有可能造成车膜破损。

图 2-2-5　刮板刮水

图 2-2-6　烤枪的使用

为何选用定温烤枪而不用吹风机？主要是因为吹风机风力过大，并且无法进行温度设定，专业度不够。

❶在平面使用定温烤枪：避免太过靠近面料，保持一定距离及加热时间，将面料烤至一定柔软度。

❷在曲面使用定温烤枪：将面料拉整以符合曲面形状为宜，并保持一定距离及加热时间，将皱褶处吹平，以方便刮板刮平。

❸大幅度曲面使用定温烤枪：做大面积吹烤，使整块面料均匀受热，便于拉撑施工。

❹使用定温烤枪熔边以防翘边：最后加工时，将定温烤枪调至 300℃ 挡，将膜料表面加温至 130℃，加热时间 2～3s，并以手指固定加压，同样动作可重复两次，并检查翘曲的情况，直到加热时不会翘边即可。

（4）定位胶带和磁铁

定位胶带是以美纹纸和压敏胶水为主要原料，在美纹纸上涂覆压敏胶黏剂，另一面涂以防粘材料而制成的卷状胶黏带。定位胶带具有耐高温、抗化学溶剂性佳、高黏着力、柔软服帖和再撕不留残胶等特性，行业通称美纹纸压敏胶黏带（图 2-2-7）。

图 2-2-7 定位胶带的使用

定位胶带的优点：

❶ 协助贴膜技师包膜，减少贴膜施工人员的辅助；

❷ 改色膜、透明膜、玻璃膜、建筑施工膜等贴膜定位，彩绘及拉花膜等定位；

❸ 放开双手的同时可进行贴膜施工，有助于提高工作效率。

摆置好面料于包膜处后，即可利用定位胶带或磁铁做固定，如图 2-2-8 所示。

图 2-2-8 磁铁的使用

如何于不同材料交汇处使用定位胶带？多种材料接合时，可定位胶带施工，定位与拉形切割。

如何使用定位胶带减少介刀伤及漆面？可将定位胶带粘贴于包膜的边缘切割处铺底，避免于包边收尾时由于刀尖加工造成的车体划伤（图 2-2-9）。

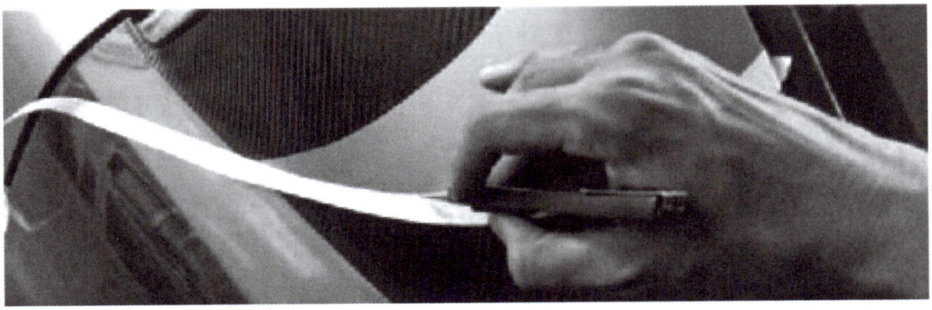

图 2-2-9 减少介刀伤及漆面

2.2.3　如何选择贴膜材料 🖼

如图 2-2-10 所示，具体方法如下。

图 2-2-10　贴膜材料选择

（1）选择高分子PVC（聚氯乙烯）
❶ 延伸性好。
❷ 耐候性佳。
❸ 加工性优。
❹ 吸墨性好。
使用的单分子 PET（聚对苯二甲酸乙二醇酯）材料，其稳定性为 3～5 个月，而 PVC 材料可达 3～5 年，且 PET 无延展性。
（2）选择油性压敏胶
❶ 初黏力低，移动性佳。
❷ 保持力好，可应用范围广。
❸ 黏着力高，不会翘边。
❹ 可移除性好（残胶可简易清除）。加工过程方便移动，高黏着，完工后保固都能完全兼顾。
（3）选择导气槽底纸
❶ 适合干贴。
❷ 易排气。
❸ 加工简便。

2.2.4　施工作业 🖼

（1）施工前准备
❶ 检查车身有无缺陷（图 2-2-11）：以人工方式做表面检查，看是否有落漆、凹陷、污渍、凸起物等。
❷ 确认车身缺陷是否会影响包膜：贴膜表面需保持干净清洁、无灰尘，落漆、凹陷、污渍、凸起物等都会影响。
❸ 若会影响如何补救：需明确告诉车主包膜后的结果，并询问车主是否介意，如介意仍需建议车主先进行车体表面清洁、漆面补平后再行包膜。

图 2-2-11　检查车身

❹ 清洁包膜部位：在包膜处的车体表面，通过专业清洁设备及洗车设备做完整清洁，包边处及其内侧需做完整清洁，不能残留污渍及灰尘，可通过去渍油或除胶剂做彻底清洁（图 2-2-12）。

❺ 彻底清洁全车：通过专业清洁设备及洗车设备做完整清洁。

❻ 正确通过水蜡来避免胶水残留：进行完整清洁后，将表面均匀打蜡两次以上，让车体表面附上一层薄薄的蜡材。

视频精讲

图 2-2-12　清洁包膜部位

（2）汽车大灯包膜施工作业

❶ 彻底清洁车辆大灯（图 2-2-13）。

❷ 裁剪大灯膜（图 2-2-14），注意四边需留 5cm，方便最后的修边。

图 2-2-13　彻底清洁车辆大灯

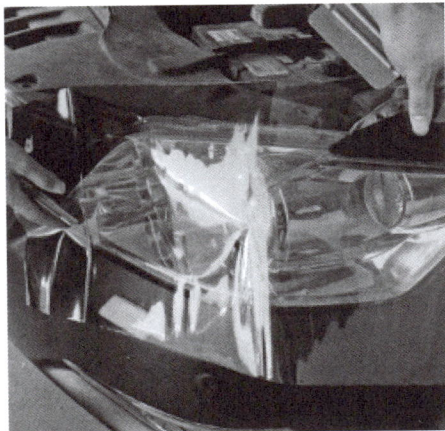

图 2-2-14　裁剪大灯膜

❸ 分离底纸（图 2-2-15），为总面积的 1/3 即可，然后把底纸去掉。

❹ 固定膜后，保持膜面平整，从旁边向外刮。遇气泡时，使用刮板用力向两旁刮出即可（图 2-2-16）。

图 2-2-15　分离底纸

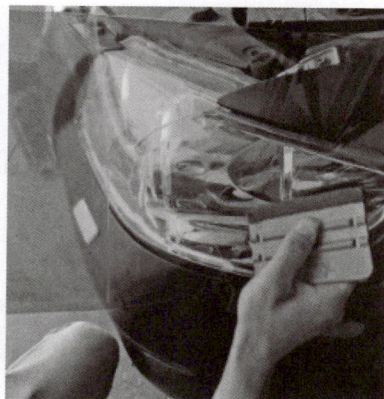

图 2-2-16　刮膜

❺ 贴到曲线部分较大的地方，用低温烤枪均匀烤软大灯膜（图 2-2-17）。

❻ 把底纸全部撕掉（图 2-2-18），开始贴另一边，重复流程第 ❸ 步。

图 2-2-17　烤软大灯膜

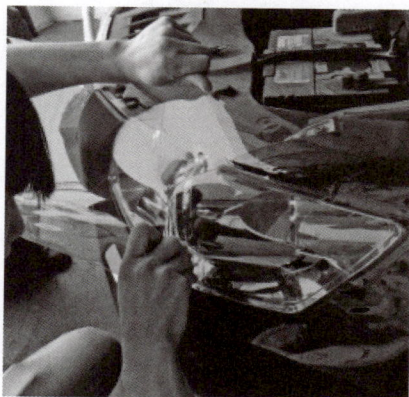

图 2-2-18　把底纸全部撕掉

❼ 最后用低温烤枪烤一下边缘部分（图 2-2-19），同时用刮板刮至与大灯边缘纹路一致。

❽ 进行裁剪作业（图 2-2-20）。需要小心操作，裁剪时速度要快和准。裁边后用低温烤枪再进行一次加固，最后撕开保护膜。

（3）汽车后视镜包膜施工作业

❶ 彻底清洁后视镜（图 2-2-21）。

❷ 裁剪比后视镜长和宽各多 10cm 的面料（图 2-2-22），分离底纸至总面积的 1/3，然后将底纸对折贴在后视镜上。

❸ 边附边用刮板刮平，然后用刮板刮平车膜（图 2-2-23）。

❹ 拼接时尽量以车体凹褶处及零件接合处为拼贴处（图 2-2-24）。

视频精讲

图 2-2-19　用低温烤枪烤一下边缘部分

图 2-2-20　进行裁剪作业

图 2-2-21　清洁后视镜

图 2-2-22　裁剪面料

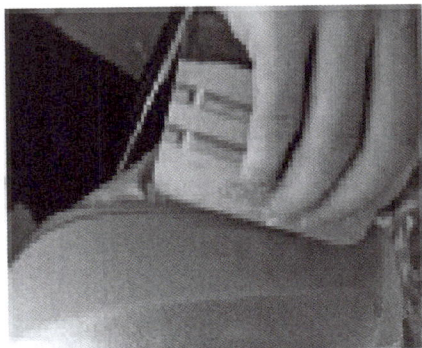

图 2-2-23　刮平车膜

图 2-2-24　拼接连接处

❺ 用手指加压固定，对于角度较大的位置，用烤枪烤软车膜再将其拉直后贴上去（图 2-2-25）。

⑥ 遇到凹凸的位置，用刮板刮出空气即可。

⑦ 最后用美工刀把多余的面料裁掉（图2-2-26）。

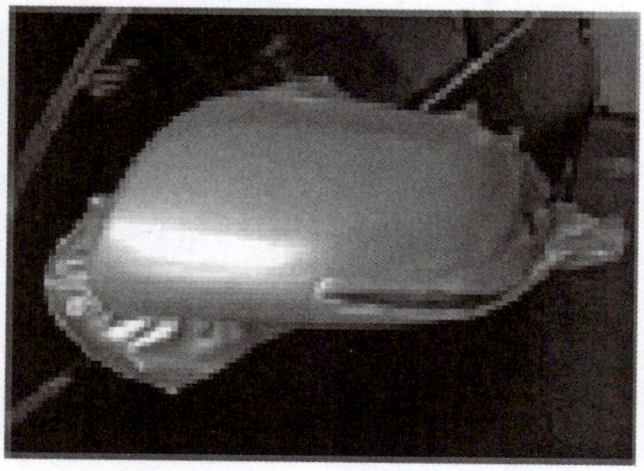

图 2-2-25　加压固定面料

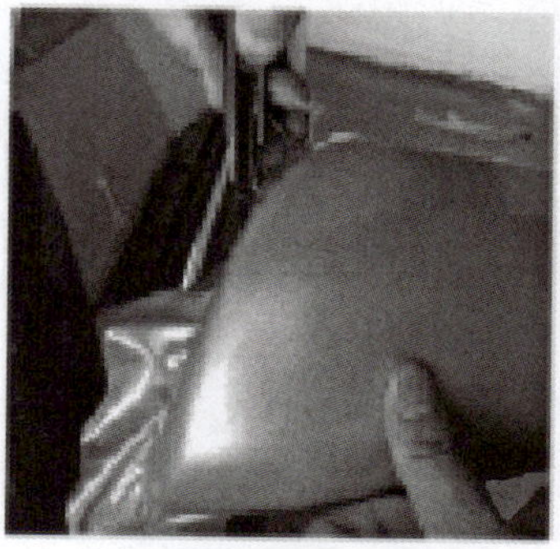

图 2-2-26　把多余的面料裁掉

⑧ 施工完成（图2-2-27）。

（4）汽车发动机舱盖包膜施工作业

① 首先清洁发动机舱盖。

② 然后确认无污渍、灰尘等异物。

③ 裁剪比发动机舱盖长和宽各多20cm的面料（图2-2-28）。

④ 固定后，保持膜面平整，从旁边向外刮，遇上气泡时，使用刮板用力向两旁刮出即可（图2-2-29）。

⑤ 修边的时候，先用刮板刮一下不平整的地方，再用手指沿着弧度压一下，最后用美工刀裁掉多余的面料（图2-2-30）。最后的效果见图2-2-31。

（5）汽车后备厢盖包膜施工作业

① 彻底清洁后备厢表面的杂物。

② 裁切长和宽各留出20cm的车膜，用刮板从中间凸出来的位置开始刮（图2-2-32）。

③ 刮平中间部分后，用美工刀将凸出来的边缘割掉，以便更好地拉伸车膜（图2-2-33）。

图 2-2-27　汽车后视镜包膜施工完成

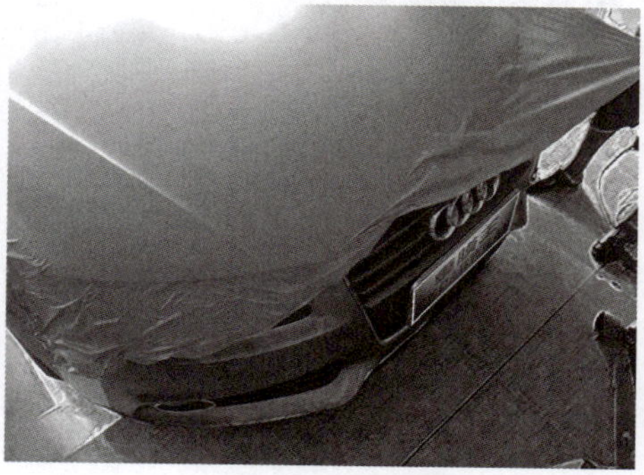

图 2-2-28　裁剪比发动机舱盖长和宽
各多 20cm 的面料

图 2-2-29　保持膜面平整并从旁边向外刮

图 2-2-30　用美工刀裁掉多余的面料

④ 贴到曲线部分较大的地方，用低温烤枪均匀烤软车膜。

⑤ 进行修边裁切作业（图 2-2-34），注意谨慎操作，裁边时速度要快并且准。裁边后用低温烤枪再进行一次加固。

图 2-2-31　最后的效果

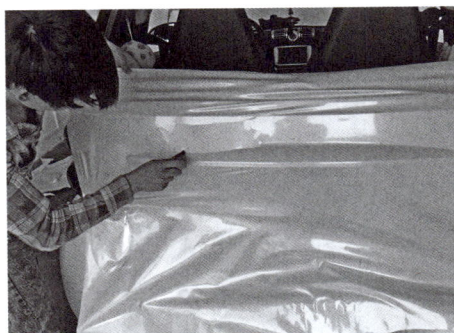

图 2-2-32　用刮板从中间凸出来的位置开始刮

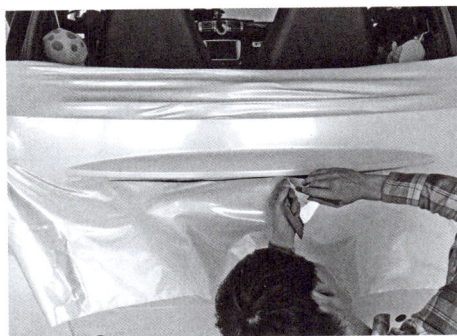

图 2-2-33　用美工刀将凸出来的边缘割掉

图 2-2-34　进行修边裁切作业

⑥ 施工完成（图 2-2-35）。

（6）汽车车门包膜施工作业

① 首先把门把手拆下来，然后彻底清洁车门。

② 裁剪比车门长和宽各多 20cm 的面料。

③ 分离底纸至总面积的 1/3，然后将底纸对折贴在车门上，边附边用刮板刮平，再用刮板刮平面料。

④ 拼接时尽量以车体凹褶处及零件接合处为拼贴处。用手指加压固定，遇到凹凸的位置，用刮板刮出空气即可。

⑤ 用美工刀把多余的面料裁掉（图 2-2-36 和图 2-2-37）。

图 2-2-35　汽车后备厢盖包膜施工完成

图 2-2-37　汽车车门包膜施工完成

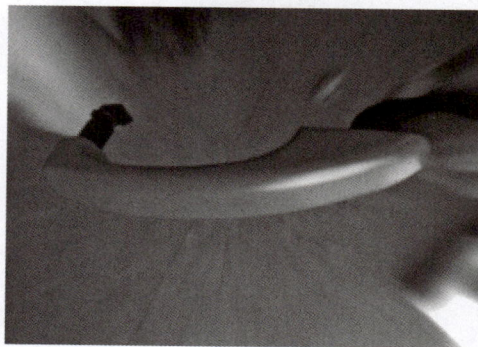

图 2-2-36　门把手包膜

视频精讲

（7）汽车前两侧翼子板包膜施工作业

① 彻底清洁前两侧翼子板（图 2-2-38）。

② 清洁结束后开始裁切车膜（图 2-2-39），注意需要四边各留出 20cm 左右方便最后修边。

③ 分离底纸（图 2-2-40），为总面积的 1/3 即可，然后将底纸对折并且贴下去，用刮板刮。

④ 刮至角度较大的位置时，用烤枪烤软车膜（图 2-2-41），然后拉直车膜贴下去。

⑤ 继续用刮板刮出前翼子板的纹路（图 2-2-42）。

⑥ 角度大的地方同样用烤枪吹软车膜，拉直车膜再用刮板刮平（图 2-2-43）。

图 2-2-38　清洁前两侧翼子板

图 2-2-39　裁切车膜

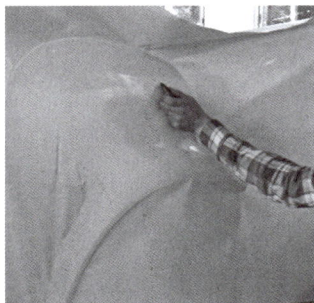

图 2-2-40　分离底纸

图 2-2-41　用烤枪烤软车膜

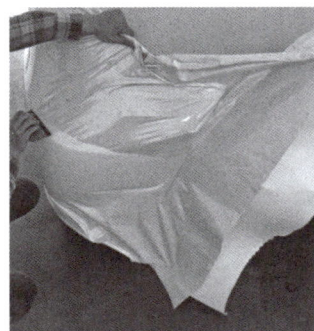

图 2-2-42　继续用刮板刮出前翼子板的纹路

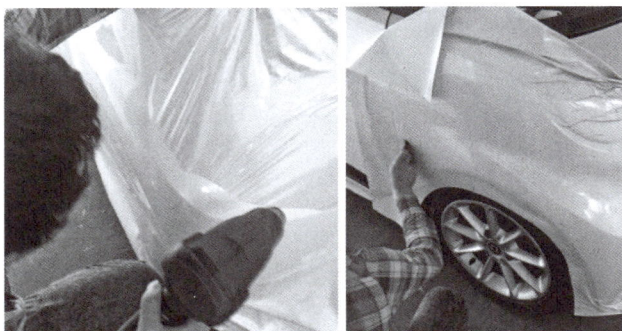

图 2-2-43　用烤枪吹软并拉直车膜再用刮板刮平

❼ 最后用刮板压一下边缘（图 2-2-44 ）。

⑧ 用美工刀裁边。

⑨ 施工完成（图2-2-45）。

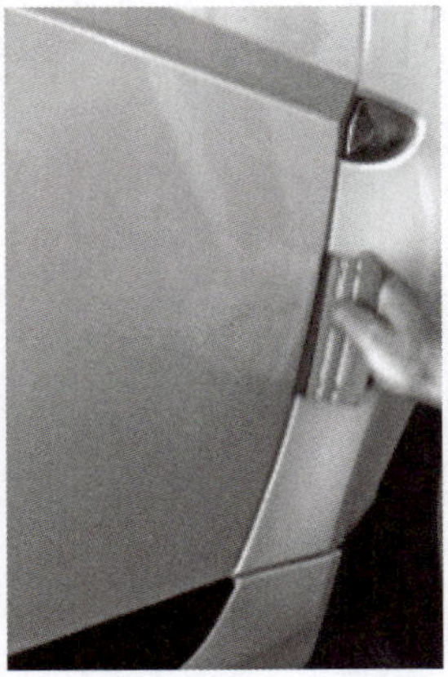

图2-2-44　用刮板压一下边缘

图2-2-45　汽车前两侧翼子板包膜施工完成

（8）汽车后两侧翼子板包膜施工作业

❶ 清洁两侧翼子板（图2-2-46）。

❷ 裁切车膜（图2-2-47）。四边各留出20cm左右，以方便最后修边，然后用刮板开始刮。

❸ 刮至角度较大的位置时，用烤枪烤软车膜（图2-2-48）。

❹ 然后拉直车膜贴下去。

❺ 继续用刮板刮出后翼子板的纹路（图2-2-49）。

❻ 角度大的地方同样用烤枪吹软车膜，拉直车膜再用刮板刮平（图2-2-50）。

图2-2-46　清洁两侧翼子板

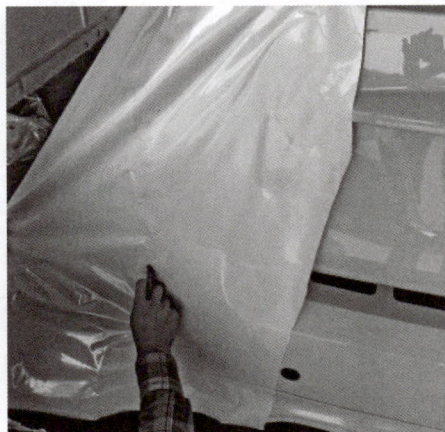

图2-2-47　裁切车膜

图 2-2-48　用烤枪烤软车膜

图 2-2-49　用刮板刮出后翼子板的纹路

❼ 用美工刀割出尾灯造型（图 2-2-51）。

图 2-2-50　用烤枪吹软并拉直车膜再用刮板刮平

图 2-2-51　用美工刀割出尾灯造型

❽ 用刮板压一下边缘，最后用美工刀裁边（图 2-2-52）。

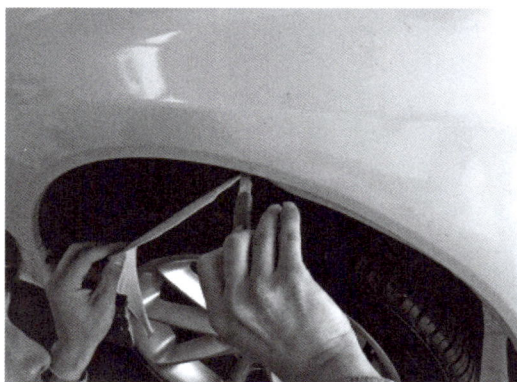

图 2-2-52　用美工刀裁边

❾ 施工完成（图 2-2-53）。

图 2-2-53　汽车后两侧翼子板包膜施工完成

（9）汽车侧裙下护板包膜施工作业

❶ 清洁侧裙下护板（图 2-2-54）。

❷ 裁剪比车门长和宽各多 20cm 的面料（图 2-2-55）。

图 2-2-54　清洁侧裙下护板

图 2-2-55　裁剪面料

❸ 分离底纸至总面积的 1/3，然后将底纸对折并贴在车门上，边附边用刮板刮平，然后用刮板刮平面料。

❹ 拼接时尽量以车体凹褶处及零件接合处为拼贴处（图 2-2-56）。

❺ 用手指加压固定，遇到凹凸的位置，用刮板刮出空气即可（图 2-2-57）。

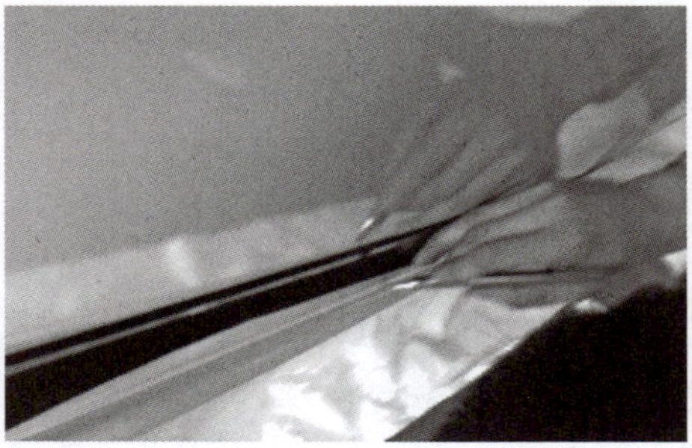

图 2-2-56　接合拼贴

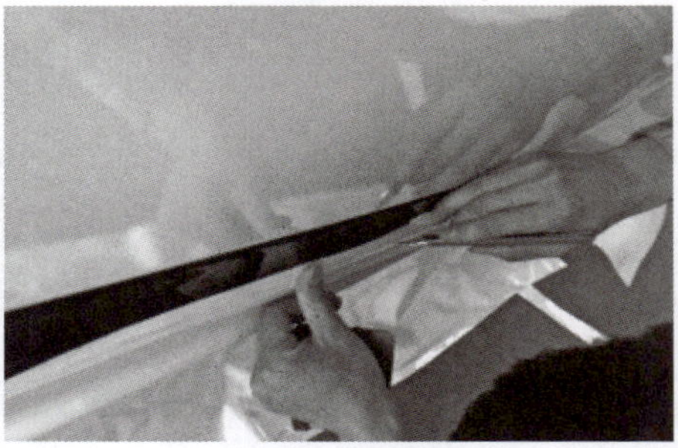

图 2-2-57　用手指加压固定

❻ 用美工刀把多余的面料裁掉（图 2-2-58）。

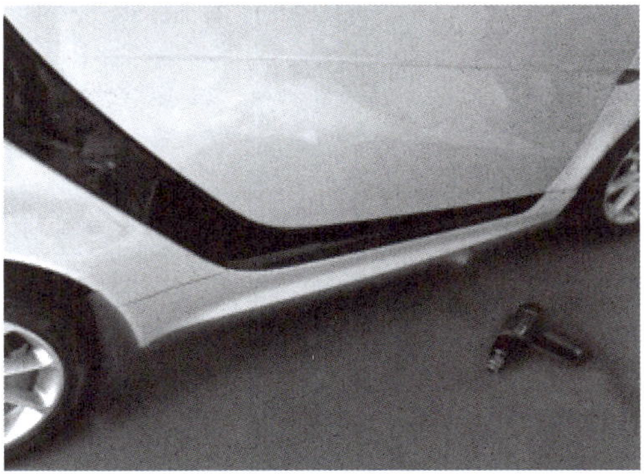

图 2-2-58 汽车侧裙下护板包膜施工完成

（10）汽车前保险杠包膜施工作业

❶ 清洁前保险杠。

❷ 确认无污渍、灰尘等异物。

❸ 裁剪比发动机舱盖长和宽各多 20cm 的面料（图 2-2-59）。

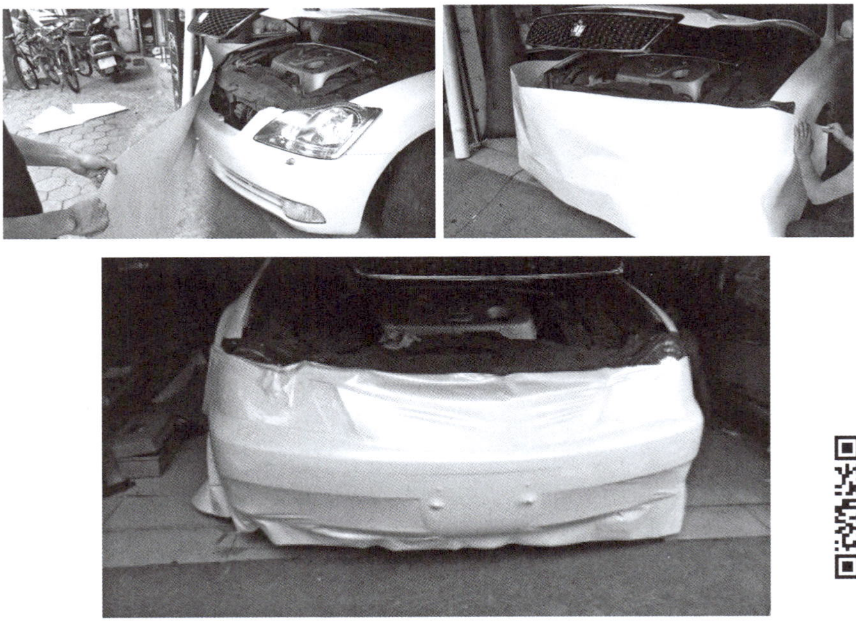

视频精讲

图 2-2-59 裁剪面料

❹ 固定后，保持膜面平整，从旁边向外刮，遇气泡时，使用刮板用力向两旁刮出即可（图 2-2-60）。

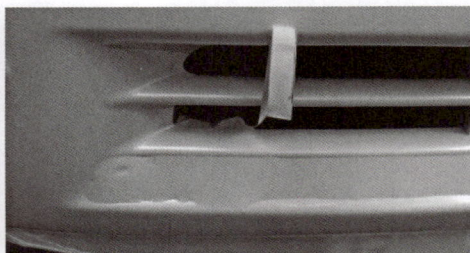

视频精讲

图 2-2-60　使用刮板用力向两旁刮出

❺ 修边的时候，先用刮板刮一下不平整的地方，再用手指沿着弧度压一下，最后用美工刀裁掉多余的面料（图 2-2-61 和图 2-2-62）。

图 2-2-61　用美工刀裁掉多余的面料

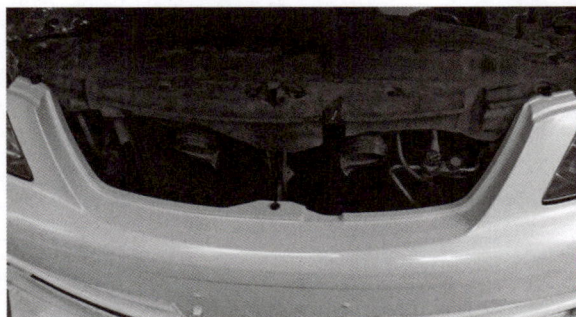

图 2-2-62　汽车前保险杠包膜施工完成

（11）汽车后保险杠包膜施工作业

❶ 彻底清洁后保险杠，一般车型要分两个部分来贴（图 2-2-63）。

图 2-2-63　清洁后保险杠

❷ 清洁结束后开始裁切车膜，注意需要四边各留出 20cm 左右方便最后修边（图 2-2-64）。

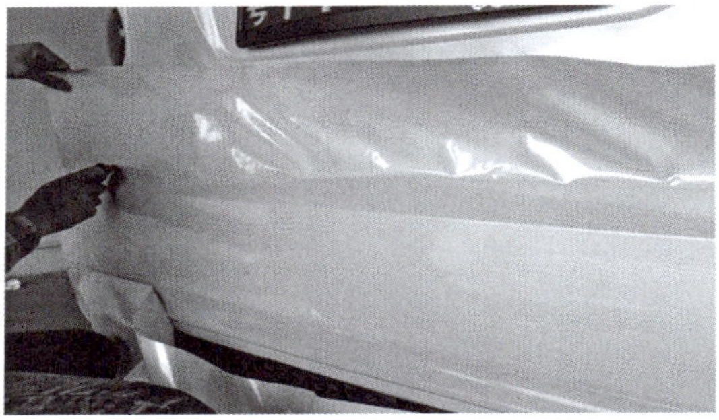

图 2-2-64　裁切车膜

视频精讲

❸ 将分离底纸贴下去，然后用刮板刮平，接着用美工刀割出边缘（图 2-2-65）。

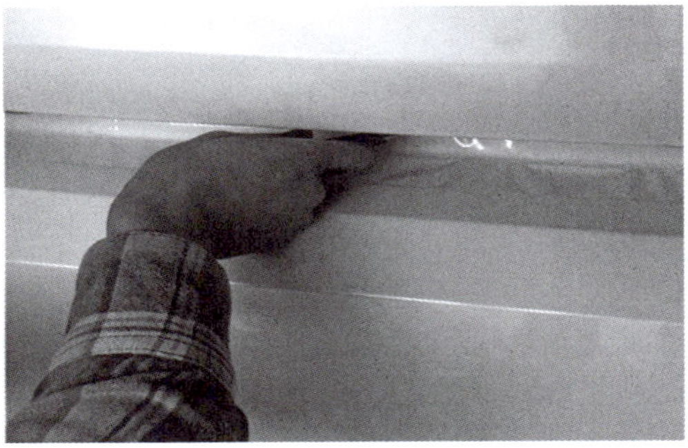

图 2-2-65　用美工刀割出边缘

❹ 刮至角度较大的位置时，用烤枪烤软车膜，然后拉直车膜贴下去（图 2-2-66）。割出几个孔后再用刮板刮出其结构。

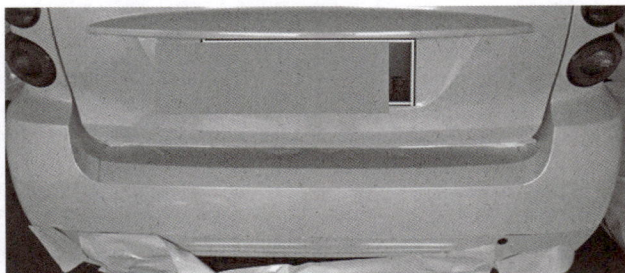

图 2-2-66　拉直车膜贴下去

❺ 下面部分用刮板刮平（图 2-2-67）。

图 2-2-67　下面部分用刮板刮平

视频精讲

❻ 角度大的地方同样用烤枪吹软车膜（图 2-2-68），拉直车膜后再用刮板刮平。

❼ 用美工刀裁切。

❽ 施工完成（图 2-2-69）。

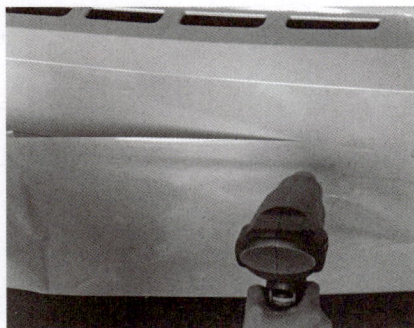

图 2-2-68　烤枪吹软车膜

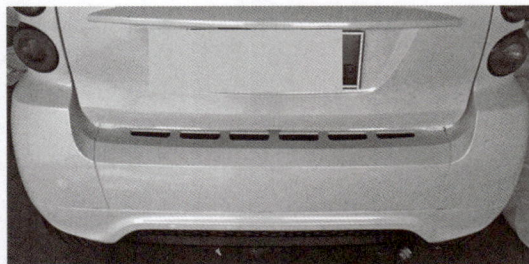

图 2-2-69　汽车后保险杠包膜施工完成

32

2.3 汽车车身贴纸

2.3.1 如何选择贴纸材料 📷

选择汽车贴纸材料时（图2-3-1），主要考虑以下几个因素：防晒、防水、耐用性和美观性。

（1）材质选择

❶ PVC材料：PVC以其耐化学品稳定性著称，能有效抵抗氧化剂、还原剂和强酸的侵蚀。它还具有耐火自熄、耐磨、减震降噪、高强度和良好的电绝缘性。然而，PVC的热稳定性较差，容易受到光、热和氧的影响而老化，长期使用温度不应超过55℃，特殊配方的PVC可以承受高达90℃的温度。

❷ PET材料：PET聚酯膜由聚对苯二甲酸乙二醇酯制成，具有卓越的力学性能，长期使用温度可达120℃。它还具有良好的电绝缘性、耐化学品腐蚀、抗蠕变、耐疲劳和耐摩擦性能。PET的吸水率低，能够耐受弱酸和有机溶剂，但不耐热水浸泡和碱的侵蚀。

图2-3-1 汽车车身贴纸（一）

（2）材质对比

❶ 防晒性能：PVC和PET都具有较好的防晒性能，但PET在高温下的稳定性更好。

❷ 防水性能：两者都具有良好的防水性能，但PET在高温下的防水性能更佳。

❸ 耐用性：PET的力学性能更优，适合长期户外使用。

❹ 美观性：PVC和PET都有良好的美观性，但PET的色彩稳定性和光泽度更好。

（3）适用场景

❶ PVC：适用于常规温度下的户外使用，如汽车贴纸、广告牌等。

❷ PET：适用于高温环境下的户外使用，如汽车贴纸、户外广告等。

综上所述，PET材料在高温下的稳定性和耐用性更好，更适合用于汽车贴纸。PVC则适用于常规温度下的户外使用，但其成本较低，适合预算有限的用户。

2.3.2 施工作业 📷

首先将车辆清洗干净，然后将贴纸与车身比较，找到合适的位置，即可进行贴纸作业，操作步骤如下。

❶ 在需要贴纸的部位均匀喷水，这样可以降低贴纸的黏性，便于后续调整位置。

❷ 确定贴纸的准确位置，然后缓慢地侧向贴上。在贴的过程中，使用工具轻轻刮平贴纸，刮去多余的水分和气泡，同时逐渐揭去转移膜。

如果遇到门把手或防擦条，需要根据实际情况将贴纸材料切开并巧妙地包裹进去。

为了确保贴纸与车身完美贴合，可以用美工刀在门缝处轻轻划一刀，然后向内贴合，防止贴纸与车身出现分离或凸起的现象。为了加快水分挥发，可以适当加热烘干（图2-3-2）。

图 2-3-2　汽车车身贴纸（二）

❸ 在贴纸完全干透后，检查是否有气泡或不整齐的地方。如果有问题，可以用针头或剪刀刺破气泡，然后用手指或橡皮擦轻轻按压，使其平整。

注意事项如下。

❶ 贴纸的工作环境在 15～30℃之间进行较好。因为温度过高会导致贴膜变大，湿溶液迅速蒸发；温度过低会影响贴膜的柔性，从而影响附着效果。

❷ 使用水和中性清洗剂将车身表面彻底清洗干净，车身表面必须没有灰尘、蜡和其他脏物。

❸ 贴纸分三层：底纸（白色玻璃面纸）、贴纸本身、转贴膜即保护膜（透明），表层保护膜在最后完工后再揭去。在贴的过程中，不要用力拉扯贴纸，以防拉长变形。

2.3.3　质检 🖼

车身贴纸未出现褶皱、气泡；根据贴纸的方向，未现歪斜。

2.4　汽车车门改装剪刀门

（1）如何选择合适的剪刀门

剪刀门属于车门结构的升级改装，对日常用车几乎不影响，但是在开关车门瞬间可尽显个性与风采。

剪刀门主要升级结构是升级支撑车门举升器，几乎支持所有民用车型改装，价格不高，容易被接受；改装剪刀门后，除了可以提升车辆气质和格调外，车门开关位置更大，人员进出车辆会比原来更加从容。

在选择剪刀门改装产品时一定要选择可靠的品牌进行剪刀门改装，剪刀门改装包含很多细节工序，稳定的硬件和施工质量决定了日后使用的便捷性（图 2-4-1）。

视频精讲

图 2-4-1　剪刀门改装套件

（2）施工前准备

❶ 拆除车辆左右两侧翼子板、车门内饰板和相关电子部件。

❷ 找到确定可以安装支撑套件（图 2-4-2）的位置。

（3）所需工具

❶ 拆卸门板结构的工具套装。

❷ 支撑杆举升器。

❸ 打磨工具（调整车门和翼子板的剐刮位置）。

（4）施工过程

❶ 拆卸车门和翼子板（图 2-4-3）。

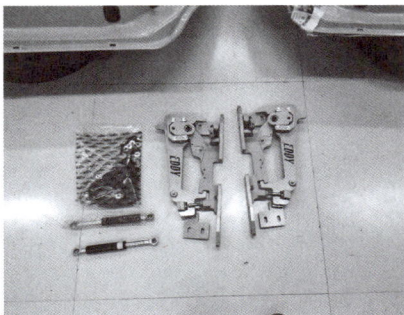

图 2-4-2　支撑套件

图 2-4-3　拆卸车门和翼子板

❷ 把剪刀门铰链底座固定在车身大梁上，连接臂的另一端连接到车门内侧（图 2-4-4）。

❸ 拆除原车下铰链，之后把车门向外打开，找到最佳开启角度并调整限位螺杆，同时固定内外限位销，让车门必须往外开到一定角度时才能向上开启（图 2-4-5）。

❹ 以最佳开度向上提起车门，根据不同车型调整与其外形比例协调的上下开启角度，再通过限位螺杆进行固定，以营造完美的视觉效果（向上开门出现错位时需要对翼子板的角度进行打磨调整）。

图 2-4-4　铰链底座固定在车身大梁上

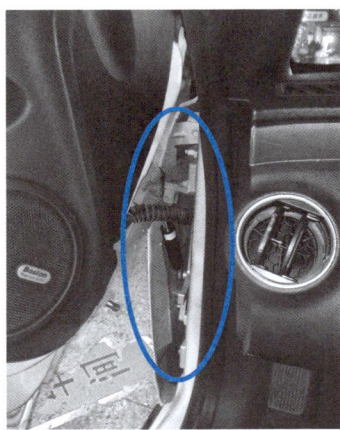

图 2-4-5　调整限位螺杆

❺ 确认车门关闭无问题后，可以安装液压撑杆，把底座焊接到大梁上，之后打眼攻螺纹，把撑杆一端固定在底座上，一端连接到摇臂上，其撑杆位置必须是开关车门时不与任何部位剐蹭。

❻ 装回翼子板及车门内饰板附件等。

（5）质检

❶ 检查车门向上开启角度和开启中内饰门板是否剐蹭 A 柱（图 2-4-6 和图 2-4-7）。

视频精讲

图 2-4-6　安全检查（一）

图 2-4-7　安全检查（二）

❷ 车门开启过程中是否对翼子板造成剐蹭。

❸ 检查行驶中车辆是否存在异响或零部件松脱。

2.5　加装汽车尾翼

汽车尾翼，专业叫法为扰流板，属于汽车空气动力套件中的一部分。主要作用是为了减少车辆尾部的升力，如果车尾的升力比车头的升力大，就容易导致车辆过度转向、后轮抓地力减少以及高速稳定性变差。目前安装尾翼已经成为年轻车主彰显时尚个性的一种方式。

在我国的一些地方常常将"汽车尾翼"称为"汽车导流板"，其实这种叫法是错误的。"汽车导流板"在轿车上确有其物，只不过是指轿车前部保险杠下方的抛物形风罩，而"汽车尾翼"则是安装在轿车后备厢盖上的。国外一些人根据它的形状形象地称它为"雪橇板"，国内也有人称它为"鸭尾"。比较科学的叫法应为"汽车扰流器"或"汽车扰流翼"。

2.5.1　如何合理选择汽车尾翼

2.5.1.1　目前市场上的尾翼按材质分类（车主对于尾翼的选择）

（1）玻璃钢尾翼（图2-5-1）

这类尾翼造型多样，有鸭舌状的、机翼状的，也有直板式的，比较好做造型，不过玻璃钢材质比较脆，韧性和刚性都不大，价格比较便宜。

（2）铝合金尾翼（图2-5-2）

这类尾翼的导流和散热效果不错，而且价格适中，不过要比其他材质的尾翼稍重些。

（3）碳纤维尾翼（图2-5-3）

碳纤维尾翼的刚性和耐久性都非常好，不仅重量轻，而且是非常美观的一种尾翼，现在广泛被 F1 赛车采用，不过价格比较昂贵。

图 2-5-1　玻璃钢尾翼

图 2-5-2　铝合金尾翼

图 2-5-3　碳纤维尾翼

2.5.1.2　尾翼的优缺点

（1）优点：提高高速行驶稳定性

安装尾翼除了美观的作用外，更大的作用是高速行驶时可以为车辆提供必要的稳定性。尤其对大功率的车来说，在高速过弯或通过复杂路段时，尾翼可以起到一定的平衡作用。

（2）缺点：城市路况行驶增加油耗

汽车表面的凸出物越少，线条越流畅，风阻越小。增加的尾翼毫无疑问会增大风阻，由于大多数轿车以城市道路行驶为主，车辆根本达不到尾翼能够发挥作用的时速，这样体积越大，低速阻力就越大，再加上车身整体重量的增加，也势必会导致油耗的上升。

因此选择一个大方得体、美观实用的尾翼才是改装的真谛。

2.5.2　施工与质检

2.5.2.1　施工前准备及所需工具

准备好安装所需的工具和材料。一般常用的工具有手电钻、螺丝刀、锤子、活动扳手、钳子等，准备好尾翼及其附属零件并按照说明做好各种处理工作。

2.5.2.2　施工过程及安装方式

尾翼的常见安装方式有螺栓固定式和粘贴式。

（1）螺栓固定式

❶ 在后备厢盖上找到适合的位置，再与尾翼上的螺栓孔配合，并做好记号。

❷ 用手电钻在后备厢盖上做记号处钻穿孔。

❸ 在钻孔位置与尾翼接合处注上硅胶以防漏水。

❹ 锁紧专用固定螺钉，锁紧时由后备厢内侧向外操作。

❺ 为了减少漏水的概率，固定后还要在固定架周围注入透明硅胶。

（2）粘贴式

此方法较为简单，在尾翼贴合面轮廓上贴上双面胶贴（图 2-5-4），后在后备厢盖上找到适合的位置，直接将尾翼贴合上去即可（图 2-5-5）。

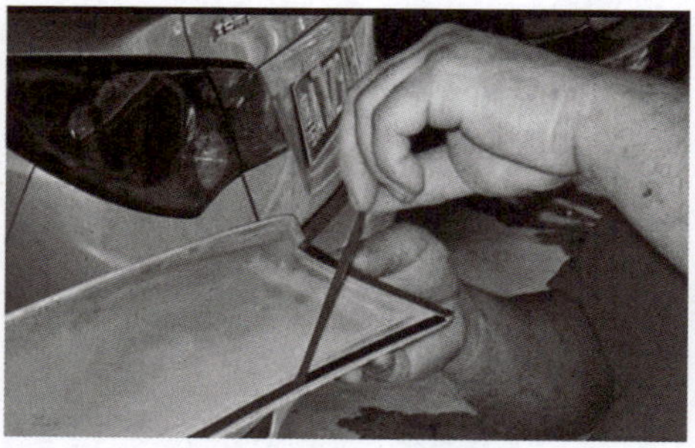

图 2-5-4　在尾翼贴合面轮廓上贴上双面胶贴

图 2-5-5　安装尾翼

2.5.2.3　安装质检

安装完成后，需要检查各个部件是否安装到位，螺栓是否锁紧，粘胶是否牢靠。检查安装质量，发现错位、不合缝等质量问题，及时采取补救措施。

2.6　加装倒车雷达

2.6.1　如何合理选择倒车雷达

（1）探头的数量

倒车雷达（图 2-6-1）分为 2 探头、3 探头、4 探头、6 探头及 8 探头。倒车雷达一般安装在汽车的保险杠上面，6 探头和 8 探头的安装方式是前 2 后 4 和前 4 后 4，也有新兴越野专用前置 6 探头。6 个以上探头的普通倒车雷达，除可探测车尾情况外，还可探测前左、右角情况。

（2）倒车雷达性能

主要包括灵敏度、是否存在盲区、探测距离的范围。一般倒车雷达探测距离应为 0.3～1.5m，好的能达到 2.5m，一些倒车雷达因其敏感度不够，探测距离仅为 0.4 ～ 1.2m，这样会给司机的判断及采取措施带来一定的困难。前雷达探头如图 2-6-2 所示。

图 2-6-1　倒车雷达

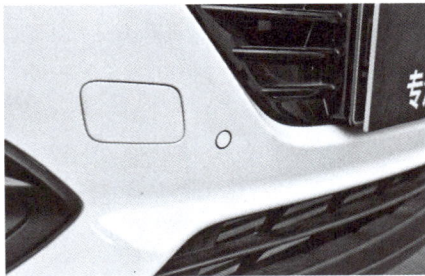

图 2-6-2　前雷达探头

2.6.2　施工作业

（1）施工前准备

大部分车型的倒车雷达可以通过加装模块或者解码器实现其所需功能，但某些车型特别是高端车型需要安装雷达硬件，进行编程后才能实现所需功能，所以施工前应准备好用于编程的电脑。

某些车型加装原厂的雷达，需要匹配对应的雷达探头安装支架，然而大部分雷达探头支架是不带漆的，所以需要按实际情况安排雷达支架喷漆。

（2）所需工具

❶ 拆卸保险杠所需的常规工具一套。

❷ 电钻一套＋开孔钻头。

❸ 热熔胶枪一把。

（3）施工过程

❶ 打开发动机盖，拔掉前保险杠密封胶条（如有密封条），拆下前保险杠上部分紧固螺栓。

❷ 拆下前轮两侧轮拱挡泥板与前保险杠连接的螺栓或卡扣（图 2-6-3）。

❸ 从前轮拱拆开的挡泥板中进入，拆卸前保险杠与翼子板连接的螺栓（图 2-6-4）。

图 2-6-3　拆卸前挡泥板卡扣

图 2-6-4　拆卸前保险杠与翼子板连接的螺栓

❹ 抬起车辆，拆下前保险杠与底盘护板连接的螺栓。

❺ 放下车辆，检查大灯与前保险杠是否存在干涉。

⑥ 缓慢拆下前保险杠，前保险杠与车体分离后，拔掉车体与前保险杠雾灯连接的电线插头（图2-6-5）。

⑦ 拆下前保险杠，查看是否存在前雷达预留口开洞标记。

⑧ 使用电钻＋开孔钻头开雷达孔（图2-6-6）。

图2-6-5　拔掉车体与前保险杠雾灯连接的电线插头

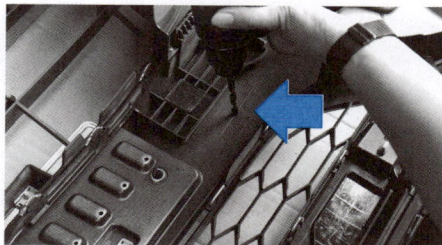

图2-6-6　使用电钻＋开孔钻头开雷达孔

⑨ 使用合适的工具处理雷达孔（图2-6-7）。

⑩ 开孔后用砂纸和美工刀打磨残留的胶屑。

⑪ 使用改装的雷达探头测试新开的雷达孔大小是否适合安装，是否需要扩孔。

⑫ 检查没问题后，使用酒精擦拭开孔周边的表面，清洁后粘贴雷达探头支架（图2-6-8）。

图2-6-7　使用合适的工具处理雷达孔

图2-6-8　清洁后粘贴雷达探头支架

应注意雷达探头支架的朝向，以免接下来安装雷达探头后，预留的线路不够长。

⑬ 安装探头和线束，并且整理线路，用热熔胶枪把多余的线路固定在包围背面（图2-6-9～图2-6-12）。

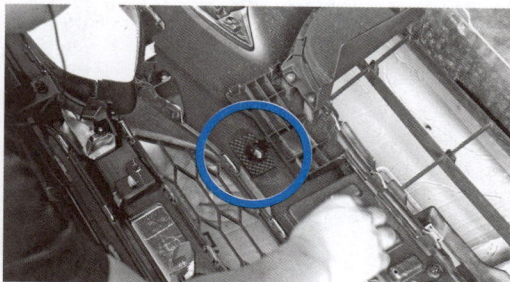

图2-6-9　安装探头

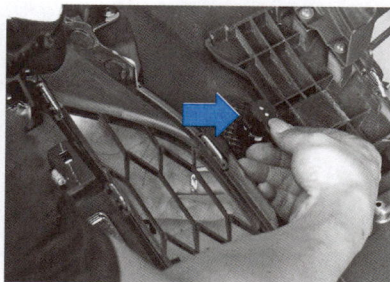

图2-6-10　连接雷达线束

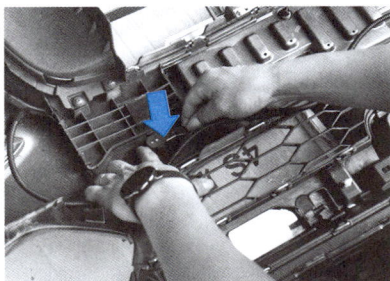

图 2-6-11　连接雷达探头线束

图 2-6-12　固定雷达探头线束

⑭ 线路穿过翼子板由防火墙进入车内。

⑮ 接上模块，车辆通电后测试雷达能否正常工作（图 2-6-13）。

⑯ 如果一切正常，复原车辆。

a. 开孔：现今大部分车型都有标配前后雷达，只有一小部分车型的低配车或者跑车并没有标配雷达，关于雷达加装的位置定位，可以先查找加装车型的高配版本的原厂雷达孔位置，而且低配车即使没有配置倒车雷达，在其前后保险杠包围的背面也有预留的空位标志，只需要对准预留的记号开孔即可。

图 2-6-13　雷达正常工作

b. 走线：因为每种车的构造设计都不一样，走线应该遵循以下原则，即走线应该绕开车辆在行驶过程中运动的地方，以免发生干涉，而且应该避开高温区域，以免烧坏线路，推荐线路为从前保险杠进入，过左 / 右翼子板后再进入车内，另外在线路与车辆其他零件接触的地方，应该缠上胶布，防止磨损。

2.6.3　质检

❶ 检查雷达与后保险杠是否会存在明显色差。

❷ 检查雷达是否安装牢固（图 2-6-14）。

❸ 检查单个雷达是否正常工作，有效距离是否达标。

❹ 检查雷达是否能正常开启（图 2-6-15）。

视频精讲

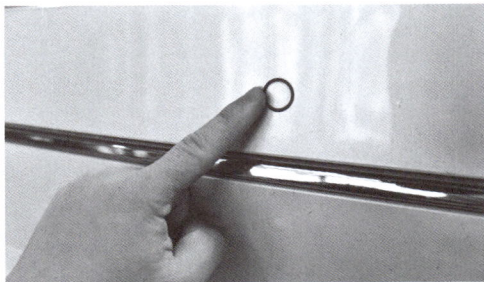

图 2-6-14　检查雷达是否安装牢固

图 2-6-15　检查雷达是否能正常开启

2.7 加装固定踏板

2.7.1 如何合理选择固定踏板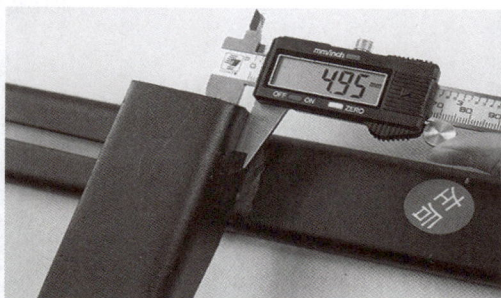

（1）材质

首先，我们会想到固定踏板使用的材料。外侧固定踏板的包边若采用不锈钢材质，会更加耐用，而且不容易生锈，这样也延长了使用寿命（图 2-7-1）。

固定踏板里面可以采用铝合金或塑料材质，市场上的大部分产品为这种材质（图 2-7-2）。

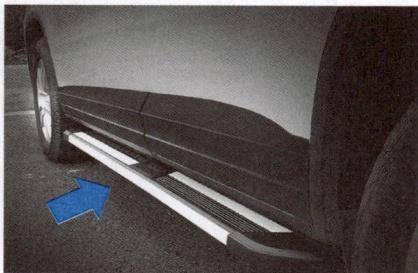

图 2-7-1 外侧固定踏板

图 2-7-2 固定踏板材质

除此之外，也应该有一定的厚度，能进一步提高它的承重力（图 2-7-3）。

在内侧高边最好采用优质的软胶，安装后固定踏板与车身能较好地结合起来，不会有缝隙的状况。

（2）做工

除了材料以外，影响固定踏板使用情况的另外一个因素就是做工，好的固定踏板，做工应精细，在边上黑色胶与板上的铝合金材质（图 2-7-4）能结实地吻合在一起。

安装完不会出现太大的缝隙。假若没有较好地贴合在一起，极容易出现松动的状况，这样经不住长时间的踩踏。

图 2-7-3 固定踏板厚度

图 2-7-4 铝合金材质

（3）表面

建议选购经过亚光磨砂、抗氧化喷砂处理的踏板，并且有着平滑的做工，这样在长时间使用之后就不会因氧化而出现发红的状况，看着也会舒服很多。部分产品带有胶颗粒，其实它还有防滑作用。有些踏板外侧为立体条形的防滑条，建议挑选那些均匀地分布在板上的产品，可以增大防滑的效果。

2.7.2　施工作业 🚗

（1）施工前准备

清洁车辆两侧侧裙底部，用气枪把沉积的泥沙喷除干净。

（2）所需工具

常规汽修工具。

（3）施工过程

❶ 车辆开到升降台上，升起车辆。

❷ 松开车身两侧前后轮拱与侧裙之间的连接螺栓（图 2-7-5）。

❸ 松开两侧侧裙位于底部的固定卡扣（图 2-7-6）。

视频精讲

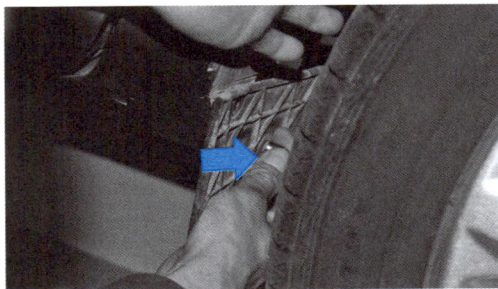

图 2-7-5　松开车身两侧前后轮拱与
侧裙之间的连接螺栓

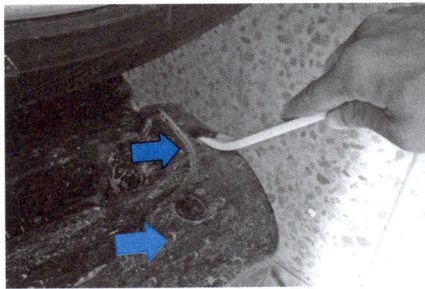

图 2-7-6　松开两侧侧裙位于底部
的固定卡扣

❹ 拆卸两侧侧裙。

注意：

侧裙与车身之间有连接安装支架，务必小心拆卸，以防卡扣损坏。

❺ 拆卸侧裙安装支架（如需要，则替换支架，否则忽略）（图 2-7-7）。

❻ 安装新支架（如需要，则替换支架，否则忽略）（图 2-7-8）。

❼ 安装固定踏板，卡扣对位（图 2-7-9）。

❽ 对好螺栓安装孔，安装固定踏板的固定螺栓（图 2-7-10）。

❾ 使用合适的工具紧固固定踏板的固定螺栓（图 2-7-11）。

⑩ 检查卡扣是否安装到位，检查底部及前后轮拱螺栓是否对准。

⑪ 复原车辆，完工。

图 2-7-7　拆卸侧裙安装支架

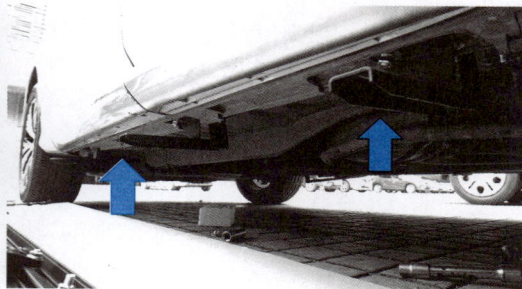

图 2-7-8　安装新支架

图 2-7-9　安装固定踏板

图 2-7-10　安装固定踏板的固定螺栓

图 2-7-11　使用合适的工具紧固固定踏板的固定螺栓

2.7.3　质检

❶ 检查固定踏板是否安装牢固。

❷ 检查固定踏板安装位置是否左右对称（图 2-7-12）。

❸ 反复开关所有车门，检查固定踏板与车门之间是否有摩擦（图 2-7-13）。

图 2-7-12　检查固定踏板安装
位置是否左右对称

图 2-7-13　检查固定踏板与车门
之间是否有摩擦

2.8　加装行李架

2.8.1　如何合理选择行李架

行李架（图 2-8-1）也有不同的材质，不同的形状。有的车辆在出厂时就会带有简单的行李架，行李架根据不同的大小和特点，可分为双层、单层、豪华型等；从安装的简单和复杂情况，又分为简易式和组合式。

视频精讲

安装行李架的时候一般不建议过高，尤其是对于 SUV 的车主，本来车身高度就很高了，再加上行李架一般不能超过 2.3m 的高度，所以要选择比较低的行李架。

2.8.2　施工作业

（1）施工前准备

❶ 车辆就位，把行李架放于车顶预装位置，比对是否合适。

❷ 清洁车顶原装位置，并用化油清洁剂擦拭一遍，确保安装区域无尘、无油。

（2）所需工具

热风枪、美工刀、美纹纸、十字螺丝刀（有部分车型的行李架为螺栓固定结构而非粘贴式）、助黏剂。

（3）施工过程

❶ 把行李架放置在车顶原装位置，摆放位置正确后，在行李架前后端需要安装的准确位置外围用美纹纸定位打上标记（图 2-8-2）。

不影响原车打开天窗

图 2-8-1　行李架

❷ 检查左右行李架的原装位置是否对称，检查后把行李架取下，在车顶的安装位置局部涂上助黏剂。

❸ 撕开行李架前后端固定支架上的双面胶，用热风枪加热双面胶。

❹ 小心缓慢地把行李架放在车顶原装位置，并把行李架对准之前标志好的安装位置（图2-8-3）。

❺ 检查安装位置有没有对准，两边的行李架是否对称。

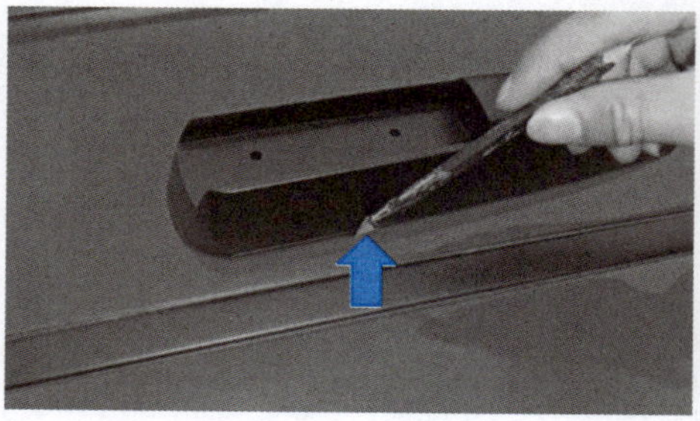

图 2-8-2　做定位标记

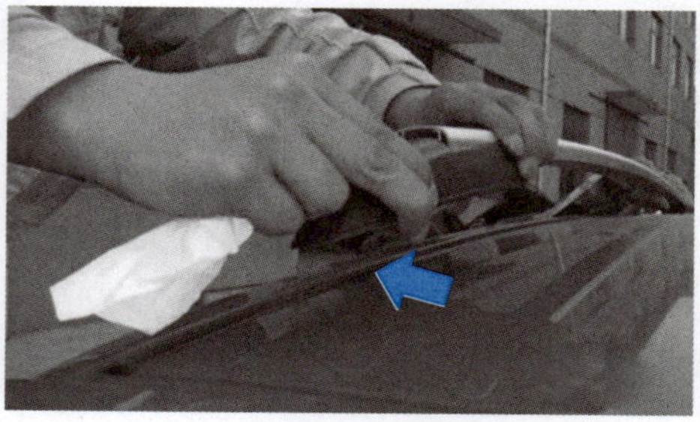

图 2-8-3　安装行李架

❻ 用手压住行李架两头，固定好双面胶粘贴的部位（图2-8-4）。

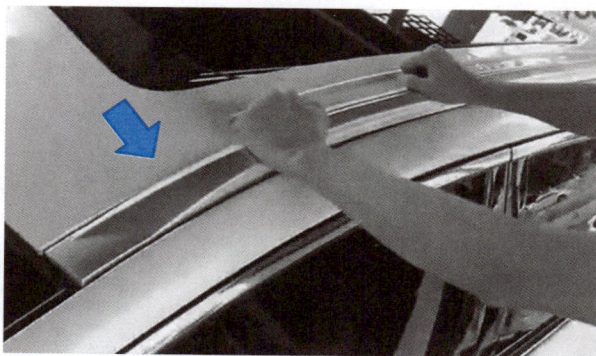

图 2-8-4　用手压住行李架两头

❼ 固定牢固后，安装完成。

注意：

① 安装所有粘贴件前一定要仔细清洁原安装位置；

② 时刻检查两边的行李架是否位置对称；

③ 如果发现有贴错的情况，应该先用热风枪加热粘贴的区域，再拔开行李架。

2.8.3 质检 🖥

❶ 对于安装后的行李架要经常进行检查，检查是否有开胶等情况。

❷ 检查行李架位置是否左右对称（图 2-8-5）。

❸ 开车上路，检查是否存在由于安装所造成的风噪。行李架承重有限，粘贴完毕后，几天内不洗车、不碰水。

图 2-8-5 检查行李架位置是否左右对称

2.9 加装前后护杠

2.9.1 如何合理选择前后护杠 🖥

（1）选择专车专用款的护杠

市面上有不少通用款的护杠，但是这种护杠一般与车辆的匹配度会偏低，所以在安装后可能会出现弧度不吻合、车牌安装方式有误等问题。

（2）材料

市场上有不少护杠都采用比较普通甚至是比较差的塑料，这种护杠在经历碰撞或者剐蹭的时候很容易发生损坏，暴晒后也会变脆，所以选择"ABS"工程塑料的护杠（图 2-9-1）会比较理想。

（3）通过性

市面上有很多护杠产品在设计时都忽略了车辆通过性的问题，所以在选购的时候务必留意装车效果以及安装后的效果图。

（4）不要妨碍倒车雷达

有不少护杠在设计之初都会忽视原车的倒车雷达，导致车主在安装后倒车雷达无法正常使用，所以在选购时务必留意护杠是否妨碍到了倒车雷达（图 2-9-2）。

图 2-9-1　选择"ABS"工程塑料的护杠

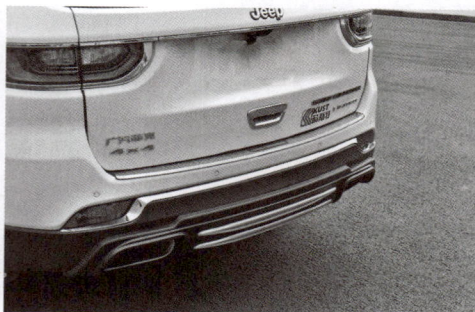

图 2-9-2　留意倒车雷达的位置

2.9.2　施工作业

（1）施工前准备

前后护杠多为在原车包围基础上的加装件，所以安装前一定要清洗好原车表面，然后比对加装的前后护杠的安装位，针对要粘贴的部分用化油清洗剂重点清洗一遍。

（2）所需工具

螺丝刀、美工刀、电钻、美纹纸、记号笔。

（3）施工过程

❶ 把前后护杠挂上车，检查原车前后护杠和加装的前后护杠匹配度（图 2-9-3）。

❷ 用美纹纸在衔接的地方做好记号，通过加装的前后护杠观察有没有预留的固定螺栓孔位，如有，则用记号笔打上标记（图 2-9-4）。

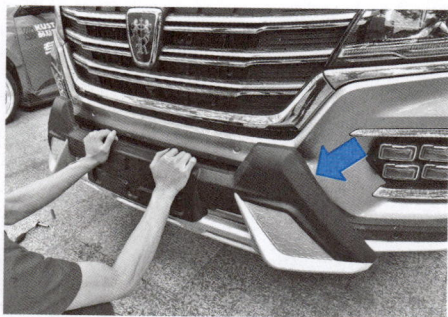

图 2-9-3　检查原车前后护杠和加装
的前后护杠匹配度

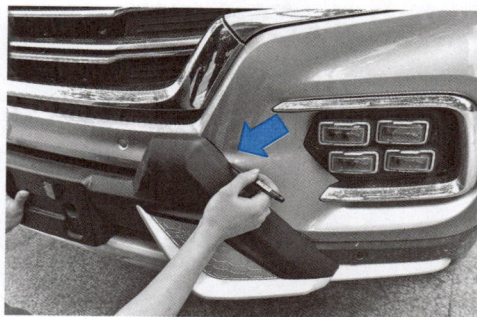

图 2-9-4　做装配标记

❸ 拿下加装件，用电钻在原车包围上开孔（图 2-9-5）。

❹ 撕下加装的护杠背面双面胶，并用热风枪加热双面胶。

❺ 对准事先做好的记号安装护杠（图 2-9-6）。

图 2-9-5　在原车包围上开孔

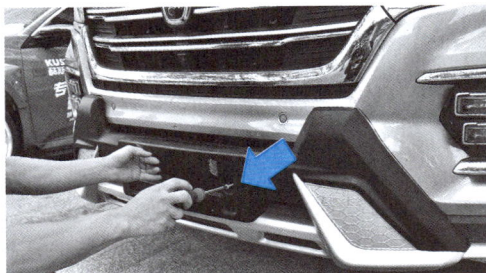

图 2-9-6　对准事先做好的记号安装护杠

❻ 用手压紧粘贴的地方。

注意：

　　安装完毕后检查，如有粘贴不牢的地方，用热风枪对粘贴的地方局部加热（图 2-9-7），再用力压紧，直到冷却为止即可。

图 2-9-7　加热粘贴的地方

2.9.3　质检

❶ 检查护杠安装后是否存在非正常缝隙，如果发现，必须检查是否产品本身存在变形（图 2-9-8）。

❷ 检查车牌安放位置是否发生遮挡。

❸ 检查护杠是否会影响倒车雷达正常工作（图 2-9-9）。

❹ 检查护杠安装后离地间隙是否过小。

视频精讲

图 2-9-8　检查护杠安装情况

图 2-9-9　检查护杠是否会影响倒车雷达正常工作

49

第 3 章
汽车底盘改装

3.1 行车系统

3.1.1 改装轮胎轮圈 📺

视频精讲

想改装（升级）轮胎轮圈，首先要知道轮胎轮圈的型号。一般轿车轮胎上会有标记，如富康车轮胎的标记为 165/70R14：第一个数字 165 是指轮胎宽度为 165mm；第二个数子 70 是指轮胎截面高度为轮胎宽度的 70%，即轮胎宽度为 165mm 时，轮胎截面高度为 165mm×70%=115.5mm；最后的 R14 代表轮圈的直径为 14in（1in=2.54cm，下同）。如富康车轮圈型号为 146.5J：14 指轮圈直径为 14in；6.5 指宽度为 6.5in，沟槽形状为 J 形（图 3-1-1）。

所以，知道了型号后便可以通过计算尺寸将轮胎轮圈升级。

例如轮胎标记为 185/65HR14，英文字母 HR 表示时速允许代码，其中 H 表示速率限制，而 R 表示轮胎种类，最后的 14 则表示轮圈的直径为 14in。改装大轮胎时一定要注意，了解轮胎的基本标示规格后，欲选择更换轮胎时有一整套相互兑换的原则可供遵循，应注意的是换胎时轮胎直

图 3-1-1　轮胎标记

径以不超过 20mm 为限，在允许的范围内才可更换加大的轮胎尺码，其计算方法为：

$$（轮圈高度－轮胎高度）×2+ 轮胎直径 = 轮圈直径（mm）$$

所以对于 185/65HR14，车轮直径为 120×2+356=596（mm）。

在胎高限制下可换用直径为 609.2mm 的 195/65R14 轮胎，若要连轮圈一同加大，则可使用直径为 615mm 的 195/60R15 轮胎。因为这两组车轮的直径在互换后差距都在 20mm 的允许更换范围内，所以可以相互更换，可自行换算。

首先要了解，原厂所附轮胎尺寸是为了成本考量还是代表该尺寸已足够使用？答案是各占一半，如此可知，在动力未有所提升的前提下，改装应以同一尺寸为方向，但有些大功率车辆由于输出轮力量较大，而原厂并未针对其大功率输出而加大轮胎尺寸，此时，就可考虑针对输出轮进行加大尺码的改装。另外，原厂本身考虑过底盘所能承受的轮胎轮圈的搭配，其实如果不是给底盘太大的压力，换同尺寸高档点的轮胎会有不少正面的好处。再者，轮胎定时更换位置更能借其均衡的磨耗而延长寿命，更换方式则以同侧前后对调即可，而对调的时间可以和更换机油的时间同步。

3.1.2　升级轮辋 📷

轮辋的升级，也是汽车改装的基础项目之一。无论是喜欢动力升级的朋友还是喜欢提升操控性的朋友，都需要对车辆的轮辋进行升级，因为轮辋的改装不仅是一种最直接的能够体现车主个性的方式，而且只有提升了轮辋的规格，才会有效地增大轮胎的抓地力，防止轮胎出现打滑失控现象。

一般车主更换轮辋的目的，除了损坏之外，最主要的是为追求外观的多样性变化或者为了满足特殊的功能性需求。如果是纯粹为了追求外观的变化，除了选用原厂尺寸的轮辋之外，大多数人都会选择加大尺寸的轮辋，因为大轮辋在视觉上更美观，同时能够对应加大尺寸的轮胎，提供更好的操控稳定性，可谓一举两得。但是在更换大尺寸的轮辋时要注意相应的换算方式，只有经过正确的换算，才可以选择合适的轮胎，否则会造成时速表的显示误差。

还有一种更换方式是追求轮辋的轻量化，以降低车辆本身的悬架重量，这样能够有效地提升车辆转向、悬架、制动部分的反应速度，大幅度提高操控性。但是，由于轻量化的轮辋本身的材质选用严格，制造工艺水平要求很高，所以成本会比一般的轮辋高，价格也会比较贵。而且轻量化的设计会切掉轮辋多余的地方，所以在外形设计上也会显得单调很多。一般有竞技趋向的车型都会选择轮辋的轻量化改装。

想了解轮辋，首先先来了解一下轮辋的制造过程。现在市面上能看到的轮辋，可以分为铁质轮辋和铝合金轮辋，由于铁质轮辋已经趋于淘汰，所以了解一下铝合金轮辋。常见铝合金轮辋的制造方式，可以分为锻造、熔汤锻造、低压铸造、熔汤铸造、倾斜铸造、重力铸造 6 大类。其中刚性最强、重量最轻的是锻造方式。所谓锻造就是将整块的铝锭经由质量达千吨以上的模具一次性挤压成形（制造压力可以达到 $1.6×10^5$MPa，而铸造件密度只有 2.2kg/cm^3），这样会使轮辋的整体密度平均化，材料强度也提高不少，同时减轻了质量（图 3-1-2）。以 15in 的铝合金轮辋为例，专业的轮辋制造商生产的产品，质量可以控制在 3.6 ～ 3.8kg，比起其他的制造方式，能够轻一半以上，但是制造成本高出铸造 4 ～ 5 倍，价格惊人。至于低压铸造则是较为折中的方式，制造过程是将铝和其他金属合金用高温熔化成液态，再注

入模具内成形，这样既能达到高强度、轻量化的目的，又能控制制造成本，是现在大多数改装用轮辋的主流制造工艺。

在选择要更换的铝合金轮辋的时候，除了要选自己喜欢的式样外，还要注意铝圈的造型与散热效能的关系。轮辋的造型决定制动系统的散热效率，所以选择合理造型的轮辋是很关键的。在这里帮大家分析一些市面上常见的轮辋类型与散热的关系。

图 3-1-2　锻造轮辋

❶ 传统多爪式。采用传统的细条五爪或六爪型的设计，属于经典的耐看式样，这种设计对于制动系统的散热效率很有帮助。至于一些三爪或四爪式样的轮辋，虽然更能够帮助散热，但是由于支撑条辐太少，路况太差时，其抗扭曲、耐撞击的能力和强度堪忧。

❷ 辐射线式。采用多辐式，甚至是类似树枝形状的造型设计，感觉很有运动气息，其平衡对称的镂空间隔，对散热很有帮助。

❸ 包覆式。采用多个大面积的轮辐，具有豪华高档的感觉，不过对于散热功能来说却毫无作用，有些反而会因为造型的关系产生聚热的效果。

换装完铝圈之后，并不是万事大吉，还要进行检查，才能放心使用。首先必须检查轮框是否会磨到制动分泵、减振或者悬架系统的部件。另外，选用加大尺寸的轮辋时需要注意，胎缘不能凸出前翼子板，以免在行车或转向的时候轮胎与翼子板发生摩擦，这样会损坏轮胎甚至发生爆胎等危险事故。其次，在行使一段时间以后，需要定时检查平衡铅块和螺母有无松动或者脱落。另外检查胎壁是否出现不正常的膨胀，通常这种现象是由于此处曾经被猛烈地撞击过，胎壁的钢丝断裂引起的，当然轮辋在这个位置的圆度也会受到影响。这是检查轮辋是否变形的直接方法。如果轮辋出现裂痕，就算进行补焊，强度也会大大降低，只要再次碰撞，随时会再次破裂，所以为了行车安全，还是更换为好。

3.1.3　轮胎和轮辋升级的原则及替换规格 📖

轮胎和轮辋是密不可分的，只有全面地合理升级，才会取得理想的改装效果。轮胎和轮辋的升级有两个原则。

（1）圆周不变

对于轮辋，最重要的就是先确定原有轮胎的规格。更换规格不同的轮辋会影响到里程表的精确度，性能表现也不会完美。每条轮胎都有它的规格型号，在不考虑轮胎品牌、型号、性能的情况下，至少要先确认原车胎的标准规格。轮胎的圆周大小对仪表的精确度会造成影响，所以无论是维持原先的规格，或者是更换更宽大的轮胎，都要以不改变或者尽量少改变轮胎圆周为前提。圆周的计算方式就是圆的直径与圆周率相乘，换句话说，会影响轮胎圆周大小的唯一变数就是轮胎直径。

轮胎直径应该怎么计算呢？很简单，就是"轮辋直径 + 胎宽 × 扁平比 ×2"，以现行的国产小车中最常见的轮胎尺寸 185/65R14 为例，计算如下。

14in（轮辋直径）×25.4+185mm（胎宽）×0.65（扁平比）×2 ＝ 355.6mm+240.5mm= 596.1mm，这就是轮胎直径（14×25.4 是将英寸转换为毫米单位）。

如果不是更换相同规格的轮胎，而是要将轮胎加宽、加大，那么可以利用上面的公式来计算，只要轮胎的直径误差在2%以内，都是可以接受的范围。

此外，轮胎的宽度也是必须考虑的。如果不在乎性能与视觉效果，纯粹只想省油的话，可以换较窄的轮胎。大多数的消费者都会将轮胎加宽加大，这样在视觉效果、轮胎抓地（摩擦系数）和胎壁变形量上会有所改善。尽管随之而来的是油耗的增加以及路面噪声的增加，但相对于更换后抓地性和稳定性的提升，这样的"牺牲"还是值得的。

（2）驾驶方式与行车环境

当规格确定之后，接下来就要考虑自己实际的开车状况了。

如果开车只是为了纯粹的日常代步，或者是经常长距离行驶，那么轮胎的舒适性、静音状况是必须要追求的重点。以舒适性为导向的轮胎是不错的选择，这种类型的轮胎扁平比不会太低（起码在0.55以上），花纹比较细碎（对称型或者非单导向胎纹为主）且胎壁较为柔软。

如果喜欢开快车，经常高速过弯、急起步、急刹车，那么轮胎性能更为重要，这时就必须"牺牲"一些行车舒适性与轮胎的耐磨度（以单导向胎纹为主）。当然，高性能车胎价格也会比较高。

如果经常在潮湿多雨地区行驶，轮胎的排水性就会显得尤其重要。出于安全考虑，建议选一组雨胎或者湿地胎。

如果经常在积雪的地区行驶，最好选择抗冰雪性的轮胎，以增加接触面积或提高抓地性。

《轮胎规格替换指南》（GB/T 26278—2017）标准规定了轮胎规格替换的要求，适用于轿车轮胎、载重汽车轮胎。轿车轮胎替换规格见表3-1-1。

表 3-1-1　轿车轮胎替换规格

原配规格	替换规格			原配规格	替换规格		
135/80R12	135/70R13	—	—	215/75R14	215/65R16		
185/80R13	185/75R14			215/75R15	215/70R16		
185/80R14	185/65R16			225/75R14	225/70R15	225/60R17	
215/80R14	215/70R16			225/75R15	225/70R16	225/65R17	225/60R18
215/80R15	215/75R16			225/75R16	225/70R17		
235/80R16	235/65R19			235/75R15	235/70R16	235/65R17	235/60R18
165/75R13	165/60R15			235/75R16	235/70R17	235/65R18	
185/75R14	185/70R15			235/75R17	235/65R19		
195/75R14	195/70R15	195/60R16		255/75R15	255/70R16	255/65R17	255/60R18
195/75R15	195/70R16			265/75R15	265/70R16	265/65R17	
205/75R14	205/70R15	205/65R16	—	165/70R14	165/65R15		
205/75R15	205/70R16		—	175/70R12	175/65R13		

续表

原配规格	替换规格			原配规格	替换规格		
175/70R14	175/65R15	—	—	215/60R16	215/55R17	—	—
185/70R13	185/65R14	185/55R15	—	215/60R17	215/55R18	—	—
185/70R14	185/65R15	—	—	225/60R14	225/50R16	225/45R17	—
185/70R15	185/65R16	—	—	225/60R15	225/55R16	225/50R17	—
195/70R13	195/65R14	—	—	225/60R16	225/55R17	225/50R18	—
195/70R14	195/65R15	—	—	225/60R17	225/55R18	—	—
195/70R15	195/65R16	—	—	235/60R14	235/50R16	235/45R17	—
205/70R13	205/65R14	—	—	235/60R15	235/50R17	235/45R18	—
205/70R14	205/65R15	205/60R16	—	235/60R16	235/55R17	235/50R18	—
215/70R14	215/65R15	215/60R16	—	235/60R17	235/55R18	235/50R19	—
215/70R15	215/65R16	215/60R17	—	235/60R18	235/55R19	—	—
225/70R14	225/65R15	225/60R16	225/55R17	245/60R14	245/45R17	—	—
225/70R15	225/65R16	225/60R17	225/55R18	245/60R15	245/55R16	—	—
255/65R17	255/60R18	255/55R19	—	245/60R16	245/55R17	245/50R18	245/45R19
255/65R18	255/60R19	—	—	255/60R15	255/55R16	255/45R18	—
265/65R17	265/60R18	—	—	255/60R16	255/55R17	255/50R18	255/45R19
285/65R17	285/60R18	285/50R20	—	255/60R17	255/55R18	255/50R19	—
185/60R14	185/55R15	—	—	255/60R18	255/55R19	255/50R20	—
185/60R15	185/55R16	—	—	255/60R19	255/55R20	—	—
195/60R14	195/55R15	—	—	265/60R17	265/55R18	265/50R19	265/45R20
195/60R15	195/55R16	—	—	265/60R18	265/50R20	—	—
205/60R14	205/55R15	—	—	275/60R15	275/55R16	275/45R18	—
205/60R15	205/55R16	—	—	275/60R16	275/55R17	—	—
205/60R16	205/55R17	—	—	275/60R17	275/50R19	275/45R20	—
215/60R15	215/55R16	—	—	275/60R18	275/50R20	—	—

续表

原配规格	替换规格			原配规格	替换规格		
225/70R16	225/65R17	225/60R18	—	195/55R14	195/50R15	—	—
235/70R14	235/60R16	235/55R17	—	205/55R14	205/50R15	—	—
235/70R15	235/65R16	235/60R17	235/55R18	205/55R15	205/50R16	—	—
235/70R16	235/65R17	235/60R18	—	205/55R16	205/50R17	—	—
235/70R17	235/65R18	—	—	215/55R15	215/50R16	—	—
245/70R15	245/60R17	—	—	215/55R16	215/50R17	—	—
245/70R16	245/65R17	—	—	225/55R14	225/50R15	225/45R16	—
255/70R15	255/65R16	255/60R17	255/55R18	225/55R15	225/50R16	225/45R17	225/40R18
255/70R16	255/60R18	255/55R19	—	225/55R16	225/45R18	—	—
255/70R17	255/60R19			235/55R15	235/50R16	235/45R17	235/40R18
265/70R16	265/65R17	265/60R18		235/55R16	235/50R17	235/45R18	
275/70R16	275/65R17	275/60R18		235/55R17	235/50R18	235/45R19	
205/65R14	205/60R15	—		235/55R18	235/50R19	235/45R20	
205/65R15	205/60R16	—		245/55R16	245/45R18		
215/65R14	215/60R15	215/55R16		245/55R17	245/50R18	245/45R19	
215/65R15	215/60R16	—		245/55R18	245/50R19		
215/65R16	215/60R17	215/55R18		255/55R16	255/45R18		
215/65R17	215/60R18	—		255/55R17	255/50R18	255/45R19	
225/65R15	225/60R16	225/55R17		255/55R18	255/50R19	255/45R20	
225/65R16	225/55R18	—		255/55R19	255/50R20	—	
225/65R17	225/60R18	—		265/55R18	265/50R19	265/45R20	
235/65R16	235/60R17	235/55R18	235/50R19	265/55R19	265/50R20	—	—
235/65R17	235/60R18	235/55R19	—	275/55R16	275/50R17	275/45R18	—
255/65R15	255/55R17	—	—	275/55R19	275/50R20	—	—
255/65R16	255/60R17	—	—	285/55R19	285/50R20	—	—

续表

原配规格	替换规格			原配规格	替换规格		
6.00-15LT	6.00R15LT	—	—	7.00-20	7.00R20	—	—	—
6.50-15LT	6.50R15LT	—	—	7.50-20	7.50R20	8R22.5	—	—
7.00-15LT	7.00R15LT	—	—	8.25-20	8.25R20	9R22.5	—	—
7.50-15LT	7.50R15LT	—	—	9.00-20	9.00R20	10R22.5	275/80R22.5	—
7.50-15LT	7.50R15LT	—	—	10.00-20	10.00R20	11R22.5	295/80R22.5	285/75R24.5
6.50-16LT	6.50R16LT	—	—	11.00-20	11.00R20	12R22.5	315/80R22.5	315/75R24.5
7.00-16LT	7.00R16LT	215/75R17.5	—	11.00-22	11.00R22	12R24.5	—	—
7.50-16LT	7.50R16LT	8R17.5	—	12.00-20	12.00R20	13R22.5	—	—
8.25-16LT	8.25R16LT	9R17.5	—	13.00-20	13.00R20	—	—	—
9.00-16LT	9.00R16LT	10R17.5	—	14.00-20	14.00R20	—	—	—
7.50R15LT	215/85R16LT	—	—	12.00-24	12.00R24	—	—	—
7.50R16LT	8R17.5	225/70R19.5	—	7.50-20	8R22.5	—	—	—
8.25R16LT	9R17.5	—	—	8.25-20	9R22.5	—	—	—
9.00R16LT	10R17.5	—	—	9.00-20	10R22.5	275/80R22.5	—	—
205/70R14LT	205/65R15LT	—	—	10.00R20	11R22.5	295/80R22.5	285/75R24.5	—
215/75R14LT	215/70R15LT	—	—	11.00R20	12R22.5	315/80R22.5	315/75R24.5	—
215/75R15LT	215/70R16LT	—	—	12.00R20	13R22.5	—	—	—
255/75R15LT	255/70R16LT	—	—	11R22.5	295/80R22.5	285/75R24.5	—	—
315/75R16LT	315/70R17LT	—	—	12R22.5	315/80R22.5	315/75R24.5	—	—
235/85R16LT	225/70R19.5	—	—	295/80R22.5	315/75R22.5	—	—	—
255/85R16LT	245/70R19.5	—	—	295/75R32.5	315/70R22.5	—	—	—

3.2　燃油汽车制动系统

制动系统的改装升级，顾名思义就是要改善制动性能和缩短制动距离，最终目的就是提高行车安全系数。

高性能制动系统应该具备以下条件。

❶ 整套制动系统应该配备多活塞刹车卡钳，例如 4 活塞、6 活塞、8 活塞，甚至是 10 活塞等。

❷ 制动系统轻量化设计。一套高性能制动系统，不仅制动性能强大，而且是轻量化的设计理念，减轻刹车盘和刹车盘中心合头的重量是对车身进行减重的"重要利器"，不仅可以节省燃油，还可以提高加速度，从而提高车辆的运动性能。

❸ 制动系统快速散热性能和耐高温性能。由于高性能制动系统所产生的摩擦温度是原厂制动系统的 2 ～ 3 倍，所以应具备快速散热的设计构造和具备承受高温的合金材料配方。

3.2.1　如何合理选择一套适合自己汽车的高性能制动套件 🖥

行车安全是一个非常严肃的命题，制动系统升级更是一个严谨的安全核心问题。汽车厂商对于每个车型，包含外观、性能、安全、适用性等都有一套严谨而又有针对性的设计方案和理念，从而迎合不同用户的需求。

举例说明：某个热卖品牌的大型 SUV，其动力性能、越野性能、道路适用性能、用车实用性都是按针对某个用户群体的标准去设计的，其车身底盘高，越野通过性强，车身空载质量达到 3t，动力性能高达 368kW，设计速度为 220km/h。这个车型是明显针对崎岖不平的道路设计的，而不是针对一般城市路况设计的，厂商设计这款车的时候其车速并不是重点考虑，然而对于此类车型的制动系统就有一个适配的综合考虑因素在里面。

购买车辆时，用户会根据自己的需求来选择自己心仪的车型，往往在使用车辆的过程中，可能会出现一些自己无法应对，或者满足不了现时用车需求的情况，所以在汽车售后市场板块就有一个汽车升级的体验需求。例如，外观升级、车身颜色个性化、车辆性能升级等一系列的汽车后市场需求，那么其中一个板块就是涉及制动性能的安全升级体验。众所周知，制动系统的安全性属于非常严肃的安全话题，其危险程度应当置于首位，但是在众多的用户调查中发现，真正意识到这一点的用户只有 10% ～ 15%，而出于外观款式，动力性能等因素考虑所占比例较多。

可以通过以下条件筛选一套适合的高性能制动系统。

❶ 车型品牌：奔驰、宝马、奥迪、本田、丰田、马自达等。

❷ 车型：紧凑型小轿车、B 级车、C 级车、小型 SUV、中型 SUV、大型 SUV。

❸ 排量：2.0L 以下，2.0 ～ 3.0L，3.0L 以上。

❹ 质量：1 ～ 1.5t，1.8 ～ 2t，2t 以上。

❺ 车型价格选择区间（表 3-2-1）。

表 3-2-1　车型价格选择区间

车价 / 元	10 万以下	10 万～ 15 万	15 万～ 20 万	20 万～ 25 万	30 万～ 40 万	40 万
刹车品牌首选	三线品牌	三线品牌	三线品牌	二线品牌	一线品牌	一线品牌
刹车品牌次选	二线品牌	二线品牌	二线品牌	一线品牌	一线品牌	一线品牌

注：根据不同车型的价格，选择匹配的刹车系统产品的品牌。

❻ 轮毂：轮毂 - 轮胎适配表（表 3-2-2）。

表 3-2-2　轮毂 - 轮胎适配表（15 ～ 22in）

轮毂 /in	轮胎 /mm			
15	285			
16	285	295	300	
17	330	335		
18	355	362		
19	360	365	370	380
20	380	390	405	
21	390	405	410	
22	410	412	420	

❼ 刹车系统产品的品牌。

一线品牌：APracing、Brembo、ENDLESS、ALCON 等国际名牌。

二线品牌：STOPTECH、Willwod 等行业名牌。

三线品牌：DICASE、COOLIRACING 等国产自主品牌。

❽ 刹车系统产品价格区间选择：4000 ～ 5000 元、5000 ～ 7000 元、7000 ～ 9000 元、9000 ～ 12000 元、12000 元以上。

3.2.2　如何选择一套高性价比的制动升级系统 🖼

（1）刹车卡钳选择

在选择刹车卡钳的时候，通常都会选择多活塞型刹车卡钳，例如 2 活塞、4 活塞、6 活塞、8 活塞、10 活塞。在如此多的型号中，每个型号的卡钳都有不同的压力系数、强度、刚性、操作舒适性、敏捷性。选择一个适合自己车辆的刹车卡钳其实并不困难，例如根据之前所提到的筛选办法，根据各自条件选择基本的方向，结合车辆的重量、功率、卡钳大小、轮毂尺寸、总泵供油量以及产品价格进行对比选择。当然，询问厂家的匹配方案尤其重要，不建议自己盲目选择购买，以免出现不匹配情况。

（2）刹车片选择

刹车片的类型众多，其使用的材料一般有几大特点：摩擦系数、噪声率、耐磨性、耐高温性、稳定性等，这些特点会直接影响我们的使用感受，所以需要根据自己的行车状况、路况、驾驶体验和适用性选择刹车片。例如，刹车片的摩擦系数高低会直接影响制动的效能，也会直接影响噪声率的大小。刹车片的温度直接影响刹车片的高温制动稳定性，也直接影响体验效果。所以选择刹车片的时候，需要根据自己的使用情况而定，不是耐高温就好，也不是摩擦系数高就好。

（3）刹车盘选择

刹车盘的选择比较简单，但是一定需要选择高质量的刹车盘。例如，刹车盘的材质和制造工艺，可以影响刹车盘的刚性，导致刹车盘变形；刹车盘的尺寸大小，可以影响制动效果和轮毂适配性。

刹车盘的款式有划线的、打孔的，也有划线打孔并用的。划线盘的线条可以增加刹车片与刹车盘之间的摩擦横向切削力，从而达到增加摩擦的效果，打孔盘的孔可以增加刹车盘的通风散热效果，从而减少刹车盘热能聚集导致的变形。根据刹车系统对应的匹配要求，可以自由选择。

3.2.3　制动升级系统安装施工步骤及说明

3.2.3.1　施工前准备

❶ 阅读安装说明：查询说明书，以熟悉和了解安装过程及注意事项。

❷ 配件检查：订购的产品零部件和相关小配件、说明书等是否齐全。

❸ 所需工具：轮胎拆卸设备和工具；油管拆卸工具；各种型号扳手与套筒工具；排空设备。

❹ 清洁事项：拆卸原车配件，清洁原车轴头，保护油管接头，防止滴漏。

❺ 施工过程：按照产品的安装步骤及说明进行操作。

❻ 质检工作：安装完成后的检查、路面测试、刹车零部件开皮磨合等按照说明书进行。

3.2.3.2　施工步骤

第一步： 配件检查。

❶ 安装制动系统前要检查配件是否齐备，配置清单见表 3-2-3。

表 3-2-3　配置清单

品名	数量	注意事项
刹车卡钳	2 个	确定左右配对，轴前轴后配对
刹车片	4 片	确定刹车片与卡钳配套，同时与刹车盘匹配
刹车油管	2 条	确定刹车油管长度，接头凹凸嘴匹配，卡位配件齐全
刹车盘	2 个	确定刹车盘直径、厚度、款式
合头	2 个	确定刹车盘与合头连接是否正常
桥位	2 个	确定检查螺栓配件、垫片是否齐全
其他配件	1 套	确定所需附件，如法兰垫片、专用垫片、刹车油等

准备好备件（图 3-2-1）。

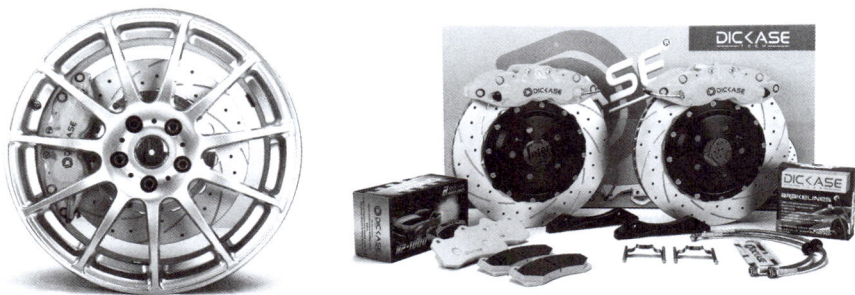

图 3-2-1　准备好备件

❷ 轮毂尺寸确认：安装前首先要检查汽车的轮毂是否能匹配刹车套件，确定没问题后再进行下一步。

📑 **第二步**：拆卸原车配件。

首先拆卸轮毂，然后拆卸原车的卡钳和刹车盘（图3-2-2）。

注意：

原车油管暂时不能拆，以防所订购的产品不正确或者安装失败需要复原。

视频精讲

图3-2-2 拆卸原车的卡钳和刹车盘

📑 **第三步**：清洁原车轴头。

安装前需要把原车轴头面清理干净（图3-2-3），把锈迹打磨掉，如果没有把锈迹打磨掉会影响刹车盘的平整度，这样会出现刹车抖动现象。

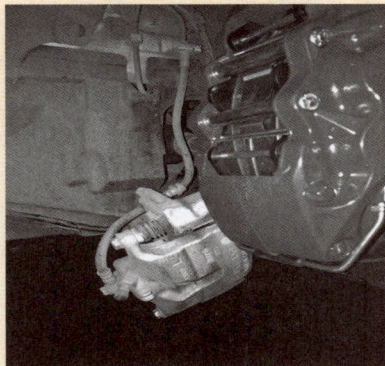

图3-2-3 清洁原车轴头

📑 **第四步**：安装桥位。

完成上面三步后接下来就是安装桥位（桥位也俗称转接支架），桥位的安装方法要准确，因为桥位有四种安装方法，要根据商家指定的安装方位来安装，否则有可能会出现桥位安装不上的现象。一般商家都配备一份安装桥位方位图，如图3-2-4所示。

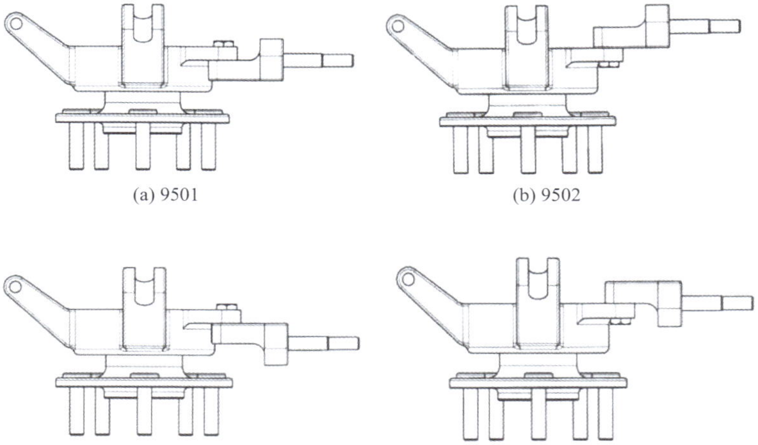

(a) 9501　　　　　　　　　　　　　　(b) 9502

(c) 9503　　　　　　　　　　　　　　(d) 9504

图 3-2-4　安装桥位方位图（俯视图）

第五步： 安装刹车盘和刹车卡钳。

❶ 首先检查并且清理"羊角"上的毛坯和毛刺（图 3-2-5），毛坯和毛刺会阻碍桥位安装。

❷ 按照桥位方位图锁好桥位，锁紧螺栓，切忌扭力过大而损坏桥位螺牙。

❸ 接下来安装刹车盘。注意：锁定刹车盘固定螺栓，转动刹车盘，检查刹车盘是否会触碰羊角零部件，包括悬架系统的摆臂、挡泥板、桥位、螺栓等，如果出现刹车盘的挡泥板触碰刹车盘和刹车卡钳，则将其拆卸或者切割掉。

❹ 然后安装上刹车卡钳，锁紧螺栓，切忌扭力过大而损坏桥位螺牙。

注意事项：卡钳左右区分，刹车卡钳、导油管朝向正确（油管应朝下）。

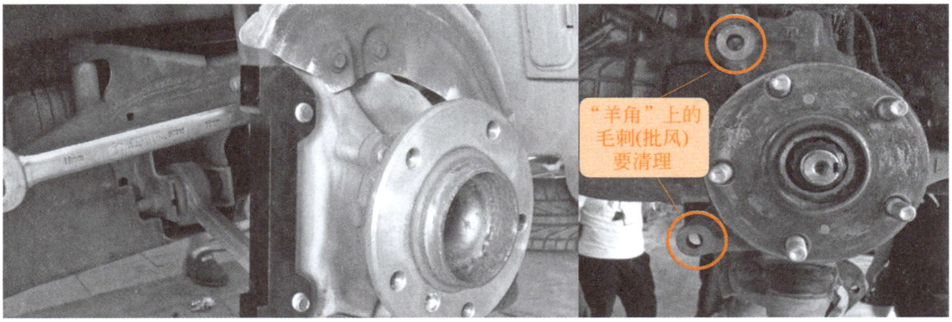

"羊角"上的
毛刺(批风)
要清理

图 3-2-5　清理"羊角"上的毛坯和毛刺

❺ 检查刹车卡钳的卡盘口与刹车盘是否在正中间（图 3-2-6），如果有所偏差，可以通过专用调整垫片进行加减垫片，调整刹车卡钳的左右和高低（刹车盘必须确认安装好，并且使用轮胎螺栓锁紧固定在轴头上）。

注意检查刹车盘是否会碰到悬架系统，如摆臂、挡泥板、桥位等。

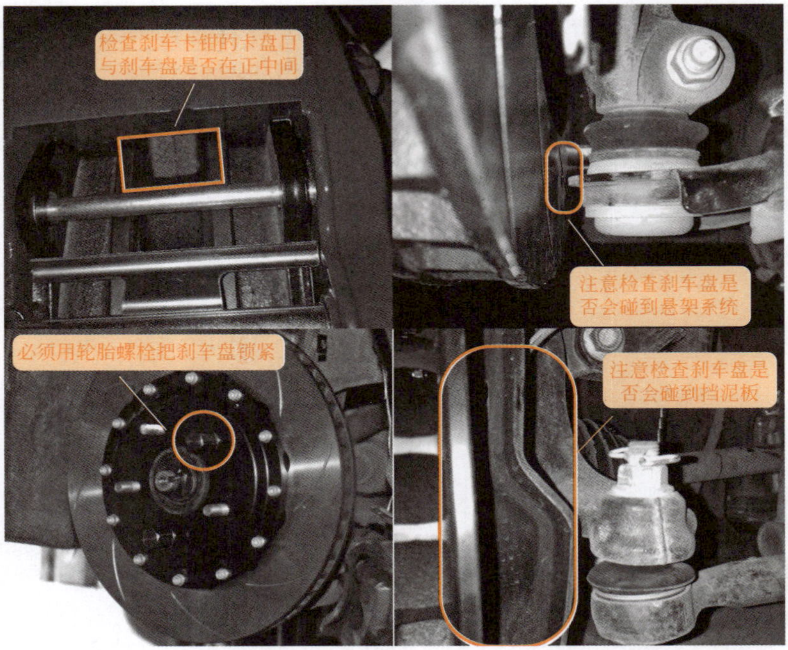

检查刹车卡钳的卡盘口
与刹车盘是否在正中间

注意检查刹车盘是
否会碰到悬架系统

必须用轮胎螺栓把刹车盘锁紧

注意检查刹车盘是
否会碰到挡泥板

图 3-2-6　检查刹车卡钳的卡盘口与刹车盘是否在正中间

❻ 检查没问题后，安装轮毂，并检查轮毂空间是否能容纳卡钳（轮毂不能刮到卡钳）。如果装上轮毂，转动时轮毂的辐条刮到卡钳部位，则需要加装垫片（或法兰盘），把轮毂垫出外圈，这样才不会刮到卡钳（图 3-2-7）。

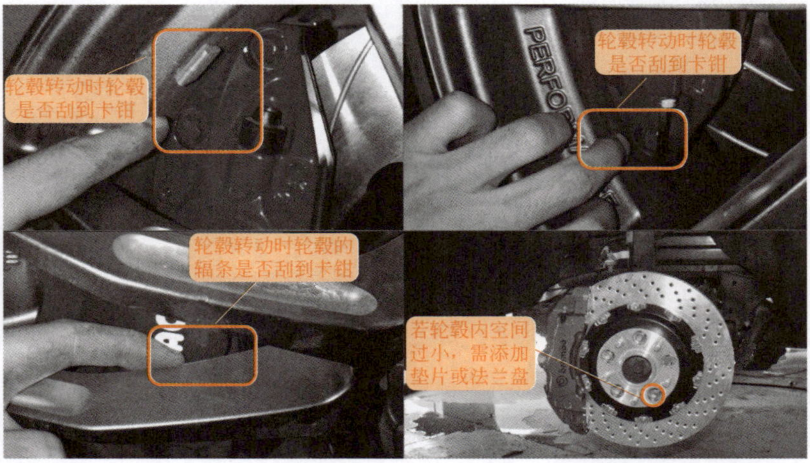

轮毂转动时轮毂
是否刮到卡钳

轮毂转动时轮毂
是否刮到卡钳

轮毂转动时轮毂的
辐条是否刮到卡钳

若轮毂内空间
过小，需添加
垫片或法兰盘

图 3-2-7　检查轮毂空间是否能容纳卡钳

🔪 第六步：安装刹车油管。

❶ 做完以上步骤，接下来就是安装刹车油管。安装好刹车油管之后，要把油管的位置调

整好，不能让油管碰到车架，并且来回打方向盘确认油管位置是否正确，并且无刮蹭。

❷ 调好油管位置后进行空气排空（图 3-2-8），排空气时一定要启动汽车发动机进行，不能熄火排空气，熄火是没有压力的，至于排空气所需要的刹车油量，视车型而定（必须注意：刹车油具有高腐蚀性，会腐蚀卡钳表面的油漆，在排空气过程中一定要用水冲洗）。

❸ 排空气程序完成后把所有螺栓都锁紧，并且装上轮毂。注意：需要检查刹车油管是否碰到轮胎、避震机、悬臂部件等，放下车后在原地打方向来回测试，确定没问题后再进行试车、开盘、开皮。

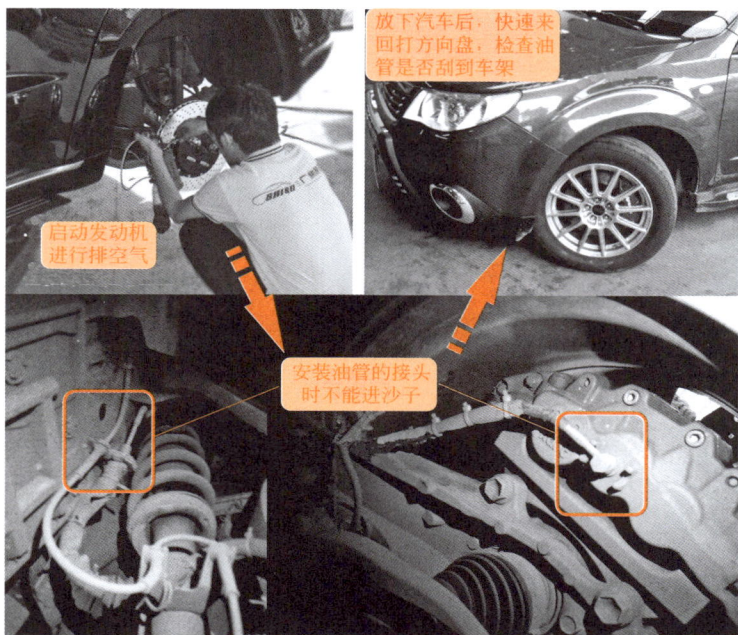

图 3-2-8　安装刹车油管并排空气

第七步： 安装工程质检。

安装完成后，需要检查各个部件是否安装到位，螺栓是否锁紧。

检查刹车卡钳、刹车油管是否漏油等。

原地制动操作检查：在原地测试制动系统工作是否正常，应顺畅，无异响。

路面测试：安装完成的制动系统需要到安全空旷的地方进行路面测试和检查。

安装新的制动系统、换新的刹车片、换新的刹车盘等安装注意事项如下。

❶ 新制动系统零件更新，如刹车片、卡钳、刹车盘，都必须进行开皮与磨合。

❷ 正确的开皮可以将刹车皮表面的松散表皮层和毛刺刮磨掉，使得刹车效果和摩擦力正常发挥，并且让刹车皮和刹车盘配合得更加吻合与紧密，减少日后使用时的刹车噪声和异响。

❸ 正确的刹车盘或者刹车片的磨合，可以提升和快速发挥刹车效果。

3.2.3.3　开皮方式

安装新刹车片、刹车盘和卡钳后，开皮过程如下。

❶ 第一次开皮：从车辆时速 50km 开始，用适当的刹车力度减速至时速 20km，这样的动作重复 8 ～ 10 次，并且每次间隔 40s。

❷ 第二次开皮：从车辆时速 70km 开始，用更大的刹车力度减速至时速 30km，这样的动作重复 3 次，并且每次间隔 1min。

❸ 开皮减速方式为一脚刹车，不要拖刹。

❹ 开皮完成后可以正常使用，磨合期内切勿暴力使用刹车。

3.2.3.4 磨合方式

磨合要求和注意事项如下。

❶ 安装新的制动系统后，必须进行一段时间正常磨合，使得刹车片和刹车盘的配合度达到最佳标准。

❷ 在磨合过程中，切忌暴力使用制动系统，切忌在高温状态下碰水，从而减少刹车噪声产生的概率和提升刹车效果。

❸ 在磨合的过程中，每磨合 100km，刹车效果可以发挥 10%，直至 100% 发挥。磨合要求为 1000km。

❹ 磨合完成后，可以正常使用制动系统。

3.3 新能源汽车制动系统

以岚图梦想家改装前制动系统为例，具体改装操作步骤如下。

❶ 配件检查：六活塞卡钳，打孔划线分体制动盘、金属刹车片、钢喉（图 3-3-1）。

❷ 拆卸前轮胎。

❸ 拆卸原车的制动片、制动卡钳、制动盘、制动油管。拆卸方法与传统燃油车一样。

❹ 清理"羊角"上的毛坯和毛刺，毛刺坯料会阻碍到桥位安装。

❺ 安装制动盘，安装方法传统燃油车一样（图 3-3-2）。

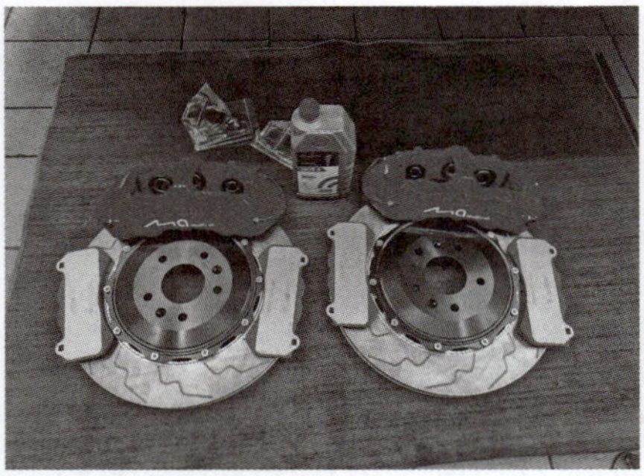

图 3-3-1 配件检查

图 3-3-2 安装制动盘

❻ 安装制动卡钳及制动片，质检方法与传统燃油车一样（图 3-3-3）。

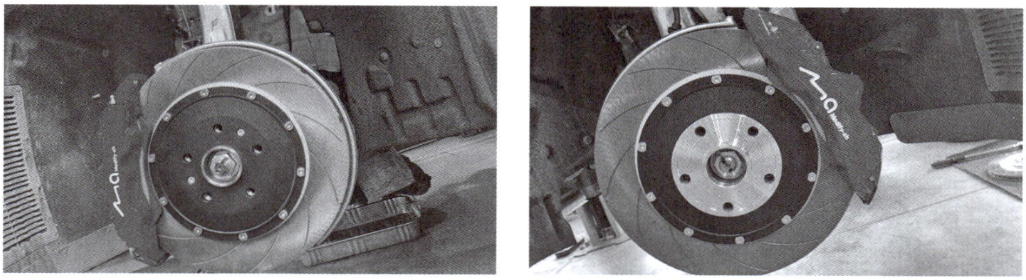

| (a) 左前制动器 | (b) 右前制动器 |

图 3-3-3　安装完成

❼ 复原车辆（图 3-3-4）。

图 3-3-4　复原车辆

3.4　燃油汽车悬架系统

燃油汽车悬架系统的改装通常指改装运动弹簧及减振器。

3.4.1　如何选择合适的运动短弹簧

弹簧属于车辆悬架系统总成的一部分，悬架系统的减振器和避振弹簧可以吸收路面带来的振动，确保车内人员舒适。车辆偏向舒适是以牺牲运动性能为代价的，升级运动短弹簧就是为了把车辆悬架系统支撑力更好地提升，让车辆在驾驶的时候拥有更好操控性，同时短弹簧可以有效降低车身高度，达到更好的姿态效果。当驾驶车辆高速行驶或者大角度转弯的时候，运动短弹簧可以给车辆提供足够的支撑，使车辆最大限度减少车身侧倾，预防侧翻，提高安全性能。所以在选择升级短弹簧时必须要选择不影响舒适性，同时有着足够支撑力的短弹簧进行升级改装。

3.4.2　施工与质检

（1）施工前准备

❶ 准备好专车专用运动短弹簧（图 3-4-1）。

视频精讲

65

❷ 安装短弹簧防异响胶圈（图 3-4-2）。

图 3-4-1　专车专用运动短弹簧

图 3-4-2　安装短弹簧防异响胶圈

❸ 使用举升机把汽车升起，拆卸后悬架弹簧（图 3-4-3）。

（2）所需工具

准备拆卸悬架总成的工具。

专用的减振器拆卸工具如图 3-4-4 所示。

图 3-4-3　拆卸后悬架弹簧

图 3-4-4　专用的减振器拆卸工具

（3）施工作业

❶ 使用常规拆卸工具把悬架摆臂和悬架总成分离拆除。

❷ 使用弹簧专用拆卸工具把原车减振器上的原车弹簧拆除（图 3-4-5）。

❸ 使用弹簧拆卸工具压缩运动短弹簧，把运动短弹簧按照原装减振器孔位安装上去，注意减振器塔底和塔顶部位要与运动短弹簧匹配安装（图 3-4-6）。

❹ 确定减振器塔顶部位螺栓上紧固定。

❺ 把更换运动短弹簧后的减振器总成按照原来的位置安装到车身上。

❻ 安装运动短弹簧到后悬架（图 3-4-7）。

❼ 把原车轮胎进行动平衡处理，然后进行安装。

（4）安全检查

❶ 检查减振器总成和车身安装连接是否牢固。

❷ 检查车身下降高度数值是否符合规定（图 3-4-8）。

图 3-4-5 拆卸原车的弹簧

图 3-4-6 安装运动短弹簧

图 3-4-7 安装运动短弹簧到后悬架

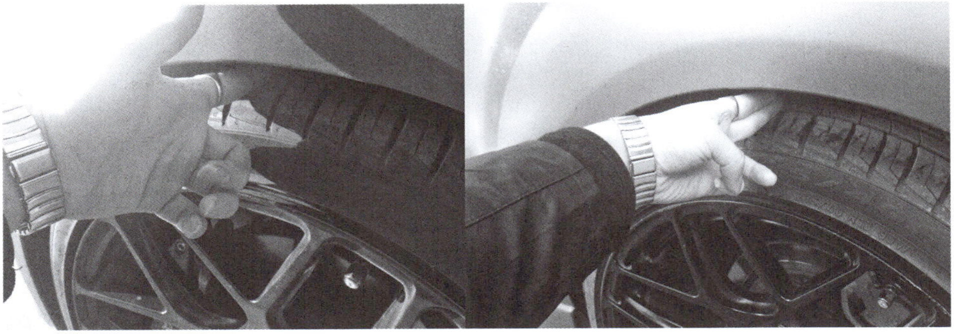

图 3-4-8 检查车身下降高度数值是否符合规定

❸启动车辆行驶一段距离（短弹簧需要磨合）（图 3-4-9）。

图 3-4-9　试车

3.5　新能源汽车悬架系统

图 3-5-1　小米 SU7 减振器改装套件

以小米 SU7 纯电动汽车为例。

（1）准备好小米SU7减振器改装套件（图3-5-1）

EDDY 可调舒适套装减振包含可调桶芯减振和运动短弹簧，将舒适性与个性化升级完美融合，让驾驶者随心所欲地在舒适与竞技之间切换，打造专属驾控体验。可调套装减振配备缩短行程的高弹性聚氨酯缓冲块，释放减振器工作行程，增加舒适性，还能够防止减振器极端工况下的触底风险。

拆卸原车减振器，方法与传统燃油车一样（图 3-5-2）。

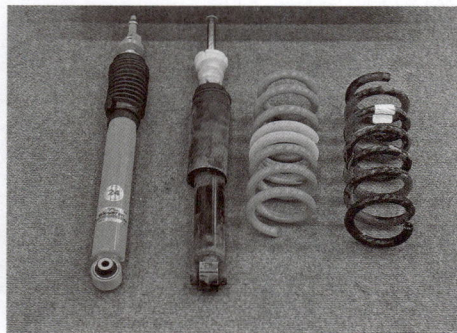

(a) 原车前减振器与改装前减振器的对比(一)　　　　(b) 原车前减振器与改装前减振器的对比(二)

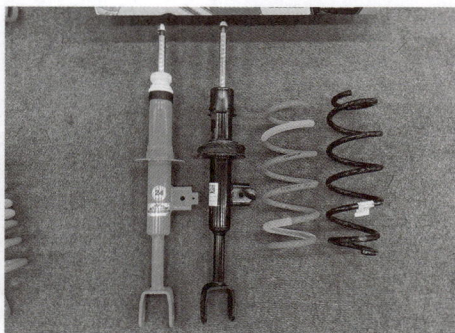

图 3-5-2　拆卸原车减振器

安装新的减振器，方法与传统燃油车一样（图 3-5-3）。

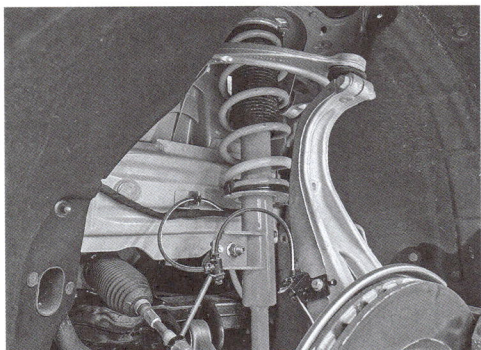

(a) 前减振器　　　　　　　　　　　　　　　　(b) 后减振器

图 3-5-3　安装新的减振器

（2）安全检查（图 3-5-4）

❶ 检查减振器总成和车身安装连接是否安装牢固。

❷ 检查车身下降高度数值是否符合规格。

❸ 启动车辆行驶一段距离（短弹簧需要磨合）。

图 3-5-4　检查

3.6 车身强化

3.6.1 强化件：轻松解决车身变形问题

日常在行车的过程中是不是发现有转弯不顺手的情况？几年过去了是否发现车辆有轻微的变形？是否考虑过为爱车加装一样部件，以改变因车身刚性低而造成的变形问题，而且能让车辆操控更灵敏、更舒适？这个部件就是底盘强化件（图3-6-1）。

视频精讲

图 3-6-1 解决车身变形问题

（1）常见问题：车辆轻微变形

目前常见的车辆由于成本、舒适性等问题，厂商没有加装相关的强化件，对于一些家用车，厂商通常不太在意操控和运动性，反而注重整车行驶过程的舒适性，这样会导致车辆的刚性大大减少。在刚性小的情况下转弯会给车身带来一定的倾斜和扭曲，影响到轮胎和地面的接触面，造成车辆转弯性能和操控性能有所下降，加剧轮胎的磨损、导致车身变形等（图3-6-2）。

图 3-6-2 车辆轻微变形

（2）解决办法：加装强化件

车身刚性越低，所造成的形变就越严重，可从加强车身刚性的角度来改善车辆存在的缺点，加装强化件是一种可行的方式。

强化件，简单来说就是升级件，强化件可将底盘没有强化或者强化力度不够的各个部件进行强化，使得车辆操控感觉会更灵敏，车身也会吸收来自地面的冲击；提高舒适性，车辆行驶也会更稳定，减少车身老化带来的松散感；还能将悬架的作用发挥到极致，使车身有效地分散扭力，从而加强车身刚性，抑制车身扭曲。

打个比方：裤子比较松，穿不上的时候，那么应该怎么处理？

可以想到的：

❶ 去换一条裤带；

❷去加一条皮带。

总结出来就是：替和加。替换更好的强化件就是"替"，强化车辆不足处就是"加"。

3.6.2　安装位置与功能 🖼

3.6.2.1　加强型防倾杆（图 3-6-3）

俗称：平衡杆（虾须）。

位置：设计安装于左右悬吊上。

功能：当左右两轮行经相同的路面凸起或凹陷时，防倾杆并不会产生作用。但是如果左右两轮分别通过不同路面凸起或凹陷时，即左右两轮的水平高度不同时，会造成杆身的扭转，产生防倾阻力抑制车轮滚动。也就是说当左右两边的悬吊上下同步动作时防倾杆就不会产生作用，只有在左右两边悬吊因为路面起伏或转向过弯造成的不同步动作时防倾杆才产生作用。因此，配合适当的防倾杆不但可以减少侧倾，更不必牺牲应有的舒适性和循迹性。

3.6.2.2　前轮减振塔塔顶平衡拉杆（图 3-6-4）

俗称：前顶巴。

位置：设计安装于前减振塔塔顶上。

功能：主要作用在于提高车身刚性结构，改善车辆在弯道行驶中的稳定性和平衡性。它连接两个减振器，使两边的力保持一致。能使车辆在高速行驶中急转弯或避让时保持车身稳定，不至于侧倾乃至翻车，大大提高了行车安全性。此外平衡拉杆还有抑制车身变形的功能。

图 3-6-3　加强型防倾杆

图 3-6-4　前轮减振塔塔顶平衡拉杆

3.6.2.3　车架（井字架）底盘增强平衡拉杆（图 3-6-5）

俗称：前下底架。

位置：设计安装于后下左右摇臂的连接处。

功能：主要作用是拉紧左右摇臂，加强左右摇臂与后桥的连接强度，增强汽车过弯的稳定性。

3.6.2.4　纵杆（图 3-6-6）

俗称：中下底架。

位置：设计安装于车架底盘的中间部位。

功能：主要作用是改善车辆操控性能，减少颠簸感，提升驾驶舒适性。

图 3-6-5　车架（井字架）底盘增强平衡拉杆

图 3-6-6　纵杆

3.6.2.5　前底横梁平衡拉杆（图 3-6-7）

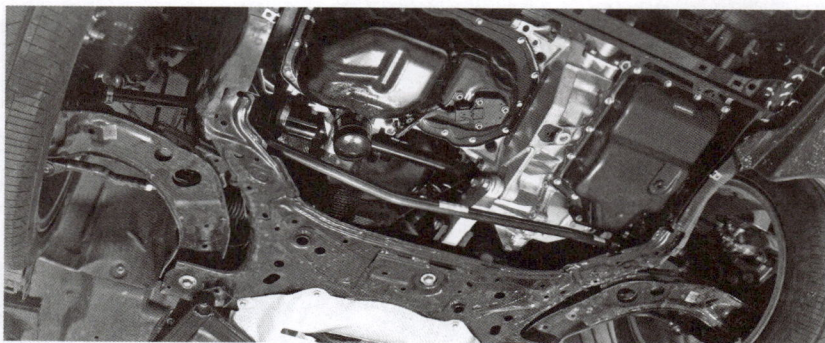

图 3-6-7　前底横梁平衡拉杆

俗称：前下底拉杆。

位置：设计安装于前桥与车架底盘前方的连接处。

功能：主要作用是增强车身刚性，使车身尽量保持平衡，增强汽车过弯的稳定性。

3.6.3　燃油汽车施工与质检 🖥

（1）施工前准备

❶ 询问工作人员需要注意的事项。

❷ 准备好所需要的工具。

❸ 产品件以及产品质量问题、包装是否损坏等问题的检查。

❹ 查看待安装的车辆（图 3-6-8）。

❺ 与车主之间的沟通和交流，安装前试乘试驾的反馈。

❻ 相关资料的登记。

❼ 用举升机升起车辆并确保安全的情况下进行安装。

图 3-6-8　待安装车辆

（2）所需工具

❶ 拆卸工具总成（图 3-6-9）。

图 3-6-9　拆卸工具总成

视频精讲

❷ 波箱顶（液压顶）。

❸ 螺栓分类箱。

（3）拆装过程

❶ 拆卸前车架主螺栓和方向机螺栓半卸车架，预留出适当的空隙。

❷ 拆卸防倾杆连接杆连接处的螺母和铁码螺栓。

❸ 拆卸下防倾杆并用狮特防倾杆进行替换安装，检查安装后防倾杆是否有异响、异样等情况。

❹ 安装车架并检查是否安装到位、齐全。

❺ 安装前下底拉杆、换装前下底架和安装中下底架（图 3-6-10）。

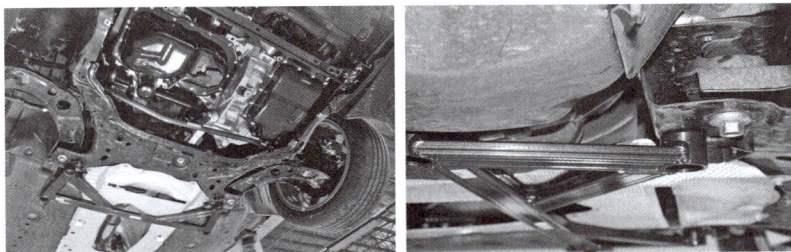

图 3-6-10　安装防倾杆

73

⑥ 拆卸后车架和后防倾杆并用狮特后防倾杆替换（图3-6-11），检查安装后防倾杆是否有异响、异样等情况。

图 3-6-11　安装后防倾杆

⑦ 放下车辆，打开引擎盖。

⑧ 拆卸前减振器螺母，安装上顶吧脚座预紧，安装杆身并上紧交接处螺栓，上紧脚座螺母（图3-6-12）。

图 3-6-12　安装发动机舱防倾杆

⑨ 安装后顶（图3-6-13）。

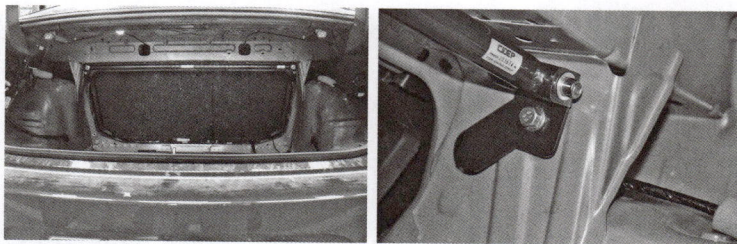

图 3-6-13　安装后顶

（4）安全检查

❶ 每件产品安装后都要进行检查，如有问题则反馈给技术人员进行解答。

❷ 确保拆卸的每一个步骤的准确性。

❸ 进行小距离动车检查。

❹ 进行长距离动车检查。

在此过程必须进行的项目如下。

转弯测试：确保每一件底盘件安装没问题。

减速带多次通过测试：确保防倾杆拆装过程无问题。

颠簸路段测试：留意期间有无异响或者刮蹭等情况。

刹车测试：确保安装有刹车总泵的车辆刹车总泵的安装情况良好。

客户真实反馈：

车辆过弯很有信心，减振韧性也提升了。这次加装底盘加强件，感觉车辆整体刚性变强，主要体现在高速切线和匝道过弯的时候，路感明显清晰了（就是路况反馈很清晰，但部分有舒适型偏好人可能不喜欢，因人而异）。

3.6.4　新能源汽车施工与质检

以理想汽车 L9 加装车身强化件为例。

安装前底盘阻尼杆（图 3-6-14）。

安装发动机机舱室阻尼杆（图 3-6-15）。

加固车辆前梁前方两侧连接结构刚性强度，减轻前纵梁晃动率，增加车辆在崎岖不平路面的平稳性及弯道操控稳定性。

安装尾部车身加强件。减少车辆弯道倾斜，提高车辆高速行驶及弯道操控稳定性能，改善减振负压过度情况，延长减振器的使用寿命（图 3-6-16）。

图 3-6-14　安装前底盘阻尼杆

图 3-6-15　安装发动机机舱室阻尼杆

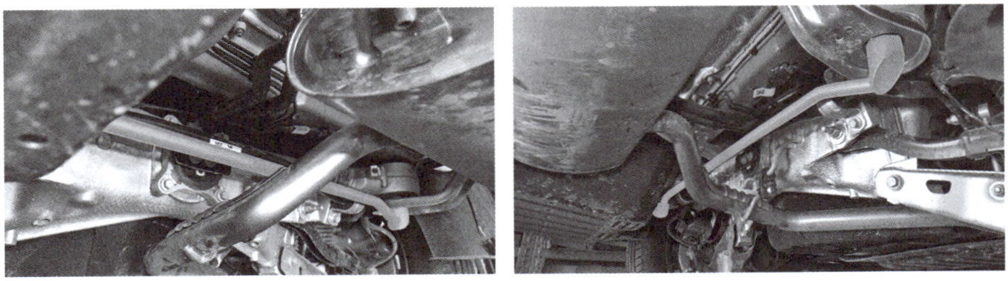

图 3-6-16　安装尾部车身加强件

安装后杠阻尼杆。使车辆尾部更加牢固，可以吸收道路不平引起的震动，增强车辆的平稳性及弯道操控稳定性（图 3-6-17）。

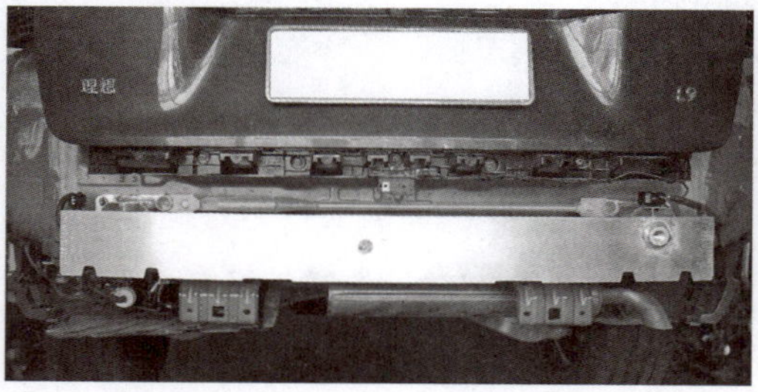

图 3-6-17　安装后杠阻尼杆

复原车辆。

质检方法与传统燃油车一样。

3.7　排气系统

3.7.1　如何合理选择汽车排气系统

如果问现代社会最流行的改装件是什么？那么汽车的进排气无疑是名列前茅！对于追求速度与激情的改装爱好者来说，听到爱车的轰鸣声可以瞬间让人的血液流动加快、血管膨胀。

对于相当一部分车主来说，他们所关心的通常是爱车的外观是否完整，声音是否震撼人心，很少会对汽车的排气系统进行深入研究，如果要研究，恐怕就是排气的尾嘴了。毕竟汽车的排气在外观上很难看出里面的结构，同时很多人会认为，排气管只要不堵塞就是工作正常。但是，真的是这样吗？你知道汽车排气系统改装有改装头段和中尾段的区别吗？

什么是三元头段？三元头段其实一开始是应对环保时代而生的产物，厂商为了解决环保问题，首先让废气在出引擎时污染值就降低，因此供油、点火与进气各方面必须配合精准。为了控制这个精准度，必须要在催化剂前后各设置一个氧传感器，用来监测空燃比；同时，还需要一个后氧传感器，用来检测残氧的变化量，最后根据催化剂所消耗氧气量来估算是否要增减供油和进气量，所以说三元头段在改装排气管中属于重要的一个环节。

排气的中尾段改装包括中鼓、尾鼓和尾管，这是改得最多的部分，通常是为了声浪和回压这两个重要的概念。声浪大家都懂，那么什么是回压？当排气口径缩小时，前一波废气会在尾部聚集产生压力，当它们排出后，这个压力会变成负压，将下一波废气"吸出来"，这种现象称为回压。

中鼓主要影响回压的大小。不过在改装界，一般偏向高速性能，改装件都会适当减小原厂回压，因此中鼓通常比原厂件短粗。街跑车和赛车甚至根本不安装中鼓。

尾鼓的花样比较多，国内习惯按形状分为直筒、G 鼓、S 鼓等。而国外仅按照最终效果分为直排鼓和回压鼓。

直排尾鼓（直筒）不适宜装在小排量车上，其低转速扭力差，噪声大，是专门为高转速性能表现设计的，一般为街跑车和赛车所使用。

如果只是追求汽车的美观和声浪效果，更换中尾段或者仅换尾鼓即可，只需注意汽车的改装回压与原厂不能相差太大，但是对于真正看中汽车动力方面的排气改装来说，排气头段的改装效果会大于只改中尾段的效果，这个要涉及很多方面，可见选择一个好的头段是至关重要的，影响着汽车性能，牵一发而动全身。

3.7.2　安装更换头段、中尾段的操作过程 🖼

以宝马 G28 B48 325Li 为例来了解安装更换头段、中尾段的整个过程。

3.7.2.1　施工前准备及所需工具

⚠ **警告：**

高温表面，有烫伤危险，当部件冷却时才可进行拆卸工作。

视频精讲

注意：

排气管属于大重量部件，注意重心，防止坠落。

提示：

拆装三元头段时存在损坏调控用的氧传感器的危险。

所需工具： 中飞棘轮扳手、小飞棘轮扳手、8 号套筒、13 号套筒、E8 套筒、中飞加长杆、22 号开口扳手。

3.7.2.2　施工过程

❶ 打开机盖，面对发动机，拆卸发动机装饰盖（图 3-7-1），取下缓冲垫。

❷ 找到图 3-7-2 中箭头所示的部分即为三元头段的前后氧传感器，拔出插接器。

图 3-7-1　拆卸发动机装饰盖

图 3-7-2　拔出插接器

在拆卸过程中意外搭铁会造成氧传感器损坏。

③ 使用 13 号套筒松开并解除夹箍螺栓（图 3-7-3 中箭头），取下夹箍。

④ 将氧传感器的线束固定夹扣松开（图 3-7-4 中箭头），此时已完成发动机上半部分的拆卸工作。

图 3-7-3　拆卸夹箍

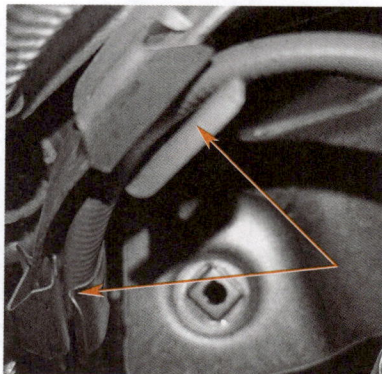

图 3-7-4　松开固定夹扣

⑤ 举升车辆，即可看见整个底盘的结构（图 3-7-5），使用棘轮扳手搭配 8 号套筒拆卸前护板（图 3-7-6）。

图 3-7-5　底盘结构

图 3-7-6　拆卸前护板

⑥ 使用 13 号套筒松开夹箍（图 3-7-7）。

❼ 在底盘中找到图 3-7-8 所示的部分，使用 13 号套筒松开并解除图中所示的螺栓。

❽ 在底盘中找到中间护板部分（图 3-7-9），使用 E8 套筒松开并解除 8 颗螺栓，拆下底盘中间护板，此时需要 1 人或支架将前部排气管部分拖住，避免脱落造成人员受伤。

❾ 在底盘中后部的排气管处找到 1 号吊钩支架，使用棘轮扳手配合加长杆和 13 号套筒松开并取下螺栓（图 3-7-10 中箭头）。

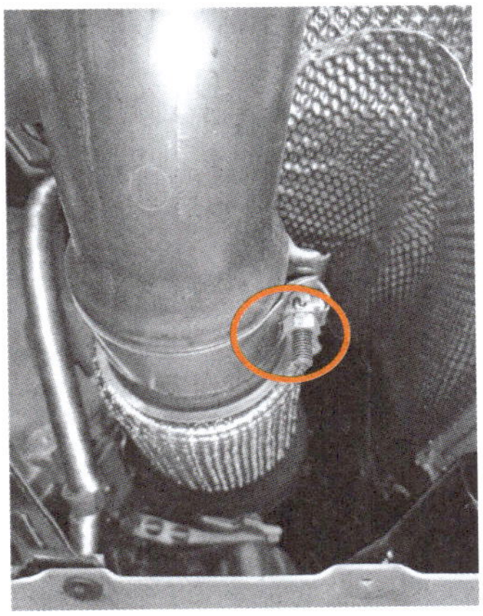

图 3-7-7　松开夹箍

图 3-7-8　拆卸螺栓

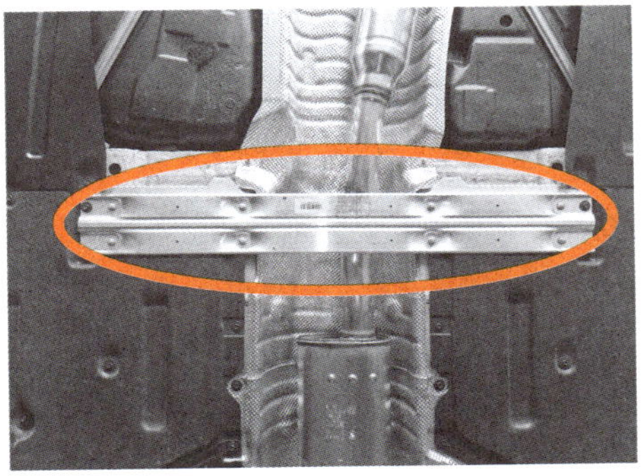

图 3-7-9　拆卸横杆

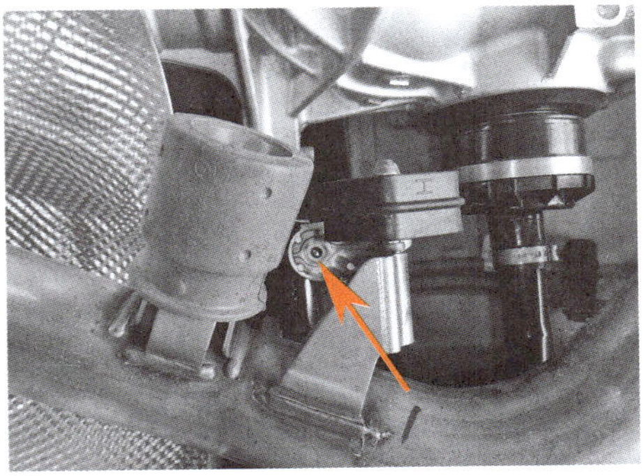

图 3-7-10　拆卸排气管 1 号吊钩支架

❿ 拆卸排气管 2 号吊钩支架，使用 13 号套筒拆卸图 3-7-11 中箭头所示的螺母，此时需要 2 人以上完成协助工作，避免脱落造成人员受伤。

⓫ 拆卸排气管 3 号吊钩支架，使用 13 号套筒拆卸图 3-7-12 中箭头所示的螺母，此时整个中尾段排气管的螺栓部分均已完成拆卸，将整条排气管卸下即完成中尾段的拆卸工作。

⓬ 在中尾段拆除以后，从底盘下部即可看见图 3-7-13 中箭头所示部分，使用 13 号套筒拆卸 2 颗螺母，然后转动整个三元催化器，即可拆卸。注意拆卸期间不要大力碰撞周围的护板和变速箱，三元催化器的核心部分为陶瓷制品，属于易碎品。

⓭ 如图 3-7-14 所示，左侧为原车的排气管全段，右侧为改装型排气管全段，将图中 3 个箭头所示的排气管吊钩拆卸并更换到需要安装的排气管上。

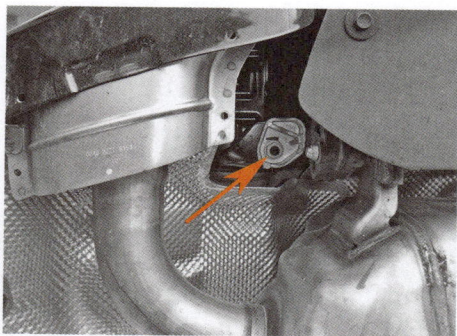

图 3-7-11　拆卸排气管 2 号吊钩支架

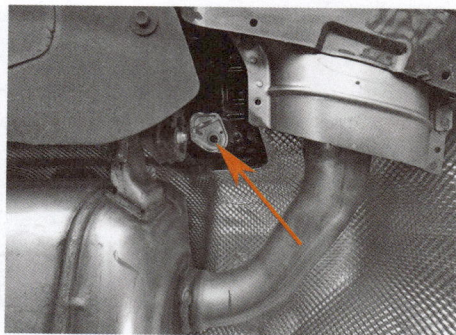

图 3-7-12　拆卸排气管 3 号吊钩支架

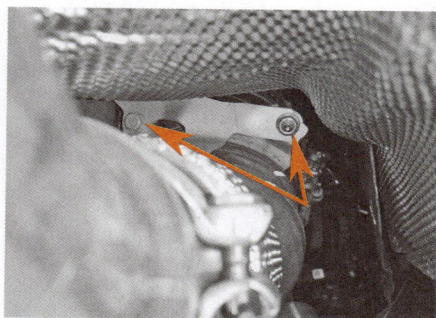

图 3-7-13　拆卸图中所示螺栓

图 3-7-14　原车与改装排气管对比

⑭ 如图 3-7-15 所示，使用 22 号开口扳手将前后氧传感器拆卸并更换到新的三元头段上。

⑮ 如图 3-7-16 所示，将前后氧传感器安装在新的三元头段上，紧固至 50N·m。此时可以将头段排气管按照拆卸的顺序安装至车上。

图 3-7-15　安装氧传感器

图 3-7-16　紧固氧传感器

3.7.2.3　质检

当头段和中尾段依次安装结束后，需要对以下步骤做严格的检查，避免车辆在行驶过程中发生故障和危险。

❶ 如图 3-7-17 所示，首先需要检查的是涡轮与头段接口的夹箍安装是否正确，涡轮和头段的接口是否在夹箍的 V 形槽内，然后检查涡轮与头段接口的夹箍螺栓是否锁紧，拧紧扭矩为 20N·m。

❷ 检查前后氧传感器的线束是否卡在专用的挂钩内，防止高温损坏传感器线束，如线束与排气歧管距离太近，即为不合格，有安全隐患，必须重新排放线束。

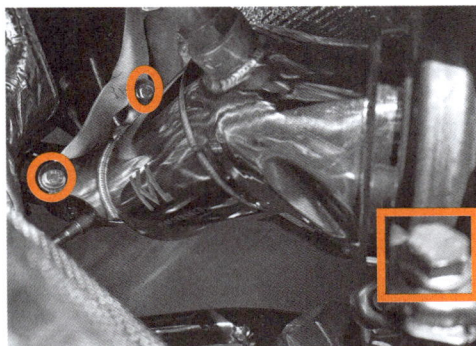

图 3-7-17　紧固螺栓

❸ 检查中尾段接口与头段接口是否完全嵌入并在夹箍的作用范围内，检查螺栓是否拧紧。

❹ 如图 3-7-18 中的箭头所示，检查尾段排气管的吊钩螺栓是否拧紧，吊胶是否完全套在挂钩上，防止行驶过程中颠簸脱落，造成危险。

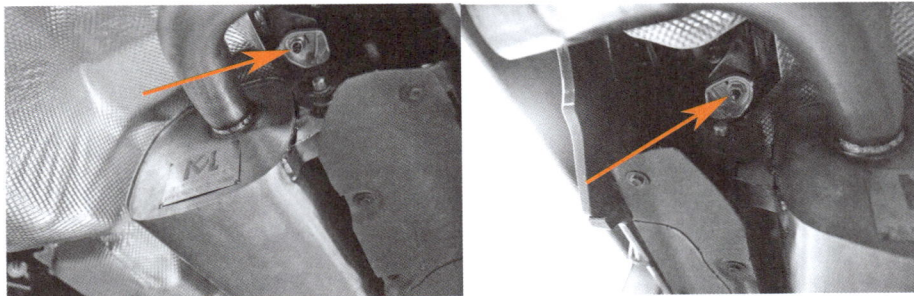

图 3-7-18　检查螺栓是否紧固

❺ 如图 3-7-19 所示，检查箭头指示的螺栓是否拧紧，避免行驶过程中排气管中尾段衔接处漏气。

❻ 按照拆的顺序，依次安装图 3-7-20 所示的护板螺栓，紧固后再次检查，并降下举升机。

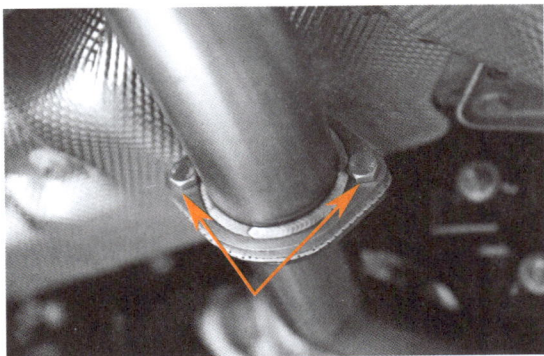

图 3-7-19　检查螺栓是否紧固

图 3-7-20　安装护板

❼ 如图 3-7-21 所示，将前后氧传感器按照公母插头的形状及线束颜色进行比较，并插好两个插头。

❽ 按照拆卸的顺序装回固定支架（图 3-7-22）。

图 3-7-21　连接插头

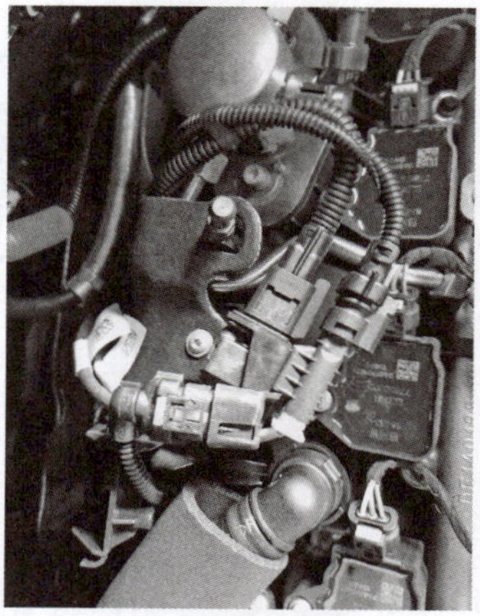

图 3-7-22　安装固定支架

❾ 安装发动机装饰盖。

视频精讲

第4章
汽车发动机改装

4.1 进气系统

4.1.1 改装碳纤维进气套件 🖵

视频精讲

4.1.1.1 施工前准备及所需工具

（1）施工前准备

❶ 打开发动机盖，确保支撑杆稳固支撑发动机盖。

❷ 找到原车风箱所在的位置（图4-1-1）。

❸ 找到风箱的固定孔位和固定螺栓位置。

（2）所需工具

❶ 常用工具套装。

❷ 干净的毛巾，用于擦拭进气管道连接口处的灰尘。

❸ 准备好涡流进气升级套件（图4-1-2）。

4.1.1.2 施工过程

❶ 找到原车风箱固定孔位，使用螺丝刀在风箱固定位置拆卸进气管（图4-1-3）。

❷ 拆卸进气温度传感器（图4-1-4）。

❸ 把原车整个风箱拆除，从发动机舱中取出。

图 4-1-1　找到原车风箱

图 4-1-2　涡流进气升级套件

图 4-1-3　拆卸进气管

图 4-1-4　拆卸进气温度传感器

❹ 使用干净的抹布把风箱连接孔位擦拭干净，避免灰尘进入。

❺ 把涡流进气升级套件按照原车风箱的位置对接发动机进气管道，使用专用耐高温胶套固定（图 4-1-5）。

❻ 调整涡流进气管道和进气头部的位置（图 4-1-6），避免触碰其他发动机部件，然后使用螺丝刀把耐高温胶套与进气管道连接紧密，再把固定用的配件安装好，用于固定进气头部的位置（图 4-1-7）。

图 4-1-5　专用耐高温胶套

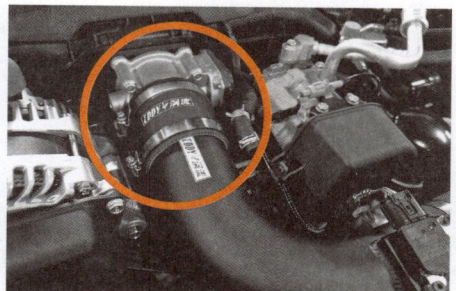

图 4-1-6　调整涡流进气管道和进气头部的位置

❼ 把原车的空气流量传感器安装到进气管壁上的专用接口，同时对接好真空管和废气管孔位（图 4-1-8）。

图 4-1-7　固定进气头部的位置

图 4-1-8　连接真空管和废气管孔位

4.1.1.3　质检

❶ 检查涡流进气套件是否安装牢固（图 4-1-9），避免发动机舱内发生磕碰。

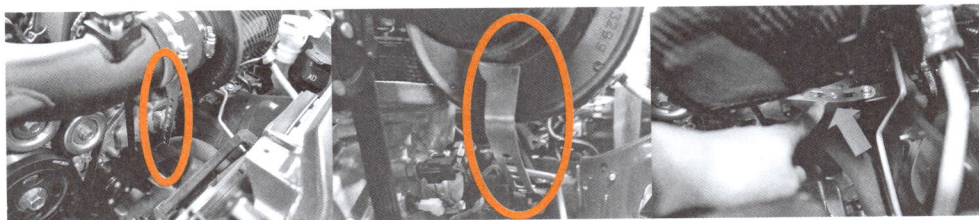

图 4-1-9　检查涡流进气套件是否安装牢固

❷ 检查密封胶圈是否安装牢固（图 4-1-10），避免空气泄漏。

图 4-1-10　检查密封胶圈是否安装牢固

❸ 启动发动机，检查进气管道是否漏气、是否有异响（图 4-1-11）。

❹ 确认没问题后，交车。

图 4-1-11　检查进气管道是否漏气、是否有异响

4.1.2　改装高流量风格

4.1.2.1　如何选择合适的高流量风格

风格也称为发动机空气滤芯，是空气进入发动机的第一个屏障，风格起到从源头保护发动机的作用，一款高质量的风格除了可以达到更好的发动机保护效果外，还可以让进气更加流畅，有助于发动机做功效率提升。

应尽可能选择高流量和强过滤的风格产品。高流量的风格可以让发动机进气更加充足，让燃料燃烧更加充分，同时可以大大增加油门响应速度。风格更换安装相对于其他部件比较简单，通常在发动机舱顶部位置可自行手动安装。

4.1.2.2　施工前准备及所需工具

（1）施工前准备

❶ 车辆停放于平面。

❷ 打开发动机舱，找到原车风箱位置（图 4-1-12）。

❸ 准备一片高性能流量风格。

图 4-1-12　找到原车风箱位置

（2）所需工具

❶ 拆装使用的螺丝刀（部分车型可手动拆除）。

❷ 干净的毛巾，用于擦拭风箱边缘灰尘。

4.1.2.3　施工过程

❶ 拆下空气滤清器外壳（图 4-1-13）。

❷ 取出空气滤清器（图 4-1-14）。

图 4-1-13　拆下空气滤清器外壳

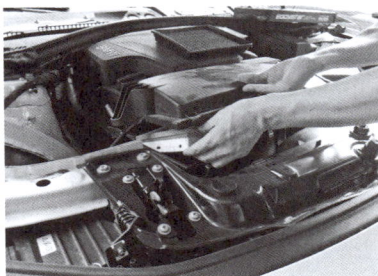

图 4-1-14　取出空气滤清器

❸ 使用干净的抹布清理风格周边的灰尘，预防掉落进风管。

❹ 按照风箱周边规格合理安装高流量风格（图 4-1-15）。

图 4-1-15　安装高流量风格

视频精讲

❺ 安装空气滤清器外壳（图 4-1-16）。

4.1.2.4　质检

❶ 检查原车风箱盖安装之后有没有出现缝隙（图 4-1-17），螺栓是否上紧。

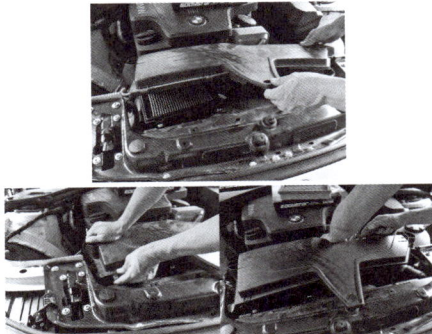

图 4-1-16　安装空气滤清器外壳

图 4-1-17　检查原车风箱盖安装
之后有没有出现缝隙

❷ 启动车辆，检测进气套件是否正常运作。

4.2　点火系统

点火系统由蓄电池、火花塞、点火线圈、点火开关、点火控制器、分线器等组成。其作用是按发动机气缸次序点燃被压缩的混合气，使发动机做功。改装点火系统的目的是减少充磁时间、提高二次电压、降低跳火电压、延长火花时间、降低传输损耗。

4.2.1　蓄电池的改装 🖼

4.2.1.1　如何合理选择蓄电池

汽车启动电池的作用：将蓄电池的电能转化为机械能，带动发动机飞轮齿圈使曲轴转动，完成发动机的启动过程。

在汽车上，蓄电池与交流发电机并联，并向所有用电设备供电。发电机是主电源，蓄电池是辅助电源。

目前，市面上的汽车启动电池主要为铅酸蓄电池。随着汽车工业的快速发展，出现一种新的电池——磷酸铁锂电池。磷酸铁锂电池是以磷酸铁锂为正极材料的电池，属于人们常说的"锂电池"的一种，其主要优势如下。

（1）安全

其热失控温度在 500℃ 以上，优异的抗冲击及抗爆性能已获得认可。

（2）性能优异

其电压输出值在点火等瞬间高负荷情况下，均能稳定地保持在 12.8V 以上，对整车用电器及点火系统有极好的保护作用；得益于其稳定的电压输出，使得点火效率提高，汽车获得更大的扭矩及功率，同时也能为车载音响系统提供更优质的电源系统。

（3）轻量化

磷酸铁锂电池的能量密度较传统铅酸蓄电池高 3 倍以上，意味着同型号的磷酸铁锂电池比传统铅酸蓄电池重量减轻 2/3 以上。

（4）绿色环保

铅酸蓄电池对环境的严重污染人尽皆知，其含有大量的可致畸重金属铅，处理不慎将对人们生存的环境带来极大的危害。但是磷酸铁锂电池不含任何重金属与有害元素，无毒、无污染，符合欧洲 RoHS 规定，为绝对绿色环保电池。

（5）寿命长

磷酸铁锂电池的 DOD 循环充放次数在 2000 次以上。在实际使用环境中，其寿命为同型号传统铅酸蓄电池的 3 倍以上。

4.2.1.2　施工前准备及所需工具

（1）施工前准备

❶ 查询并确认车辆对应的电池型号（图 4-2-1）。

图 4-2-1　查询并确认车辆对应的电池型号

❷ 准备一个外置备用电池以及一对搭电线组。现代车辆行车电脑中储存车辆信息和记录车主使用数据，因此不建议断电更换电池，避免行车电脑数据的丢失（图 4-2-2）。

（2）所需工具

对应安装电池型号所需的扳手和套筒（图 4-2-3）。

图 4-2-2　连接备用电池

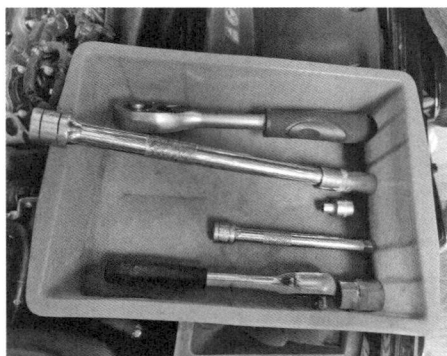

图 4-2-3　工具

4.2.1.3　施工过程及质检

（1）施工过程

拆卸原车的旧蓄电池。首先拆卸蓄电池负极连线，然后用绝缘材质包裹负极，以避免产生误触短路，再拆卸蓄电池正极，同样用绝缘材料包裹；用合适的套筒拆卸蓄电池固定支架，取出旧蓄电池。

安装新蓄电池。将新蓄电池轻轻放进固定的电池仓位，先装正极，再用相对应扳手和套筒锁定电池连线的螺栓，以固定电池头与连线，使其不产生空隙和晃动；以此类推，装上蓄电池负极；最后装配蓄电池固定支架（因车型各异，因此支架的装配存在多种形式）。

（2）质检

启动车辆，检查蓄电池的启动响应，并进行测试驾驶，以检视车内外用电设备是否正常，行车电脑数据保存状态。

4.2.2 火花塞的改装 🔲

4.2.2.1 如何合理选择火花塞

（1）材质

火花塞按材质可分为镍合金火花塞、铂金火花塞和铱金火花塞。

建议更换周期（寿命）：铂金 7 万～9 万千米，铱金 4 万～6 万千米，镍合金 1.5 万～2 万千米。

点火性能：铱金＞铂金＞镍合金（铱金火花塞的熔点最高，性能最好，中心电极直径很小，为 0.4～0.6mm。中心电极越细，点火所需电压越低，释放的火花强度越大，尖端放电性能发挥得越好）。

铱金：适合动力性能需求较高的驾驶员，燃油经济性最好，价格为铂金火花塞的 2～3 倍。镍合金火花塞可分为单级和多级，多级火花塞只是逐级点火，仅能延长火花塞寿命，并不能提高点火强度。

（2）结构

从电极形式上看，火花塞包括无极、单极、双极、三极、四极等，两极以上的为多极火花塞。

原厂火花塞大多为单极，这种火花塞中心电极和侧电极之间的间隙对其性能有一定的影响。在点火线圈不变的情况下，火花塞电极之间的间隙越大，电极之间的空气就越不容易被击穿，但一旦击穿，产生的电弧能量会更大。在冬季气温低的时候，气缸内的空气流速慢，电极之间的空气比较容易被击穿，所以产生的电弧适合发动机低转速扭矩输出。但较大的间隙在高速时会遇到麻烦，因为高速时气缸内的混合气流流速快，电极之间的空气被击穿，产生电弧的概率会降低，这种没有成功产生电弧的概率被称为失火率。间隙较大的火花塞失火率较高，从而会影响发动及高速动力输出；反之，较小的电极间隙，性能恰好相反，低速时点火能量相对较小，但高速时失火率低。

多级火花塞则通过在增加侧电极的同时增加电极之间的相对面积，因此可减小中心电极与侧电极之间的间隙。这样一来，低速时有多个侧电极，产生的点火能量可满足低速时的点火需求；高速时，间隙变小，失火率降低，可满足高速时的点火需求。

（3）热值

火花塞的热值可分为冷型和热型两种。

❶ 冷型：外部绝缘体短，导热效率高，使点火延后，适用于高转速及高压缩比发动机。

❷ 热型：外部绝缘体长，导热效率低，价格低，适用于普通性能及压缩比低的发动机。

更换火花塞时，需要根据原厂火花塞的工作温度选择合适的火花塞。如果与原厂热值不匹配，会造成火花塞工作温度过高或者过低。过高：可燃气体进入燃烧室时会被过热的火花塞点燃，形成过早点火。过低：火花塞绝缘体容易被燃烧不完全的沉积物污染，使绝缘体表面的绝缘电阻降低，减弱点火火花的能量，严重时会出现缺火现象。

需要强调的是，火花塞热值越大，越趋向冷型；热值越小，越趋向热型。建议采用与原厂火花塞热值相同的火花塞进行改装升级。

火花塞分三种档次：普通镍合金火花塞（分单极和多极）；铂金火花塞；铱金火花塞。

火花塞改装主要有以下几种情况。

❶ 换用贵金属电极材料的火花塞（普通火花塞换铂金火花塞或铱金火花塞，乃至最近

新面世的钌金火花塞）（图 4-2-4）。

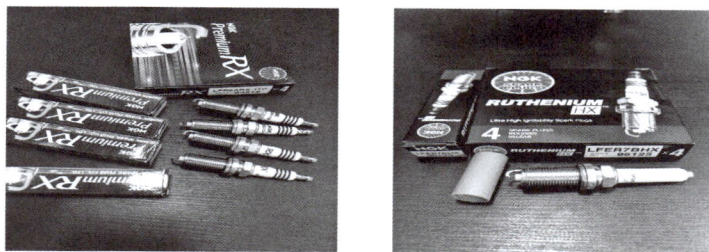

图 4-2-4 火花塞

❷ 换用多极火花塞。

❸ 选用合适热值的火花塞。

4.2.2.2 施工作业

（1）施工前准备

首先选取适合车辆热值和型号的火花塞。用专用风枪清理发动机表面的灰尘，以避免灰尘落入发动机缸体内；接着拆卸点火线圈，并检查点火线圈表面有没有破损或油渍污染，以确认旧火花塞的工作环境。

（2）所需工具

专用火花塞套筒以及磁铁棒。

（3）施工过程

❶ 拆卸旧的火花塞。用专用尺寸的套筒旋转火花塞，使其脱离座体，然后用磁铁棒吸附，移出旧的火花塞。

❷ 装配新的火花塞。用磁铁棒吸附新的火花塞，缓慢放入缸体，并对准底座卡槽；然后用螺丝刀把火花塞和磁铁棒分离；最后用合适的套筒，按照规定的扭矩锁紧火花塞，使其进入底座。

（4）质检

启动车辆并进行试驾，检测汽车点火工作的状态，及时发现问题。然后观察旧火花塞的燃烧状态，以及有没有漏电、机油污染等状况，以便及时排查车辆其他的故障原因。

4.2.3 点火线圈的改装 🔲

4.2.3.1 如何合理选择点火线圈

在汽车发动机点火系统中，点火线圈是为点燃发动机气缸内的空气和燃油混合物提供点火能量的执行部件。可以认为点火线圈是一种特殊的脉冲变压器，它将 10 ～ 20V 的电压转换成 25000V 或更高的电压。改装点火线圈主要包括以下两个方面。

（1）改用高能点火线圈

闭磁路固体式点火线圈有很多优点，如闭磁路结构，磁力线集中，能量转换效率高；耐压绝缘性好，散热性好，产品可靠性高；体积较小，适应汽车空间的需要等。

（2）改用电容放电点火系统

主流为电磁感应线圈放电系统，其原理是以一定的电流向线圈充电，形成高压电后在分电器触点接通的瞬间击穿相应气缸内火花塞电极之间的气体，产生火花。这种设计的缺点是储存电能需要一段较长的时间，在高转速时系统会因为充电时间不足而致使火花能量变弱，令车辆损失动力。

电容点火系统利用每次的点火间隔将点火能量储存在电容器的电场中，点火时一次性释放。所以改装电容放电点火系统能产生此传统点火系统更大的点火能量和更长的点火持续时间。电容放电点火系统包括一个与点火绕圈的初级绕组相连的电荷储存装置，该点火线圈有与点火系统相连的次级绕组，还有一个用来使电荷储存装置放电的开关装置，以便为初级绕组提供初级电流，使点火装置产生火花。开关装置在电荷储存装置完全放电时，切断初级电路中的初级电流，在初级绕组中感应出一个反向电动势，再次产生火花，从而增加整个点火持续时间。此系统中还设有调整电荷储存装置放电率的装置，以先获得一个产生火花的第一放电速率，然后再获得一个低的放电速率，维持该火花，从而增加总的点火持续时间（图4-2-5）。

图 4-2-5　高性能点火线圈

4.2.3.2　施工作业

（1）施工前准备

首先打开汽车前舱盖，然后拆下发动机的塑料护罩，就可以看到露出的点火线圈。

（2）所需工具

常规拆装工具。

（3）施工过程

首先用专用去尘风枪吹走点火线圈上以及周边的灰尘。然后依次拔掉每个点火线圈上的线槽，按住线圈上的固定卡扣，线圈就可以拔出来（图4-2-6）。最后，把新升级的线圈对准卡槽安装便完成。

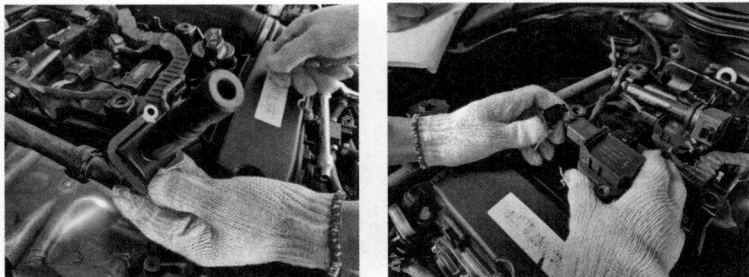

图 4-2-6　拆卸原车点火线圈

安装高性能点火线圈如图 4-2-7 所示。

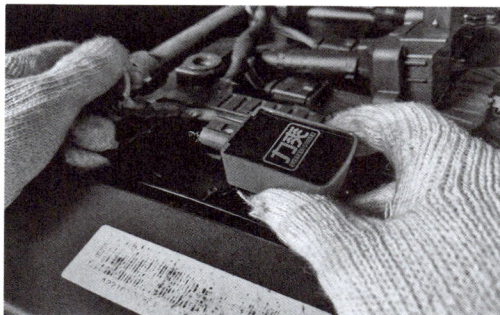

图 4-2-7　安装高性能点火线圈

（4）质检

检查线圈装配位置和确认卡槽是否上紧，然后启动车辆进行路试。

4.3　行车电脑

汽车 ECU，又称为"汽车电脑""行车电脑""车载电脑"，ECU 负责控制发动机的运转（ECU 通过监控进气量、喷油量、点火时间等参数，从而决定发动机的输出功率和转矩）。当发动机在各个转速、挡位、温度等条件下运行时，ECU 中的数据库会有相应的程序对进气量、喷油量、点火时间等信息进行调整。

考虑到各个国家的燃油品质、气候条件、环保法规等差异，ECU 的程序参数必须满足各地区使用条件，因此原车 ECU 所设定的动力输出范围相对来说都会比较保守。

另外就是市场方面的因素，汽车厂家为了控制生产成本和维护成本，同一型号的发动机就有了不同的动力输出调校，分别应用到不同级别和配置的车型上，这就为汽车电脑升级提供了空间。

自然进气发动机可以提升 5%～15% 的转矩，转矩最佳点比原厂设定提前响应，因此即便是自然进气的车型在数据上来看提升范围不是很大，但对车辆的整体输出与换挡顿挫是有改善的。

涡轮增压发动机可以增加 30% 或者更大的转矩。更早地让涡轮介入，从而使转矩更早地发挥作用，最大转矩输出曲线变得更宽，响应更快，因此也会使汽车更加省油。

4.3.1　如何合理选择行车电脑 🖥

（1）直刷 ECU 汽车电脑

直刷 ECU 汽车电脑就是通过对原厂 ECU 数据库的程序进行导出并重新编写，从而达到提升功率和转矩的目的，其中包含了对点火提前角、喷油量、喷油时长、可燃混合气的浓度等一些数据的改写和程序逻辑的调校。

直刷 ECU 的特点：直刷 ECU 是对 ECU 的优化升级，有助于更加全面地发挥车辆的性能，大幅度提升动力，还能破解限速，或者相应的一些特别调校。缺点是刷写后恢复原厂 ECU 数据比较麻烦，还会影响车辆保修，售后难以保证。

（2）外挂汽车电脑

外挂汽车电脑就是一个用于对汽车传感器信号进行修改优化的改装电脑晶片，其核心技术就是电脑里面内置的信号处理软件，简单理解就是信号的放大。

外挂汽车电脑连接在汽车传感器上（通常是进气歧管压力传感器和涡轮增压压力传感器），通过收集传感器信号的数据流进行分析处理，再把优化过后的信号反馈给原车 ECU，以此达到在各个工况下对原厂设定的点火正时、喷油量、增压值等参数进行优化修正，从而达到优化发动机效率和提升动力的目的。外挂电脑只是修改传感器信号，是建立在原厂 ECU 的诊断和保护系统下，安全高效地提升功率和转矩。

外挂电脑通过修改传感器信号的参数来提升动力，其优点是比刷 ECU 简单安全，并且价格便宜，如果说在动力升级产品里既有效果又极具性价比，那一定是外挂电脑。缺点是因为修改的参数有限，效果方面没有直刷 ECU 的动力提升幅度大。

外挂电脑不会直接修改原车的数据，介入原厂程序少，更不会覆盖原厂程序的保护机制。加上现在大多数的外挂品牌都属于无损安装，不用的时候随时可以拆下来恢复原厂形态，不会影响汽车在 4S 店的保修。

有两种简易的外挂电脑的安装：一种是直插 OBD 接口；另一种是连接进气管道和进气歧管。以下介绍连接进气管道和进气歧管。

4.3.2　施工与质检 🖵

（1）施工前准备

一个连接进气管道和进气歧管的外挂电脑（图 4-3-1）。

（2）施工准备

相对应车辆的拆卸进气歧管和进气管道的螺丝刀。

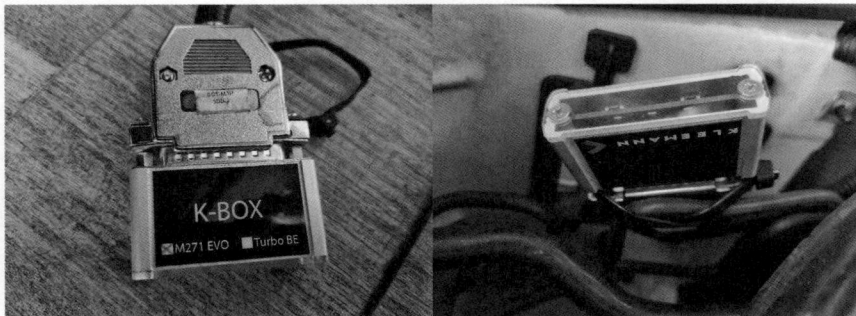

图 4-3-1　外挂电脑

（3）施工过程

外挂电脑共 4 条线，每 2 条线为一组。拆卸覆盖在进气歧管上的零件，外挂电脑连接进气歧管传感器上的公母插口传感器；同样，另一组线连接进气管道的传感器。最后安装回原来拆除的零部件，外挂电脑即安装完毕（图 4-3-2）。

（4）质检

由于外挂电脑需要通过学习过程才能得到适配，因此应注意设计外挂电脑的安装位使其结实可靠，尽量避免造成损坏，若在发动机舱内，需要注意远离直接热源位置，以免造成硬件损坏。

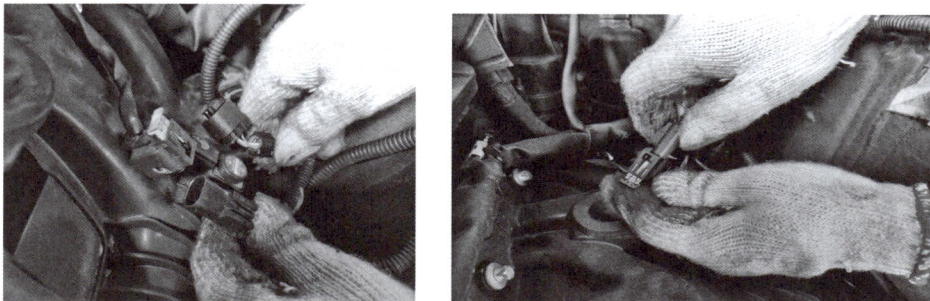

图 4-3-2　连接外挂电脑插接器

4.4　外挂电脑模块

4.4.1　如何选择合适的外挂电脑模块 📺

外挂电脑属于电子改装升级产品，主要作用是连接原车电脑，通过优化原车电脑进行车辆性能的激活，电子油门等设备会影响发动机气门运作和增加喷油量，长期使用有可能导致车辆故障灯亮起甚至发动机损耗，因此应当选择以优化为主要目的的外挂电脑模块设备；原车出厂时候其性能数据是比较保守的，外挂电脑模块恰好可以达到从原车电脑源头激活汽车性能，加装外挂电脑之后汽车的发动机做功会更加积极，搭配变速箱运行更加流畅，发动机和变速箱更加密切配合工作，提高汽车动力输出，油门响应更加灵敏，同时可以减少变速箱在升挡和降挡时产生的挫顿感，燃油经济性也得到了提升。

4.4.2　施工与质检 📺

（1）施工前准备

❶ 确保车辆熄火断电（图 4-4-1）。

❷ 找到原车 OBD 接口（通常位于方向盘下方）。

❸ 检查 OBD 接口是否有损坏，线路是否有破损，确保可以连接正常（图 4-4-2）。

（2）所需工具

❶ 外挂模块升级部件（图 4-4-3）。

❷ 固定使用的 3M 黏合胶（图 4-4-4）。

图 4-4-1　车辆熄火断电

图 4-4-2　检查 OBD 接口是否出现受损

图 4-4-3　外挂模块升级部件

图 4-4-4　3M 黏合胶

（3）施工过程

❶ 确保车辆熄火断电，连接外挂的 OBD（图 4-4-5）。

❷ OBD 接口对接上之后外挂模块的调试灯会发亮（图 4-4-6）。

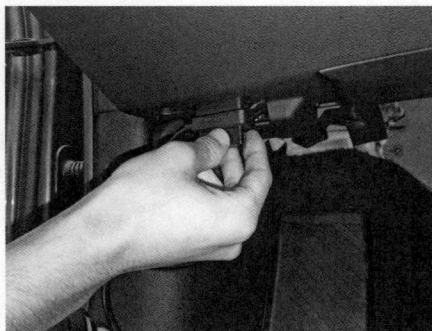

图 4-4-5　连接外挂的 OBD

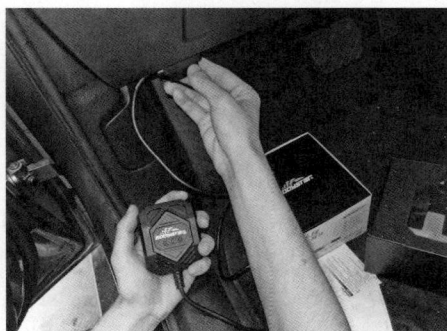

图 4-4-6　OBD 接口对接上之后
外挂模块的调试灯会发亮

❸ 先把车辆调到通电，通过外挂主机的按键进行程序调试，按住按键 5～10s 即可（图 4-4-7 和图 4-4-8）。

❹ 使发动机怠速 3min（此操作是让外挂主机和发动机配对）（图 4-4-9）。

❺ 使用 3M 黏合胶把外挂模块固定在驾驶室（图 4-4-10），保证行车中不会移动，影响安全。

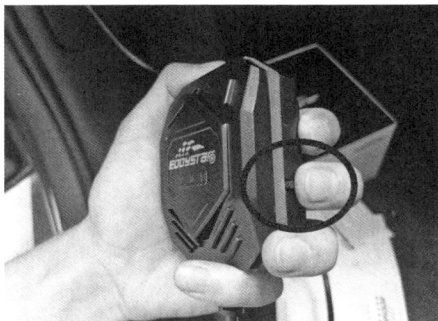

图 4-4-7　按住按键 5 ～ 10s

图 4-4-8　调试完成

图 4-4-9　使发动机怠速 3min

图 4-4-10　固定外挂模块

❻ 安装好之后体验一下动力部分，动力会明显提升，油门响应会更加灵敏，换挡顿挫感明显减少。

（4）质检

❶ 检查 OBD 接口是否连接好，外挂模块是否已经固定好。

❷ 试车，检查车辆动力性能，检查仪表盘上故障灯是否点亮，确保外挂电脑已经完全安装好。

视频精讲

第5章
汽车电气改装

5.1　360°全景环视系统

5.1.1　如何合理选择 360°全景环视系统 📷

选择汽车 360°全景环视系统时，可以考虑以下几个方面。

（1）摄像头数量和质量

360°全景环视系统通常包含多个摄像头，每个摄像头的质量和视角都会影响整体的环视效果。前摄像头通常安装在车前格栅或车标上，后视镜摄像头安装在左右后视镜底部，而后摄像头安装在车牌灯罩或后备厢拉手处（图 5-1-1）。确保每个摄像头的视角清晰、无畸变，能够提供准确的环视画面。

右摄像头
200°可视角度

前摄像头
200°可视角度

后摄像头
200°可视角度

左摄像头
200°可视角度

图 5-1-1　摄像头位置

（2）显示效果

系统的显示效果直接影响用户体验。选择支持高清显示、多视角切换和流畅视频播放的系统，可以提供更好的视觉体验。确保系统的显示屏幕分辨率高、色彩还原准确，并且操作界面简洁易用（图 5-1-2）。

（3）安装便捷性

安装过程需要考虑到摄像头的安装位置和线路布置。选择那些安装步骤简单、所需工具常见（如 T 形起子、翘板等）的系统，可以减少安装难度和时间。确保每个摄像头的线路连接正确，显示屏线路隐藏得当，整体布局美观。

图 5-1-2　显示效果

（4）兼容性和稳定性

选择与车辆中控系统兼容的系统，可以确保系统的稳定运行和良好的用户体验。检查是否支持多种车型的中控系统，避免出现不兼容的问题。

（5）品牌和用户评价

选择知名品牌的产品，可以确保质量和售后服务。查看其他用户的评价和使用体验，选择那些评价较好、用户反馈积极的产品。

5.1.2　施工前准备 📷

（1）常用工具

汽车内饰拆卸工具如图 5-1-3 所示。

（2）360° 全景环视系统

升级 360° 全景影像系统，首先需要准备一系列专业的配件。这些配件包括但不限于：360° 环视模块 1 个、360° 环视摄像头 4 个（分别安装于车辆的前后左右四个方位，以捕捉全方位的图像信息）、后视镜底壳 1 对（用于安装后视镜摄像头）、环视线材 1 套（连接各个摄像头与环视模块）、前保险杠中网摄像头支架 1 个（用于固定前摄像头），如图 5-1-4 所示。

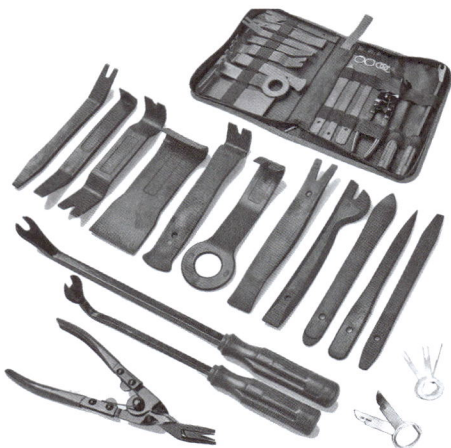

图 5-1-3　汽车内饰拆卸工具

5.1.3　施工作业 📷

（1）安装前摄像头

安装前部摄像头时不用打孔，使用专用的支架安装上去即可（图 5-1-5）。

将前摄像头的线束连接至驾驶室内。前摄像头的线束从前杠穿到右翼子板（图 5-1-6），再从右侧前车线束孔穿入车内，使用扎带将线束固定（图 5-1-7）。

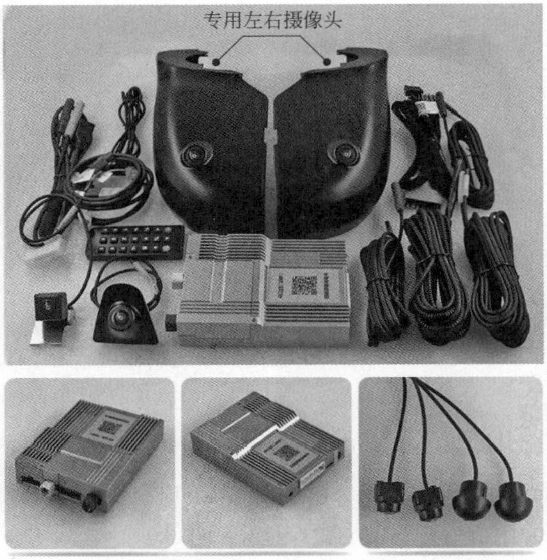

专用左右摄像头

主机展示　　　主机展示　　　通用四路摄像头

图 5-1-4　360°全景环视系统

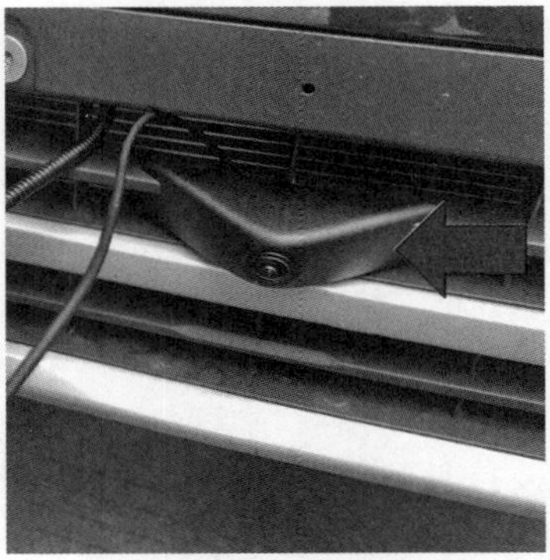

图 5-1-5　安装前部摄像头

注意：

线束要远离高温区域、附件工作区；线束需隐藏在内饰内。

图 5-1-6　前摄像头的线束从前杠穿到右翼子板

（2）安装后摄像头

拆卸后备厢盖饰板。

拆卸原车的拉手（图 5-1-8）。

图 5-1-7 线束位置

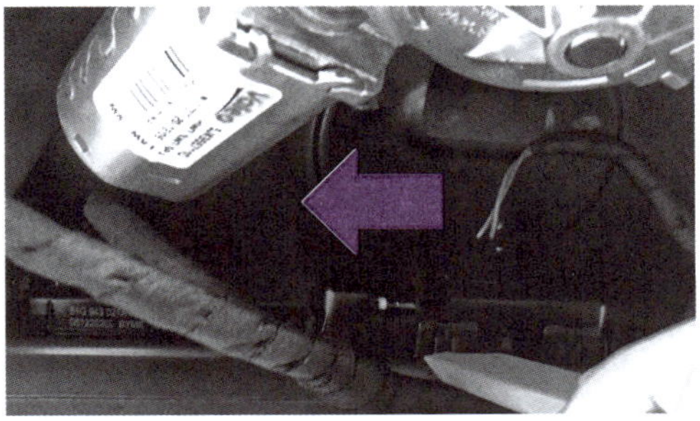

图 5-1-8 拆卸原车的拉手

安装带摄像头的拉手（图 5-1-9），并连接线束。

图 5-1-9 安装带摄像头的拉手

将后摄像头的线束沿着后备厢盖原车的线束布置在车内，并固定（图 5-1-10）。

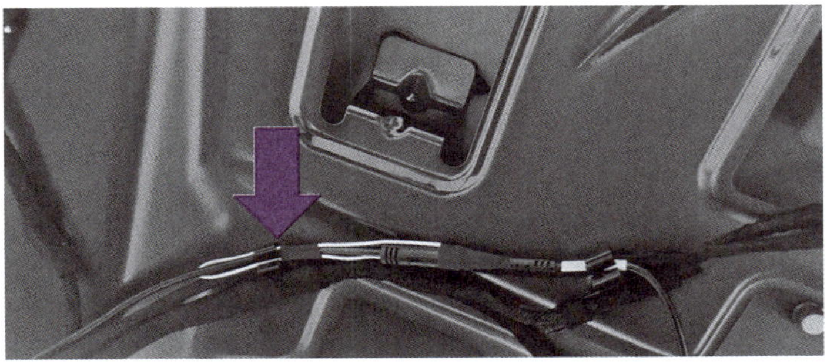

图 5-1-10 后摄像头线束固定

后摄像头的线束可从后备厢左侧内饰板穿入驾驶室内后排，从左侧脚踏内饰板向驾驶员侧仪表台布置，再从驾驶员侧仪表台下方穿至显示器处（图 5-1-11）。

注意：

线束需隐藏在内饰内。

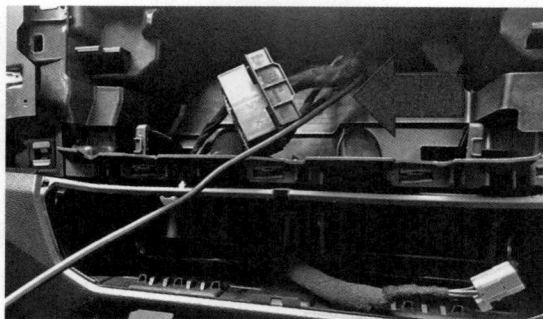

图 5-1-11　后摄像头的线束

（3）安装左侧/右侧摄像头

　　拆下左侧/右侧后视镜总成，拆下原车后视镜外壳，将带有摄像头的外壳安装到后视镜总成上，再将后视镜总成安装到车上（图 5-1-12）。

图 5-1-12　安装左侧/右侧摄像头

图 5-1-13　车门线束

　　将后视镜摄像头线束通过车门线束的位置首先布置到车内，再从内饰板内布置到仪表台，通过仪表台内部连接至显示器（图 5-1-13）。注意：线束需隐藏在内饰内。

（4）安装显示器及主机

　　将主机放在副驾驶杂物盒内，并连接插接器。

　　因车型不同，有的车型可以直接使用原车显示器，有的车型则需要更换显示器。

　　连接显示器的线束插接器后，可以将显示器安装到位。

5.1.4　质检 🖼

　　检查安装的摄像头是否牢固，线束是否按要求固定、布置。

　　检查其他零件是否安装到位，确定无漏装、错装。

　　启动车辆、路试，检查 360°环视系统功能是否正常、图像是否正常（图 5-1-14）。

图 5-1-14 检查 360°环视系统

5.2 定速巡航系统

5.2.1 如何合理选择定速巡航系统

定速巡航系统可以使车辆在设定的速度下自动保持行驶，无须驾驶员持续踩油门。这个系统特别适合在高速公路等路况良好的道路上使用。

市面上有多种定速巡航套件可供选择，应根据车辆的型号和配置选择兼容的套件（图5-2-1）。在加装定速巡航系统时，应注意以下两点。

❶ 建议由专业的汽车维修技师进行安装，以确保系统的正确安装和安全使用。

❷ 安装后，应定期检查定速巡航系统的工作状态，确保其长期稳定运行。

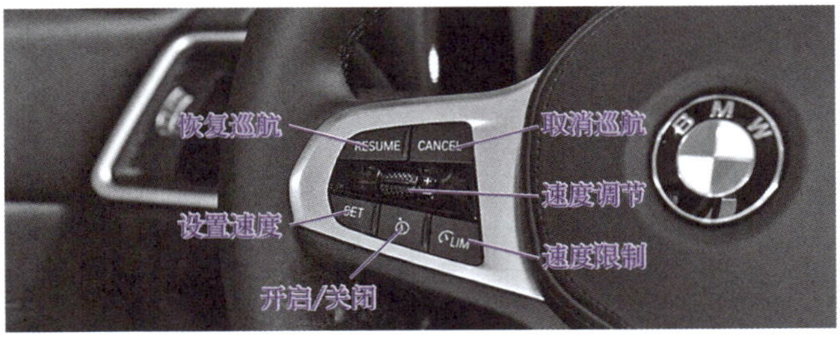

图 5-2-1 宝马定速巡航按键

5.2.2 施工前准备

（1）工具准备

常用工具一套。

（2）定速巡航组件

定速巡航组件（图 5-2-2）。

图 5-2-2 定速巡航组件

103

5.2.3 施工作业 🚗

以宝马 1 系 F52 为例。

（1）拆卸主驾驶气囊

注意：

① 不要对安全气囊单元使用暴力；
② 松脱安全气囊单元时只能使用规定的工具。

提示

不按规定操作会触发安全气囊单元，并因此造成严重的人员伤害。

断开负极蓄电池导线。

使转向柱处于"下部"和"向前延伸"位置。

方向盘 1 旋转 180° 离开"直线行驶位置"（图 5-2-3）。

将平头螺丝刀 1 插入方向盘背面的深孔 2，如图 5-2-4 所示。

向上按压平头螺丝刀。由此向下按压止动弹簧，可感知地解锁下部安全气囊单元。

图 5-2-3 旋转方向盘

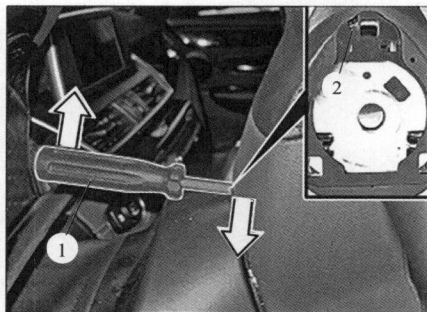

图 5-2-4 将平头螺丝起子插入方向盘背面的深孔

向上按压已解锁安全气囊（下部），如图 5-2-5 所示。

同时反向于行驶方向拔出上方安全气囊单元。

脱开插头连接 1 和 2，如图 5-2-6 所示。取下安全气囊单元。

（2）拆卸原车多功能方向盘开关

拆下方向盘背面左侧和右侧的螺栓 1 和 2，如图 5-2-7 所示。

将左侧多功能方向盘开关 1 拔下并抽出电缆 2，如图 5-2-8 所示。

图 5-2-5　向上按压已解锁安全气囊（下部）

图 5-2-6　脱开插头连接

图 5-2-7　拆下方向盘背面左侧和右侧的螺栓

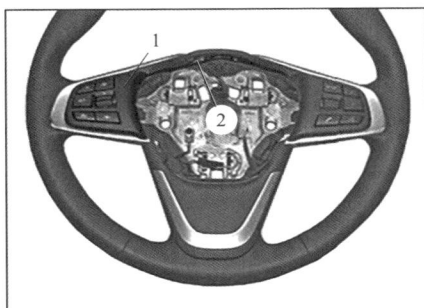

图 5-2-8　拔下并抽出电缆

将右侧多功能方向盘开关 2 松脱并脱开插头 1，如图 5-2-9 所示。

（3）安装带巡航按键的多功能开关

按拆卸的相反顺序安装，注意插头的连接。

（4）安装主驾驶气囊

接上插头连接。

安装安全气囊前，将电线束 1 对准中间，直至卡子露出，如图 5-2-10 所示。

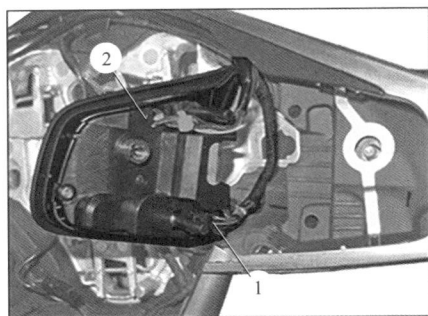

图 5-2-9　松脱并脱开插头

图 5-2-10　安装电线束

105

将安全气囊单元 1 定位，如图 5-2-11 所示。

注意：

均匀按压安全气囊单元直至听到和感觉到安全气囊单元嵌入。

拉动安全气囊单元，检查嵌入情况。

（5）激活定速巡航系统

安装好巡航开关后需要工程师把巡航控制的代码写入车辆。

❶ 打开工程师软件 E-Sys（图 5-2-12）。

图 5-2-11　将安全气囊单元定位

图 5-2-12　打开工程师软件 E-Sys

❷ 打开软件后选择设码界面（图 5-2-13）。

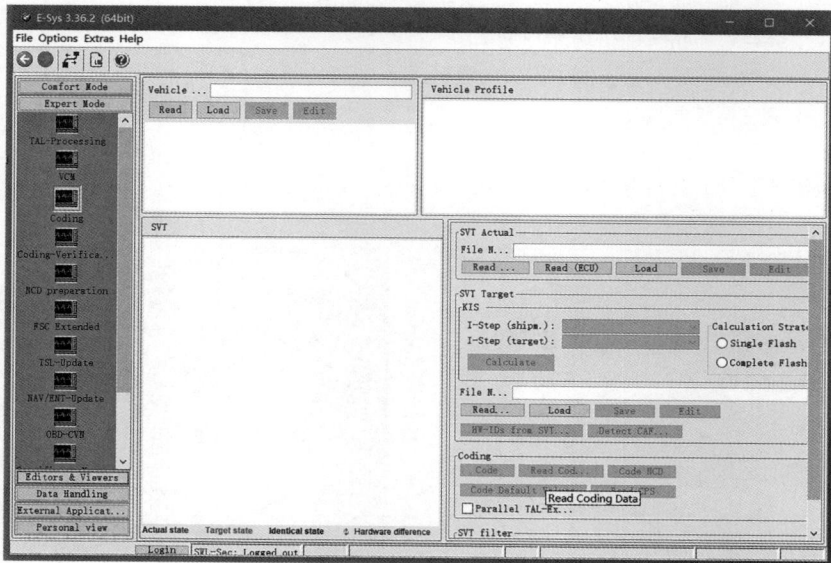

图 5-2-13　设码界面

❸ 连接车辆（图 5-2-14）。

图 5-2-14　连接车辆

❹ 读取 FA（图 5-2-15）。

注：FA 为配置文件。

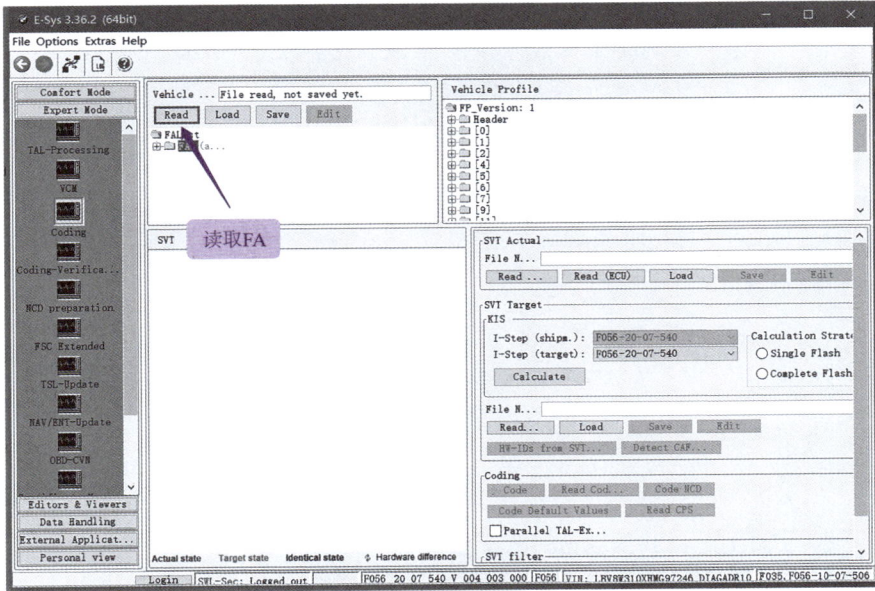

图 5-2-15　读取 FA

❺ 保存 FA（图 5-2-16）。

图 5-2-16　保存 FA

❻ 编辑 FA（图 5-2-17）。

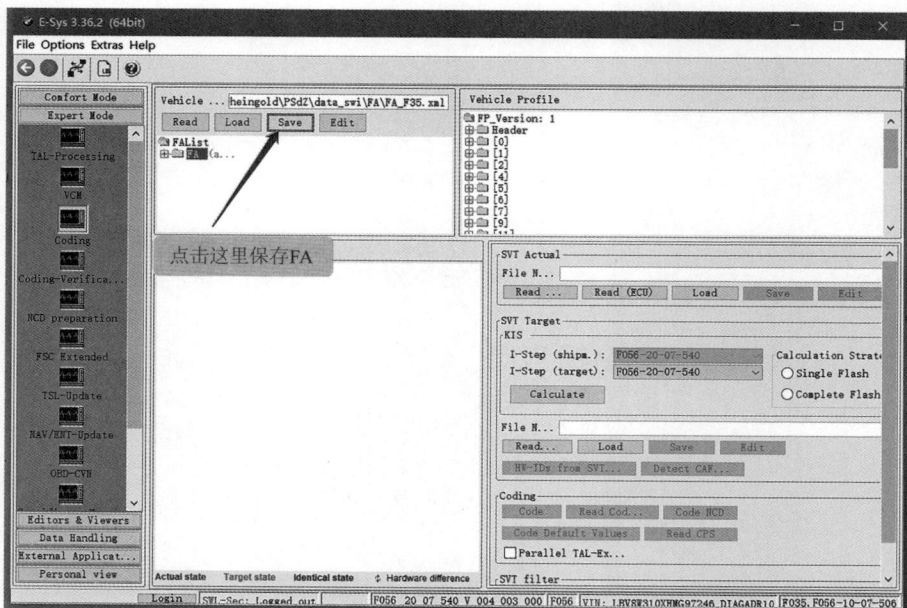

(a)

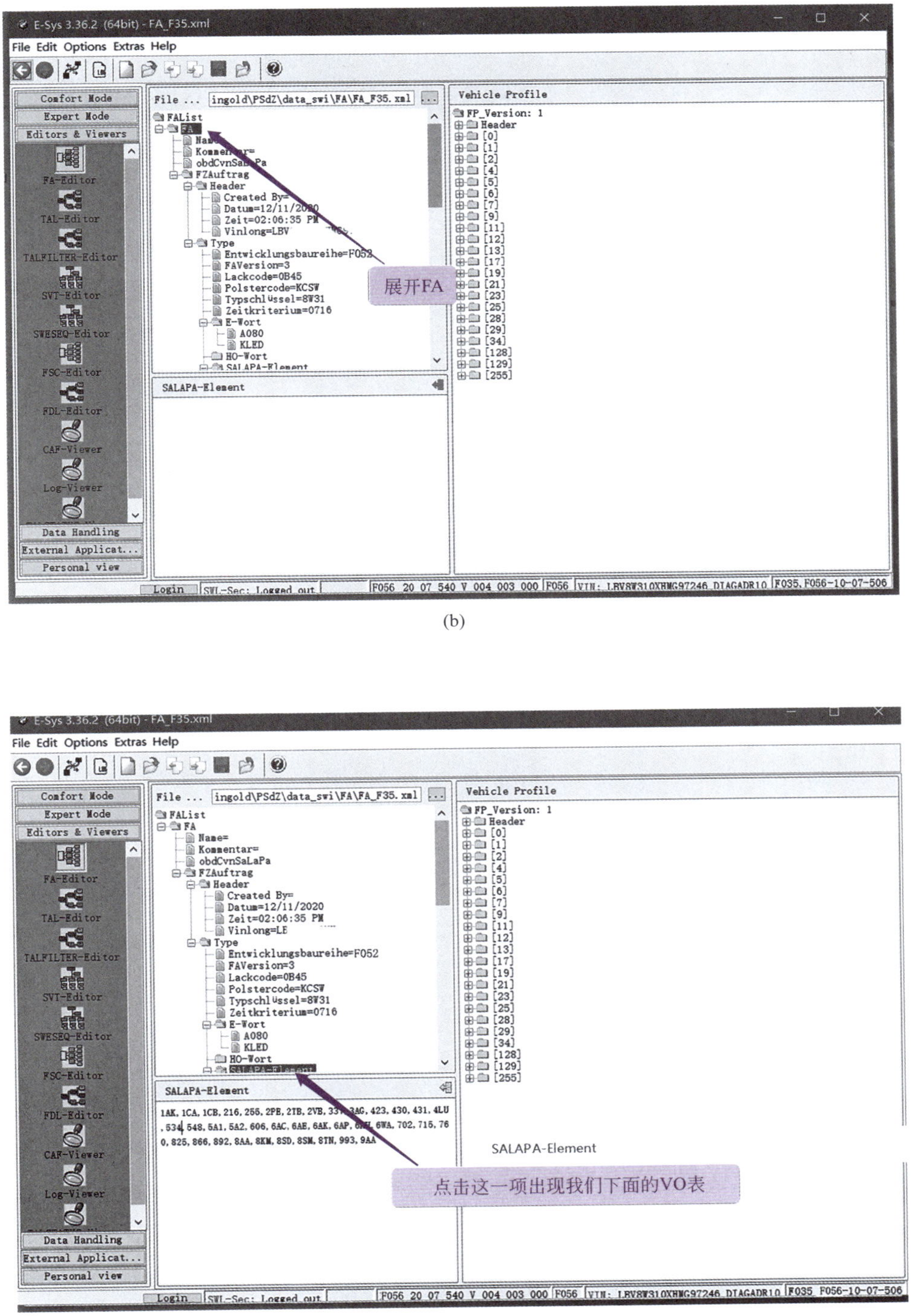
E-Sys 3.36.2 (64bit) - FA_F35.xml
File Edit Options Extras Help
Comfort Mode
Expert Mode
Editors & Viewers
Vehicle Profile
展开FA
SALAPA-Element
Data Handling
External Applicat...
Personal view
(b)
E-Sys 3.36.2 (64bit) - FA_F35.xml
File Edit Options Extras Help
SALAPA-Element
点击这一项出现我们下面的VO表
(c)

图 5-2-17

(d)

(e)

110

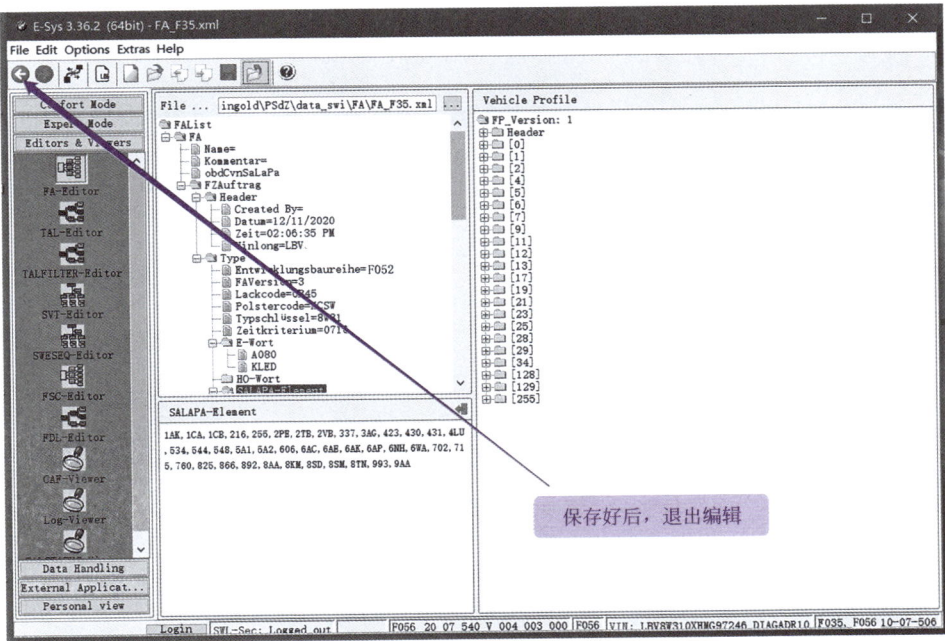

(f)

(g)

图 5-1-17

111

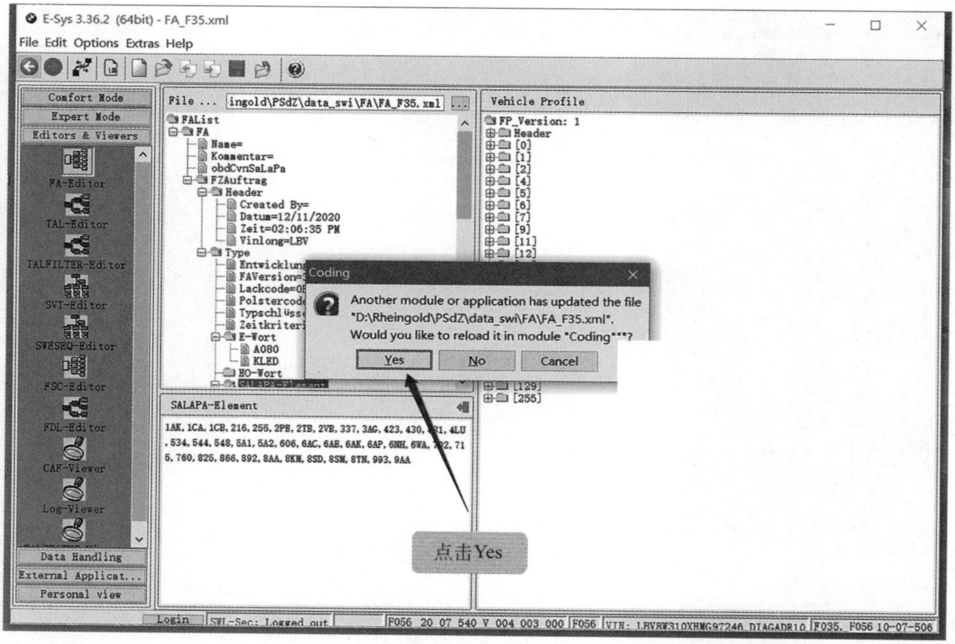

(h)

图 5-2-17　编辑 FA

❼ 读取 ECU（图 5-2-18）。

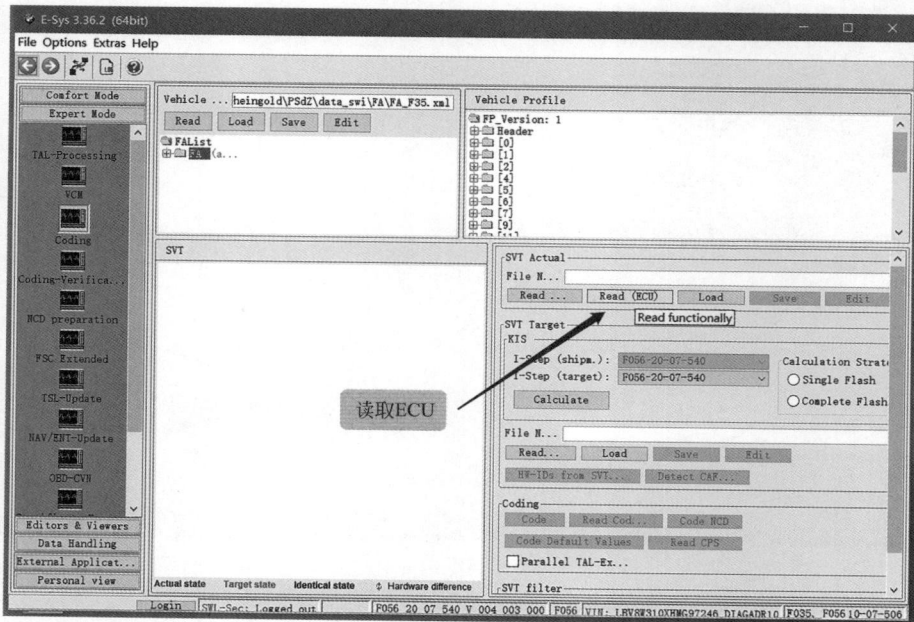

图 5-2-18　读取 ECU

❽ 设码相应的模块。

对这两个模块进行设码，设码成功过后删除故障码（图 5-2-19）。

```
☐ECUs (25)
  ⊞—ACSM [1]
  ⊞—AMP_TOPHB [37]
  ⊞—ATM [61]
  ⊞—DKOMBI [60]
  ⊞—DME_BAC3 [12]
  ⊞—DSC [29]
  ⊞—EGS [18]
  ⊞—EMA [4d]
  ⊞—EMA [4e]
  ⊞—EPS [30]
  ⊞—FEM_BODY [40]
  ⊞—FEM_GW [10]
  ⊞—FLE [43]
  ⊞—FLE [44]
  ⊞—FZD [56]
  ⊞—GWS [5e]
  ⊞—HKFM [d]
  ⊞—HU_NBT2 [63]
```

图 5-2-19 对这两个模块进行设码

5.2.4 质检

对车辆进行路试，选择合适的距段，将车辆行驶至 60km/h，开启定速巡航，车辆定速巡航应该能启动并运行，否则重新对车辆定速巡航系统进行检查。

5.3 汽车车载导航

5.3.1 如何合理选择车载导航

视频精讲

（1）选购车载导航首先要看导航地图

导航地图是整个产品的核心，车载导航好用与否，地图是关键。提醒车主在选购车载导航的时候，最好买品牌产品，而且是能够自行升级导航地图的名品，这样不仅可以避免车载导航不工作，还可以自动升级地图，避免二次购买。

（2）看产品的搜索卫星速度

一般而言，GPS 的搜索卫星速度在几十秒，搜索卫星速度的快慢与 GPS 导航仪产品好坏有关，即受产品性能、天线以及导航软件算法控制，好的车载导航，搜索卫星速度会很快，输入要找的信息，车载导航能够很快地呈现。

（3）识别产品好坏

还要听听语音播放，一般声音比较清晰、不失真的产品为正品货；反之"水货"居多，提醒大家在检测产品的时候，还要看 GPS 的播放内容是否准确。

（4）**注意屏幕**：以在阳光和阴暗状态下看清屏幕为准

选购车载导航第一重要的就是使用的屏幕，因为在使用过程中会遇到太阳直晒的晴天，也可能会在隧道这种阴暗的路况下使用，如果车载导航的屏幕的质量很差甚至会影响驾驶安全。一般车载导航的屏幕都会采用镜面设计，如果在太阳直晒的情况下，镜面材质遇强光反射较为明显，会影响显示效果。

（5）注意屏幕尺寸：以能看清楚屏幕的字体为准

很多车主在选购车载导航的时候都会不由自主地选择大尺寸的产品，其实选择一款合适大小的尺寸才是最重要的，一味追求大尺寸不可取。如果习惯车载导航距离车主近一些，那么选择小尺寸的（5in 为宜）即可；如果选择车载导航距离车主远一些，那么可以选择大尺寸的（6 ~ 7in 为宜）（图 5-3-1）。

图 5-3-1　选择合适的车载导航

5.3.2　施工与质检

（1）施工前准备

清点设备，分别排列好线路，检查插口接头是否完好，屏幕有无划伤。

（2）所需工具

内饰拆除工具组套，塑料翘片。

（3）施工过程

❶ 松开中控面板螺栓。

❷ 拆开中控面板饰板。

❸ 拆除原车中控面板（图 5-3-2），拆卸多媒体主机（图 5-3-3）。

图 5-3-2　拆卸原车中控面板

图 5-3-3　拆卸多媒体主机

❹ 整理新导航主机的 GPS 天线（图 5-3-4）。

❺ 隐藏 GPS 天线（图 5-3-5）。

图 5-3-4　整理新导航主机的 GPS 天线

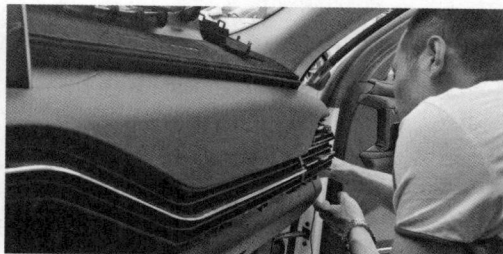

图 5-3-5　隐藏 GPS 天线

⑥ 检查连接主机的信号线插头、电源线插头。

⑦ 连接新导航主机的信号线插头、ACC 电源插头、GPS 天线（图 5-3-6）。

(a) 导航主机的信号线插头

(b) ACC 电源插头

(c) GPS 天线插头

图 5-3-6　连接新导航主机的信号线插头、ACC 电源插头、GPS 天线

⑧ 车辆通电，检查新的导航主机是否正常工作。

⑨ 启动导航并在周边行驶一圈，检查导航坐标是否出现偏移以及 GPS 定位是否连通（图 5-3-7）。

图 5-3-7　检查导航坐标是否出现偏移以及 GPS 定位是否连通

⑩ 路试完毕，没有问题后复原车辆。

（4）质检

❶ 检查屏幕是否出现坏点现象。

❷ 检查 GPS 是否工作正常，导航是否可以使用。

❸ 安装后内饰是否有损坏。

视频精讲

5.4 车窗改装一键升降功能

5.4.1 如何合理选择一键升窗器 📱

（1）选择拥有原车协议的一键升窗器

普通一键升窗器外加电流到升降电机，强制升窗 8s。车窗到顶后仍继续给电机通电，容易烧坏电机。特别是本身车窗玻璃已经是关闭状态时，锁车仍然会强制通电 8s。而拥有原车协议的一键升窗器通过 LIN 总线协议控制，车窗到顶能即时检测到，并停止上升，不伤害升降电机。

（2）选择兼容性高的一键升窗器

部分一键升窗器只能装自动挡的互联网版和智联网版，手动挡车型、旗舰版车型都不兼容。

（3）选择功能多的一键升窗器

部分一键升窗器只有基本的升窗、降窗、关天窗等功能，没有原厂数据协议，实现不了更多功能。

图 5-4-1 升降器开关

目前市场上有部分产品，除了基本的升窗、降窗、关天窗等功能外，还有倒车闪灯、开门闪灯、未锁车鸣警提示、伴我回家、迎宾功能。

（4）插头质量

市面上有部分产品采用劣质插头，插不紧，电气接触不佳，稳定性差，可能会引起原车电脑报故障码（图 5-4-1）。

5.4.2 施工与质检 📱

（1）施工前准备

清点设备零配件，检查线材接口是否完好，设备伸缩弹簧是否正常。

（2）所需工具

内饰拆装工具组套、塑料翘片、扎带、隔声胶布。

（3）施工过程

❶ 拆开主驾驶门内侧拉手盖板。

❷ 松开内饰门板周边螺栓。

❸ 取出门板（图 5-4-2），拔下插头（图 5-4-3）。

❹ 连接一键升窗模块的升窗车头和原车升窗插头。

❺ 用双面胶和扎带把一键升窗模块固定在内饰板内侧。

❻ 把连接的电线用隔声胶布包好（图 5-4-4），防止车辆行进中产生的震动造成异响。

❼ 关门，测试一键升窗能否正常工作。

视频精讲

图 5-4-2　取出门板

图 5-4-3　拔下插头

（4）质检

❶ 检测产品是否能够正常使用以及功能有无缺失情况（图 5-4-5）。

❷ 检查安装后是否有故障码出现。

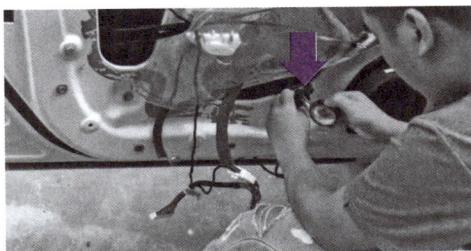

图 5-4-4　把连接的电线用隔声胶布包好

图 5-4-5　检测产品是否能够正常
使用以及功能有无缺失情况

5.5　汽车前大灯总成

5.5.1　如何合理选择前大灯总成

不少车主在购车后会选择升级车辆的前大灯，以提升照明性能，但是由于部分车型原厂前大灯不配有透镜等配置，所以有时候在更换灯泡后效果也不会特别明显。也有很多车主选择了改装前大灯总成，但是要把总成拆开，有可能因为密封不好导致进水或者进尘的情况。还有不少车主选择直接更换总成，这会更加省心。那么在选择前大灯总成时应该注意什么呢？

（1）做工

有不少廉价的前大灯总成在内部配件安装的时候装工不到位，导致在使用后期内部配件脱落，这时只能拆灯才能解决。

（2）吻合度

部分产品其实由于开模精度不足导致吻合度偏差，安装后导致大灯剐蹭翼子板、前杠、引擎盖等部位，或者连接处缝隙过大，更严重的是完全无法安装上车，所以在选购前大灯总成的时候一定要注意吻合度的问题。

（3）无损安装

图 5-5-1　前大灯效果

市面上有的前大灯总成还采用破线安装的方法，但是该方法除了麻烦之外还会引发短路、接触不良、功能缺失等问题，严重时还会引起自燃。所以选择前大灯总成时要选择原车插头直装的产品。

（4）排气孔

前大灯起雾大多都是因为灯内与外界的温差较大导致的，此时科学设计的排气孔可以有效平衡前大灯内外温度，有效防止起雾的现象（图 5-5-1）。

5.5.2　施工与质检

（1）施工前准备

检查设备线材，总成零部件是否完好；排列理清各线材接口。

（2）所需工具

常规机修工具组套。

（3）施工过程

❶ 卸下前杠包围。

❷ 拆卸原车前大灯和车身前大灯支架的连接螺栓（图 5-5-2）。

注意：

支架螺栓皆有反牙调整衬套，作用为调节前大灯安装方位，拆卸螺栓之前务必用记号笔事先做好记号，以免增加后续调整工作量。

❸ 拔下前大灯插接器（图 5-5-3），取出原车前大灯总成（图 5-5-4）。

图 5-5-2　拆卸前大灯固定螺栓

图 5-5-3　拔下前大灯插接器

❹ 取出新前大灯总成，插好对应插头（图 5-5-5）。

❺ 车辆通电，开启前大灯，测试新前大灯是否正常工作，远 / 近光切换是否正常，示宽灯是否正常。

❻ 检查完毕后，安装新前大灯，复原前杠包围（图 5-5-6）。

图 5-5-4　取出原车前大灯总成

图 5-5-5　安装新前大灯

❼ 关闭安装场地的灯，车辆再次通电，点亮前大灯，观察各个灯泡的照射方位，经过调整，使照射方位在一条横线上，并且均匀（图 5-5-7）。

图 5-5-6　安装前保险杠

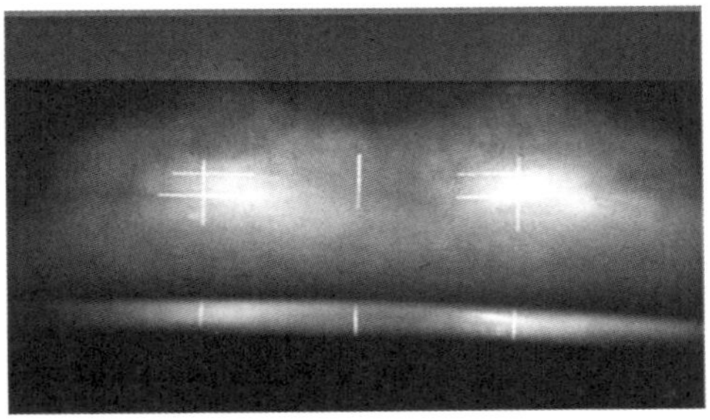

图 5-5-7　调整前大灯光源

（4）质检

❶ 检查左右灯光高度以及左右是否标准。

❷ 检查前大灯内是否存在进水、起雾现象（图 5-5-8）。

❸ 检查长时间开启前大灯后，前大灯以及线路是否出现异常发热（图 5-5-9）。

图 5-5-8　检查前大灯内是否存在
进水、起雾现象

图 5-5-9　检查前大灯和线路是否会
因长时间使用而发热

❹ 检查前大灯周围缝隙是否正常。

❺ 检查前大灯内是否有杂物。

❻ 观察升级后的视觉效果（图 5-5-10）。

图 5-5-10　升级后的视觉效果

5.6　汽车车载音响

5.6.1　如何合理选择车载音响

要根据自己的经济条件来定位，很多人觉得好的器材就是好的音响，比较重视主机、信号处理器（音源）、喇叭、功放、线材这些重要的部件。从采购物资角度而言，的确要重视这几样材料的品质，实际上"三分器材，七分改装"，音响涉及电气、木工、涂制等环节，一般建议专业技师进行安装。改装一套汽车音响，几百元到几万元不等，一般选择2000 ～ 5000 元的产品即可。

（1）确定偏好和音乐类型

❶ 注重音质的人，往往喜欢听交响乐、古典乐、人声和轻音乐，一般都重视音色纯正，要求保真度高而且还原效果好。

❷ 劲量类型的，也就是所谓的"炸机仔"，喜欢摇滚和迪斯科，考虑的是音量要够大；相反音质要求不高。

❸ 影院类型的，主要考虑娱乐性，配有 DVD、CD、收音、杜比、DTS 等功能。

（2）器材选择

❶ 通过试听的方法来判断器材音质和音色，需要注意音响的重放声质量。

❷ 大口径、重低音喇叭，适合喜欢听大动态音乐的人使用。

❸ 功放需要与喇叭匹配，原车功放的功率比较小，一般不会超过 30W，如果不换功放，只能选择功率小、灵敏度相对高的喇叭，也就是需要选择震动频率高的喇叭。

❹ 考虑到车内空间比较狭窄，所谓喇叭频率太低没有实际意义，因为频率太低人耳也听不到，一般车内能听到的最低频率在 170Hz 以上。

❺ 车内一般选择 4in 左右的喇叭就足够，能输出 150Hz 以上的音频。

❻ 汽车电压比较低，只有 12V，所以输出的功率不会太大，36W 是极限。OTL 电路的功率也只有 9W 而已，一般在车内也不需要这么高的功率，其实 0.5W 就足够了。

❼ 关键是喇叭的音质，一般 4 ～ 5in 的喇叭就满足音质要求了。

❽ 在汽车的环境里边，功率不是问题，最好和最差的失真范围是 0.1% ～ 1%，一般人都判断不出来的。如果失真在 1% 内，价格会超过 10 万元，普通用户能用上失真 5% 的产品效果就已经是非常棒了，大多数人都在使用 10% 这种失真的产品。

❾ 至于功放，对失真实际上要求不高，一般好点儿的喇叭就可以弥补。

（3）一些改装误区

❶ 车内音响看起来很简单，普通人要求也没有那么高的，实际上如果想要更高追求，则是非常复杂的，毕竟空间小，车辆在运动中，杂音很多，空间又个性化不一致，所以想做到 HI-FI 级别是不现实的。

❷ 对司机朋友来说，选购汽车音响一定要选择正规的来源，"路边小店"的技师大多没有经过专业安装培训，安装的汽车音响经常出现各种各样的故障，容易给行车安全带来隐患。

❸ 选购音响的时候要考虑主机的功放能力，尽量选用功放大于喇叭指示功率的。因功放小，在长期使用大功率输出时，容易烧坏，还会导致音质差、失真等故障出现。

❹ 中高档主机的性能差别不会太大，喇叭的差别则大得惊人。一个喇叭动不动就标上一个几百瓦的功率，使很多内行人也糊涂起来，所以选购的时候一定要找专业人士。

视频精讲

❺ 选购音响的时候要试听音质、音色效果。试听的时候最好找几个有代表性的歌曲、乐曲、打击乐等唱碟，对各种音响效果的纯真度进行鉴别，再确定是否购买。

❻ 选购音响还要根据自己的品位和经济承受能力而定，好的音响价格也是很高的。在高档豪华轿车上一般都有较专业的高级音响，所以要根据自己的需求选择（图 5-6-1）。

图 5-6-1　音响

5.6.2　施工与质检

（1）施工前准备

现在市面上常见的音响改装分两大类：原厂升级，把原车低配的音响通过后续改装升级为原厂顶配的音响系统；第三方品牌音响升级，根据每辆车现有的喇叭和孔洞，设计一套音响升级方案，需要大量的破坏性拆装、箱体重做、破线，因为理论上每一辆车的车主需求、预算、车体空间限制都不一样，所以不展开赘述。

（2）所需工具

常规机修内饰拆装工具组套、电钻、美工刀、热熔胶枪、蛇胶、隔声胶布。

（3）施工过程

❶ 使用塑料翘片拆卸 4 门内饰板上锁窗按键的衬板和门拉手碗状饰板。

❷ 拆卸内饰板四周的螺栓及拉手处的螺栓（图 5-6-2）。

❸ 取下内饰板（图 5-6-3）。

拆除内饰板小窍门：按从下往上的顺序往外拉，遇到拔不动的部位，使用带角度的塑料翘片

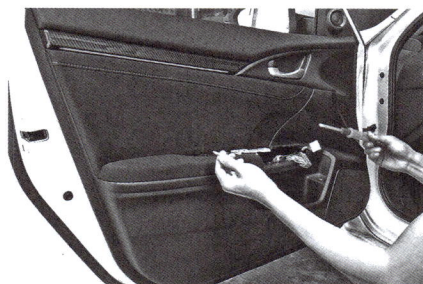

图 5-6-2　拆卸内饰板四周的螺栓及拉手处的螺栓

拆掉里面的塑料紧固件。

④ 把原车的喇叭替换成升级的喇叭，如果需要在原车没有喇叭位的地方加装喇叭，那么需要重新开洞，常见的是后门的中音喇叭缺失。

⑤ 中控平台的中置喇叭一般都有预留安装孔位，只要把饰板拆开，把新的中置喇叭装上即可。

⑥ 低音喇叭一般放在车底，大致方位在主副驾驶位座椅的下方，只需要把地毯掀起，拆开座椅，即可看到低音喇叭的盖板（图 5-6-4）。

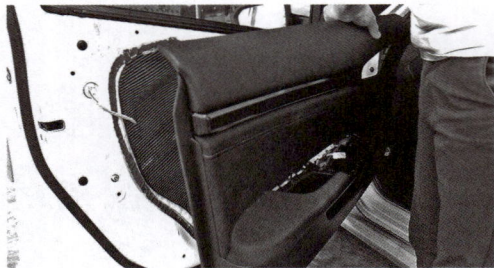

图 5-6-3　取下内饰板

图 5-6-4　安装低音喇叭

⑦ 根据事前设计好的线路走线（图 5-6-5），如果需要改动车载主机和更换更大功率的功放，在走线时要额外小心，因为一旦接错线，后续排除故障会非常麻烦。

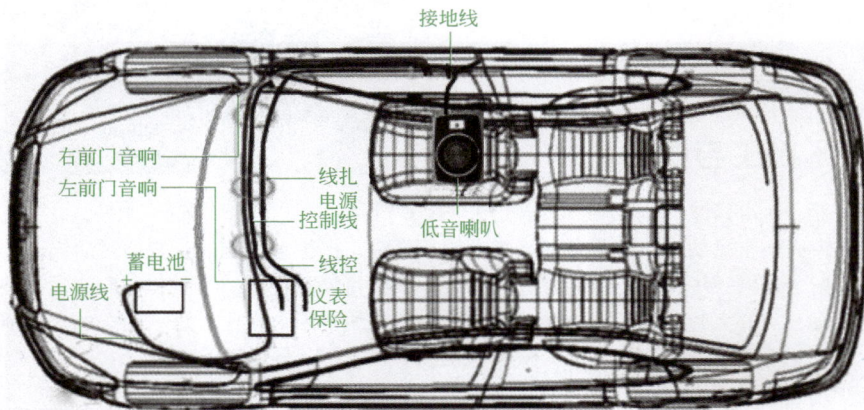

接地线

右前门音响

左前门音响

线扎

电源

控制线

低音喇叭

蓄电池

线控

电源线

仪表

保险

图 5-6-5　车载低音喇叭接线示意

图 5-6-6　对车辆编程

⑧ 接线完毕后，对车辆编程（图 5-6-6）。

⑨ 编程后测试音响是否能正常使用。

（4）质检

❶ 检查音响系统有无出现爆音情况。

❷ 检查音响系统喇叭有无出现共振情况。

5.7　汽车电动尾门

5.7.1　如何合理选择电动尾门

视频精讲

（1）安全性

汽车电动尾门对汽车安全来讲，首先要保证车门的正常开合，正常闭锁、解锁。其次在开关门的同时要预防人的夹伤和碰伤。电动尾门具备智能防夹功能，当尾门运行中，如果遇到障碍，会立刻反向运转，避免夹伤。电动尾门运行平稳匀速，车门匀速平稳开合，开、关单程运行时间控制在 4 ～ 6s，达到车厂要求，有效避免碰伤。

（2）使用寿命

电动尾门作为汽车部件，需要随车质保，汽车的质保期一般是三年或十万千米，这就要求电动尾门的核心部件必须具备汽车要求的使用寿命。某品牌电动尾门承诺四年或十二万千米的超长质保期。

（3）适应各种气候和环境

一款合格的电动尾门，需要在各种气候和环境下都能正常使用，这就对电动尾门各零部件的高温、低温、潮湿、防水、防锈等特性要求非常高。某品牌电动尾门，在品质控制上非常严格，产品经过盐雾测试、高低温测试、防水性测试等各种环境的考验，全部按照车厂标准执行，能在各种恶劣的气候和环境下正常运行。

（4）各种情况下都能正常开启

汽车电动尾门在使用的过程中，不可能一直是平稳的情况，上坡、下坡、车身倾斜的情况时有发生，这就要求电动尾门要适合各种路况的使用要求，保证各种情况下汽车尾门都能正常开合。某品牌电动尾门的电动撑杆里面设计有阻尼器，可有效防止车辆在特殊工况下，如车辆处于较大坡度状态下，当尾门在上升过程或停在高点位置，由于撑杆推力力矩不足而导致的尾门下掉现象，使电动尾门具备更加可靠的安全操控性。

（5）尽可能减小开关门的声音

一款合格的电动尾门，在开关门声音上是很有讲究的，电动撑杆是电动机驱动的传动部件，其电动产品固有声音如何控制在车主接受的范围之内是很有技术学问的。某品牌电动尾门内置电吸装置，三级锁扣实现极致静音（图 5-7-1）。

图 5-7-1　电动尾门

5.7.2　施工与质检

（1）施工前准备

对应清单，清点零部件，检查接口是否完好，将各零部件展开排列，以便清晰地找出部件。

（2）所需工具和材料

❶ 常规机修工具组套。

❷ 电动尾门改装套件（图 5-7-2）。

（3）施工过程

❶ 取下尾门装饰板螺栓。

❷ 用撬板拆开盖板。

❸ 取下螺栓，拆开盖板。

❹ 取下后备厢中备胎周边的泡沫螺栓。

❺ 把后备厢的盖板拆开（图 5-7-3）。

图 5-7-2　电动尾门改装套件

图 5-7-3　拆卸后备厢盖板

❻ 取下后备厢左边上方装饰板。

❼ 取下后备厢左边装饰板螺栓。

❽ 拆开后备厢左边装饰板，取下后备厢灯线。

❾ 取下后备厢左边装饰板，取下后备厢上方的胶扣。

❿ 对插好锁头控制线、按键控制线（图 5-7-4）。

⓫ 把电源线／地线／前按键走线至主驾驶下方保险盒位置（图 5-7-5）。

图 5-7-4　连接线束

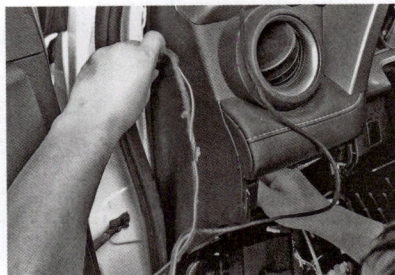

图 5-7-5　把电源线／地线／前按键走线至主驾驶下方保险盒位置

⓬ 取下原车左右撑杆（图 5-7-6）、支架和尾门上的球钉，再更换支架和尾门球钉（图 5-7-7）。

⓭ 装好撑杆，注意球头帽的卡簧要扣到位，注意区分左右撑杆（图 5-7-8）。

⑭ 把原车锁头取下，换上新锁头，把电吸盒放置后备厢左侧并固定好。

⑮ 在后备厢左侧固定好控制盒和电吸盒并插好连接线（图 5-7-9 和图 5-7-10）。

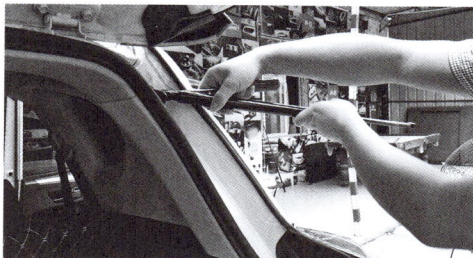

图 5-7-6　取下原车左右撑杆

图 5-7-7　更换支架和尾门球钉

图 5-7-8　安装撑杆

图 5-7-9　安装控制盒

⑯ 在驾驶位左侧饰板上用 22mm 打孔器打孔，装上尾门按键并插好线束（图 5-7-11）。

（4）质检

❶ 检查尾门是否能正常开合。

❷ 检查尾门缝隙是否平均一致。

❸ 检查尾门开关过程是否有异响。

❹ 检查尾门防夹功能是否正常。

视频精讲

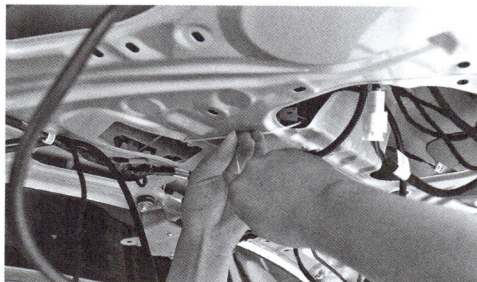

图 5-7-10　固定控制盒

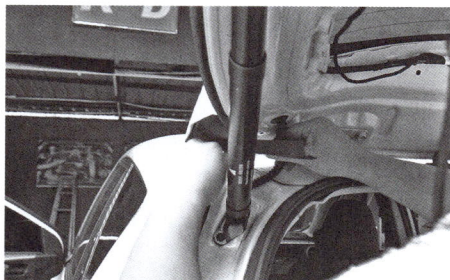

图 5-7-11　安装尾门按键和线束

125

5.8 汽车电动踏板

5.8.1 如何合理选择电动踏板 🖼

市面上的电动踏板的结构大致分为两类：新款揽胜运动款电动踏板（专车专用，底盘有预留安装螺栓孔位）和新款保时捷卡宴电动踏板（用C形扣固定在车身侧梁）。

（1）外形

在选购电动踏板的时候要选外形更贴合车型的产品。目前部分产品外形设计比较随意，在开合的情况下有可能会出现与车身摩擦的可能，所以在选购时必须选择专车专用的电动踏板。

（2）通过性

部分产品在设计时踏板的电机以及"关节"会设计得比较低，从而影响到车辆的通过性，所以在选择踏板的时候要注意电机以及"关节"的位置。

（3）安装位置

尽可能选择在原车螺栓孔位置安装的电动踏板。部分产品在设计的时候，没有按照原车螺栓孔设计，导致安装时只能重新打孔，如果处理不当就会导致车架生锈。所以要选择采用原车螺栓孔位安装的电动踏板

（4）免破线安装

市面上有部分产品仍然需要破线安装，这种安装方法容易导致电线短路、老化、进水等情况。所以在选择产品的时候，尽量选择能够无损安装的电动踏板。

5.8.2 施工与质检 🖼

（1）施工前准备

清洁车辆两侧侧裙底部，用气枪把沉积的泥沙喷除干净。

（2）所需工具

常规汽修工具。

（3）施工过程

❶ 先把电动踏板原地预组装，比照一下电动踏板安装在车身上的位置。

❷ 电动踏板吊挂的位置一般都有下挡泥板遮盖，抬起车辆，在需要安装电动踏板的挡泥板位置预先做记号。

❸ 把遮盖的挡泥板拆除（图5-8-1），再根据记号切割挡泥板。

❹ 安装踏板两头的吊挂机构。

a. 线路：有一部分车型，车身自带电动踏板的预留插口，只需要插口对插后编程激活电动踏板控制模块即可使用（图5-8-2）。如果没有自带预留插口，测量车辆开门自动亮起的迎宾灯线路并连接即可。

b. 走线：把线路埋在车辆两侧车门门槛盖板下方，经过后轮拱从后杠防水橡胶盖穿出车厢外，用引线器经后杠两侧到达电动踏板电机插头。

图 5-8-1　拆除挡泥板

图 5-8-2　连接线路

❺ 安装踏板剩余部件，车辆通电，测试电动踏板是否能正常工作。

❻ 复原车辆：安装完毕并测试电动踏板能正常工作后，升起车辆，用密封胶包裹电动踏板外露的插头、螺栓，以免进水烧坏电机或者引起短路。

❼ 采用 C 形扣安装的电动踏板安装完毕后必须对踏板进行调平（图 5-8-3）。

（4）质检

❶ 检查踏板是否安装牢固。

❷ 检查踏板安装位置是否左右对称。

图 5-8-3　踏板调平

❸ 反复开关所有车门，检查踏板是否存在与车门之间的摩擦。

5.9　汽车一键启动

5.9.1　如何合理选择一键启动

（1）无钥匙进入

目前市场上有不少加装一键启动的产品，但有很多产品都只有一键启动的功能，并没有无钥匙进入的功能。所以为使改装后的车辆达到理想的效果，在选购一键启动的时候，无钥匙进入也是非常有必要考虑的一个功能。

（2）功能性

一键启动改装已经从单一的启动发展为多种功能，所以在选购的时候也要注意有哪些功能，最好有一键升窗和远程启动功能（图 5-9-1）。

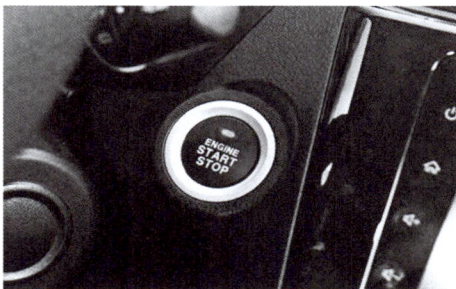

图 5-9-1　一键启动

5.9.2　施工与质检 🖼

（1）施工前准备

❶ 准备拆卸工具。

❷ 检查配件是否齐全。

（2）所需工具

常规内饰拆装工具组套。

（3）施工过程

❶ 拆卸方向盘柱和饰板（图 5-9-2 和图 5-9-3）。

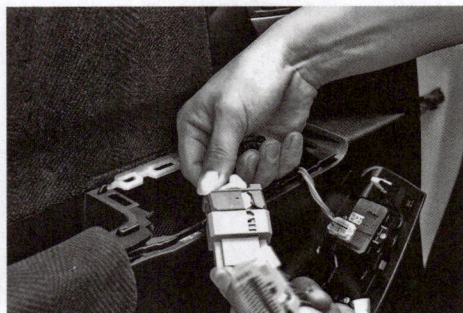

图 5-9-2　拆卸方向盘柱

图 5-9-3　拆卸饰板

❷ 拆解机械钥匙锁芯（图 5-9-4）。

❸ 拆下机械钥匙锁总成（图 5-9-5）。

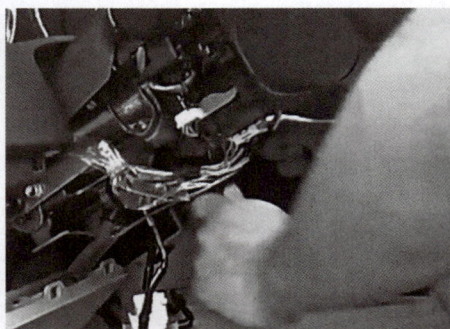

图 5-9-4　拆解机械钥匙锁芯

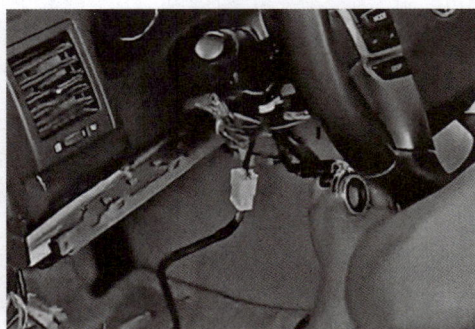

图 5-9-5　拆下机械钥匙锁总成

❹ 将一把机械钥匙插在钥匙锁芯上（图 5-9-6）。

注意：

机械钥匙感应线圈必须在机械钥匙锁芯上。

128

⑤ 把一键启动与钥匙锁芯转接线等线束接好。

⑥ 把一键启动控制器与钥匙锁芯在车里藏好。

⑦ 把一键启动按键安装好。

⑧ 把拆卸的饰板复原（图 5-9-7）。

（4）质检

❶ 反复检查启动功能是否能够正常运作。

❷ 检查无钥匙进入功能感应范围是否合理。

❸ 检查一键启动其他功是否完全。

❹ 检查安装后原车装饰是否安装到位。

视频精讲

图 5-9-6　将一把机械钥匙插在钥匙锁芯上　　图 5-9-7　把拆卸的饰板复原

5.10　电子油门加速器

5.10.1　如何合理选择电子油门加速器 🚗

（1）选择语言

市场上较多产品都是英文显示或者以代号为主，导致有部分车主很难读懂。目前市场已经有很多带有中文显示的电子油门加速器提供给部分车主选择。

视频精讲

（2）无损安装

在选购电子油门加速器（图 5-10-1）时，尽可能选择无损安装的产品。毕竟电子油门加速器是与 ECU 一同工作的，如果需要破线安装，可能会给车辆留下隐患。

5.10.2　施工与质检 🚗

（1）施工前准备

检查线路接口，准备好所需工具，检查参数是否匹配。

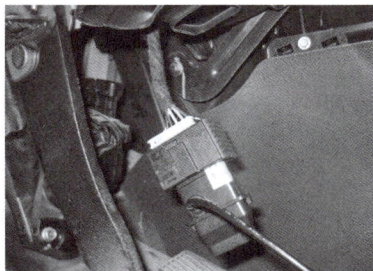

图 5-10-1　电子油门加速器

（2）所需工具

常规内饰拆装工具组套。

（3）施工过程

❶ 找到原车油门端口（图5-10-2），一般都会在油门踏板后面或下面（根据车型不同位置会有点偏差，但不会太大）。

> **注意：**
>
> 个别车型需要拆下油门踏板，如宝马、奔驰。

❷ 拔掉原车电子油门端口，注意看好端口卡扣（图5-10-3），找对方法再拔开，以免损坏。

图 5-10-2 原车油门端口

图 5-10-3 端口卡扣

❸ 拿出电子油门加速器主机，对准原车端口插好，由于端口是专车专用，请看好端口是否匹配。安装完后用绑带将多余的线路绑好。

❹ 安装显示屏（图5-10-4），用线连接到主机。然后启动汽车看屏幕是否亮起，模式调节是否正常，如没有问题，把线路理好，不要影响驾驶，再将显示器固定在方便调整的位置即可。

（4）质检

❶ 测试油门加速器各个模式是否正常使用。

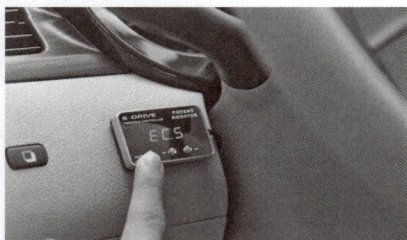

图 5-10-4 安装显示屏

❷ 检查控制器位置是否合理。

5.11 液晶仪表

（1）如何选择液晶仪表

选择专车专用的即可，以宝马3系改装液晶仪表为例。

（2）施工前准备

❶ 断开 12V 蓄电池电源。

❷ 拆卸和安装时，组合仪表可能会损坏仪表板的真皮包覆。

❸ 为了避免损坏，必须在仪表板左右两侧安装上黄色塑料胶带 1（图 5-11-1）。

（3）所需工具

常规工具、黄色塑料胶带

（4）施工过程

❶ 松开螺栓 1（图 5-11-2）。

❷ 沿图 5-11-2 中箭头方向取下组合仪表。

❸ 脱开插头连接 1，拆下组合仪表 2（图 5-11-3）。

图 5-11-1　在仪表板左右两侧
安装上黄色塑料胶带

图 5-11-2　拆卸原车仪表

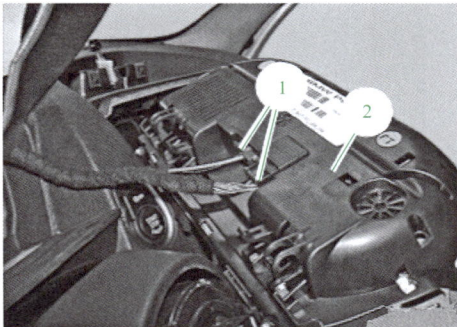

图 5-11-3　拔下插接器

❹ 安装新的液晶仪表。

注意：

视频精讲

组合仪表 2 的固定板 1 必须准确地安装在仪表板的定位件上（图 5-11-4）。

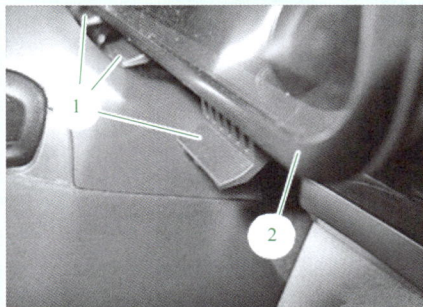

图 5-11-4　安装仪表

❺ 使用宝马工程师软件对车辆电脑进行编程，删除 6WA（半液晶），加入 6WB（全液晶）（图 5-11-5）。

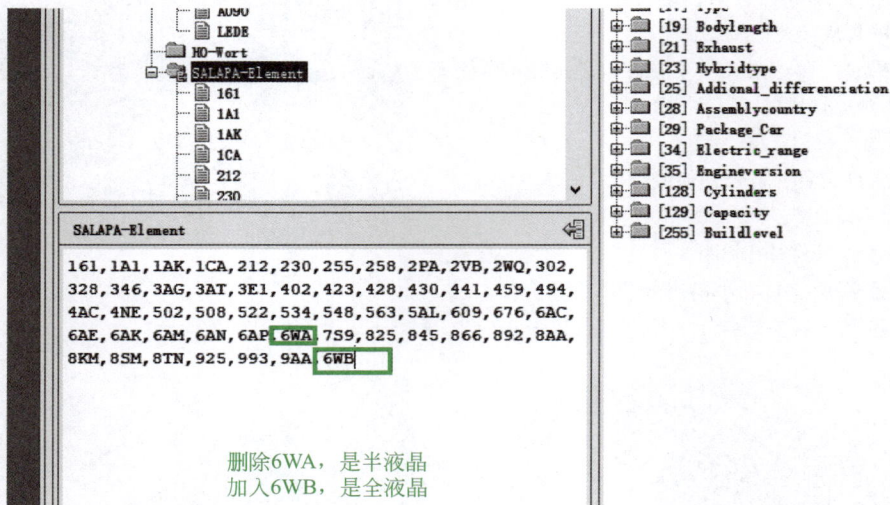

删除6WA，是半液晶
加入6WB，是全液晶

图 5-11-5　修改代码

❻ 使用电脑诊断仪 ISTA 对仪表进行设码（图 5-11-6）。

视频精讲

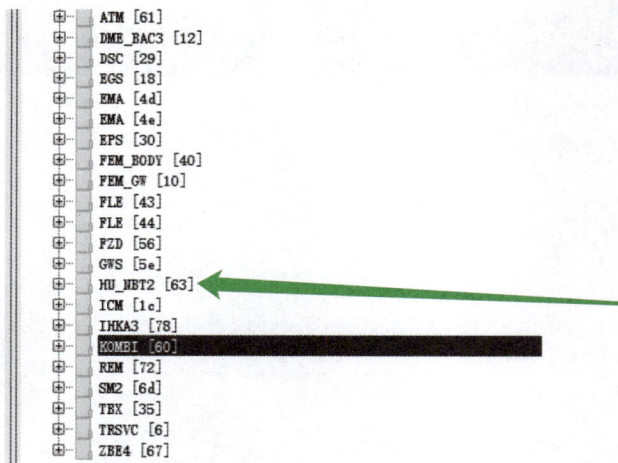

图 5-11-6　对仪表设码

注意：

　　若主机有光纤到仪表，可以不设码；若主机没有光纤到仪表，做好光纤到仪表设码。改半液晶时也用这些方法。设码完成后，锁车 15min，减少红点出现的概率。

（5）质检

❶ 检查仪表安装是否到位。

❷ 检查仪表板是否有损坏。

❸ 检查改装后的全液晶仪表能否正常工作（图 5-11-7）。

图 5-11-7　改装后的全液晶仪表

5.12　抬头显示器

（1）如何选择抬头显示器

宝马 530LiG38 改装抬头显示器，选择专车专用的即可。

抬头数字显示仪（heads up display，HUD），即风窗玻璃仪表显示，又叫平视显示系统，它可以把重要的信息映射在风窗玻璃上的全息半镜上，使驾驶员不必低头就能看清重要的信息，大大提高了驾驶汽车的安全性。

HUD 具备以下优点。

❶ 驾驶员不必低头，就可以看到信息，从而避免分散对前方道路的注意力。

❷ 驾驶员不必在观察远方的道路和近处的仪表之间调节眼睛，可避免眼睛的疲劳。

（2）施工前准备

❶ 准备抬头显示器套件（图 5-12-1）。

❷ 断开所有蓄电池负极导线。

（3）所需工具

常规工具、黄色塑料胶带、诊断电脑。

（4）施工过程

❶ 拆卸后座区自动空调的操作面板（带 4 区控制的自动恒温空调）。

❷ 拆卸后座区新鲜空气格栅（带 4 区控制的冷暖空调）。

❸ 拆卸后部中控台饰板。

❹ 拆下中间扶手杂物箱。

❺ 拆下中间扶手。

❻ 拆卸前部杂物箱遮板。

❼ 拆卸中控台饰板。

❽ 拆下饮料杯架。

❾ 拆下踏板装置饰件。

❿ 拆卸右侧脚部空间饰板。

⓫ 拆卸无线充电盒。

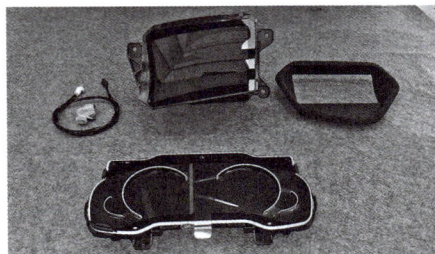

图 5-12-1　抬头显示器套件

视频精讲

133

⑫ 拆下中央控制台。

⑬ 拆卸右侧仪表板上的侧挡板。

⑭ 拆下右侧仪表板上的装饰条。

⑮ 拆下收音机操作单元和空调操作面板（图 5-12-2）。

a. 将收音机操作单元和空调操作面板 2 用专用工具 2 298 505 从下方开始从卡子 1 中压出。

b. 抽出收音机操作单元和空调操作面板 2。

c. 解除联锁并脱开插头 1（图 5-12-3）。

d. 将电缆 2 从收音机操作单元和空调操作面板 3 中松开。

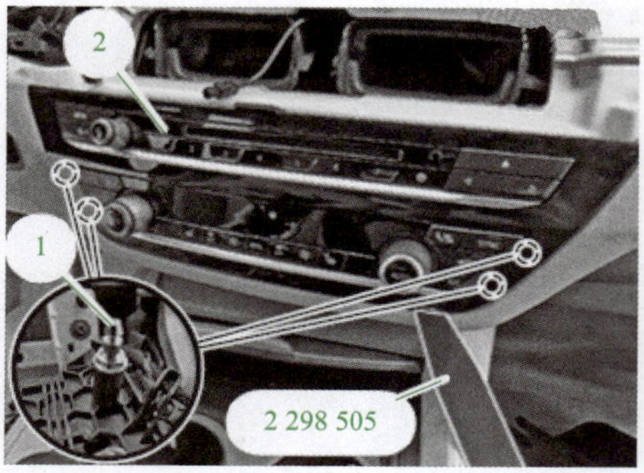

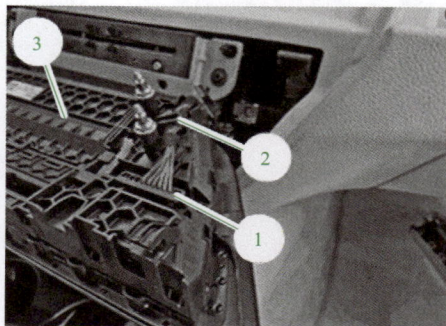

图 5-12-2　拆下收音机操作单元和空调操作面板

图 5-12-3　解除联锁

⑯ 拆卸机头高级单元（HU-H）。

⑰ 拆卸仪表板上的扬声器挡板。

⑱ 将中音喇叭安装到仪表板中。

⑲ 拆卸前侧内部的两个车门槛板嵌条。

⑳ 拆卸左侧 A 柱脚部空间中的侧饰板。

㉑ 拆卸右侧 A 柱脚部空间内的侧饰板。

㉒ 拆卸左右 A 柱挡板。

a. 注意安全气囊。

b. 在对安全气囊执行所有维修工作前，断开蓄电池上的蓄电池负极导线。

㉓ 拆卸左侧仪表板上的侧挡板。

㉔ 拆卸车灯操作单元（图 5-12-4）。

a. 用胶带保护灯光操作单元 1 周围的工作范围。

b. 在标记位置将灯光操作单元 1 借助专用工具松脱。

c. 将灯光操作单元 1 沿箭头方向拆卸。

d. 将插头 1 从车灯操作单元 2 上解锁并脱开（图 5-12-5）。

㉕ 拆下左侧仪表板上的装饰条。

㉖ 拆下中央信息显示器（CID）（图 5-12-6）

a. 松开螺栓 1 并将中央信息显示器（CID）2 从仪表板中抽出。

b. 解除联锁并脱开插头 1（图 5-12-7）。

c. 取下中央信息显示器（CID）2。

图 5-12-4　拆卸灯光操作单元

图 5-12-5　拔出插接器

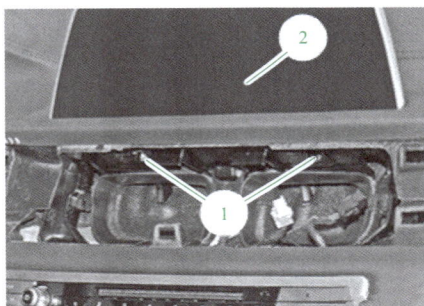

图 5-12-6　拆下中央信息显示器（CID）

图 5-12-7　解除联锁并脱开插头

㉗ 拆卸左侧翻盖箱。

㉘ 拆卸方向盘的安全气囊单元。在对安全气囊执行所有维修工作前，断开蓄电池上的负极导线。

㉙ 拆下方向盘。

㉚ 拆下转向柱饰板上部件。

㉛ 拆下转向柱饰件下部件。

㉜ 拆卸转向柱开关中心（SZL）。

㉝ 拆卸组合仪表（KOMBI）。

㉞ 拆下仪表板饰板。

㉟ 拆卸平视显示系统（图 5-12-8）。

a. 松开螺栓 1。

b. 从架梁中抽出平视显示系统 2。

c. 将相应的电缆解除联锁并脱开。

㊱ 安装抬头显示器。

a. 在仪表台上挖好孔（图 5-12-9），安装盖板（图 5-12-10）。

b. 安装抬头显示器（图 5-12-11）。

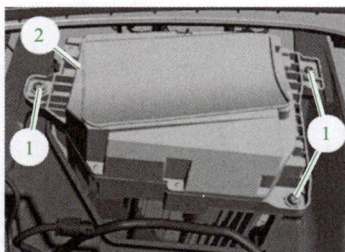

图 5-12-8　拆卸平视显示系统

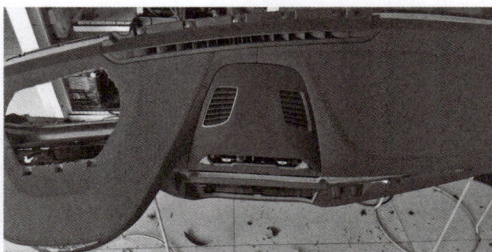

图 5-12-9　在仪表台上挖好孔

图 5-12-10　安装盖板

图 5-12-11　安装抬头显示器

㊲ 按顺序复原车辆。

a. 使用宝马工程师软件对车辆进行编码（图 5-12-12）。

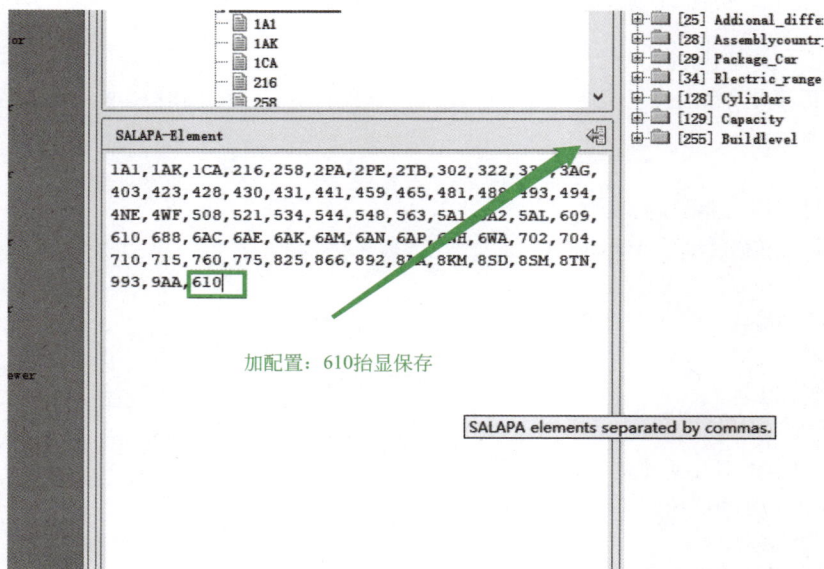

加配置：610抬显保存

图 5-12-12　对车辆进行编码

136

b. 对选中的模块进行设码（图 5-12-13）。

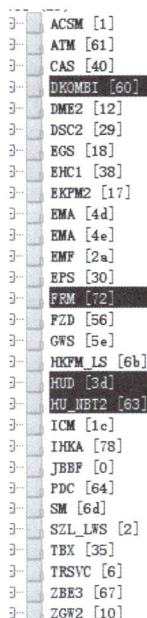

```
ACSM [1]
ATM [61]
CAS [40]
DKOMBI [60]
DME2 [12]
DSC2 [29]
EGS [18]
EHC1 [38]
EKPM2 [17]
EMA [4d]
EMA [4e]
EMF [2a]
EPS [30]
FRM [72]
FZD [56]
GWS [5e]
HKFM_LS [6b]
HUD [3d]
HU_NBT2 [63]
ICM [1c]
IHKA [78]
JBBF [0]
PDC [64]
SM [6d]
SZL_LWS [2]
TBX [35]
TRSVC [6]
ZBE3 [67]
ZGW2 [10]
```

完毕后对选中模块进行设码，
注意备份63、60、72的CAFD

图 5-12-13　对选中的模块进行设码

c. 注意备份 63、60、72 的 CAFD。

d. 在中央显示屏中可对抬头显示系统进行设置（图 5-12-14）。

（5）质检

❶ 检查仪表及仪表零部件安装是否到位。

❷ 检查仪表是否正常工作（图 5-12-15）。

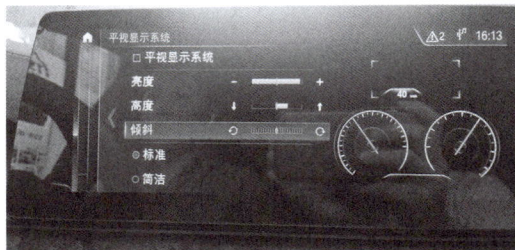

图 5-12-14　对抬头显示系统进行设置

图 5-12-15　检查仪表是否正常工作

❸ 检查抬头显示器能否正常工作（图 5-12-16）。

❹ 路试（图 5-12-17），检查抬头显示器能否正常工作、仪表是否有异响。

图 5-12-16　检查抬头显示器能否正常工作

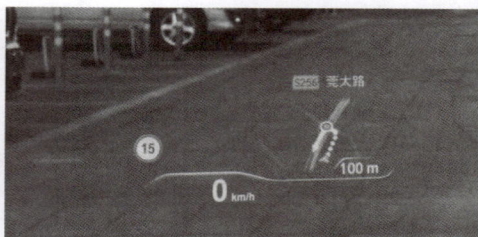

图 5-12-17　路试

视频精讲

5.13　无钥匙进入系统

5.13.1　如何合理选择无钥匙进入改装套件

品牌信誉和用户评价：选择那些在市场上口碑良好、用户评价较高的品牌（图 5-13-1）。

图 5-13-1　无钥匙进入系统组件

技术先进性和兼容性：选择那些技术先进、兼容性好的品牌。例如，蓝牙无钥匙技术通过手机 APP 实现远程控制，既安全又便捷。

安装和维护的便捷性：选择那些安装和维护相对简单的品牌，可以减少不必要的麻烦。例如，无钥匙启动系统操作直观，便于使用和维护。

价格和性价比：在考虑品牌信誉和技术水平的同时，也要关注产品的价格和性价比。不同品牌和型号的价格差异较大，选择性价比高的产品可以节省成本。

售后服务：选择那些提供良好售后服务的品牌，以便在使用过程中遇到问题时能够及时解决。

5.13.2　施工前准备

❶ 常用工具一套。

❷ 内饰拆卸工具。

❸ 无钥匙进入系统组件［以 2016 年之后奥迪 A4L（B9）车型为例］。

a. 电脑 8W0907064AH，1 个。

b. 天线 4M0907247，1 个。

c. 车门把手 8W0927753、8W0927754，4 个。

d. 线束一套。

5.13.3 施工作业

（1）拆卸原车车门把手

❶ 拆卸车门把手的挡板。

a. 拔下盖罩（图 5-13-2 中的箭头）。

b. 将车门拉手 1 拉至极限位置（箭头 A）并保持（图 5-13-3）。

c. 将夹紧螺栓 2 用螺丝刀 4 旋出至限位位置。

d. 向内侧按压外壳固定卡箍 3，直至卡入（箭头 B）。

e. 车门拉手目前锁定在"已打开"位置。

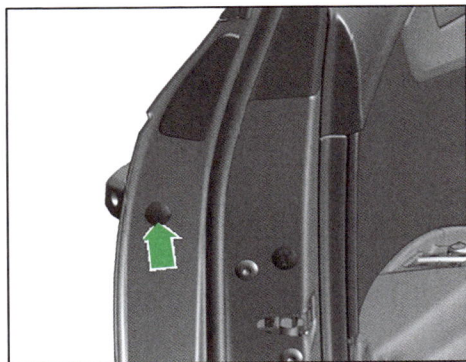

图 5-13-2　拔下盖罩

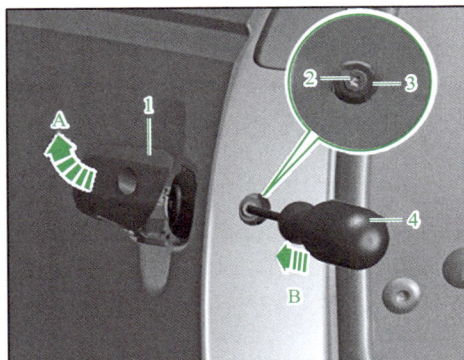

图 5-13-3　将车门拉手锁定在"已打开"位置

f. 用弯螺丝刀（VAS 6543）松开卡子 1（箭头 A），同时将挡板 2 沿箭头方向 B 推，取下车门拉手挡板（图 5-13-4）。

❷ 拆卸车门拉手。

a. 拧出螺栓 1、3（图 5-13-5）。

b. 将车门把手 2 从支撑架拔下（图 5-13-5 中的箭头）。

❸ 拆卸车门拉手装饰。

a. 旋出螺栓 3（图 5-13-6）。

b. 松脱卡止装置 2、5。

c. 将饰条 4 从车门把手挡板 1 上拔下（图 5-13-6 中的箭头）。

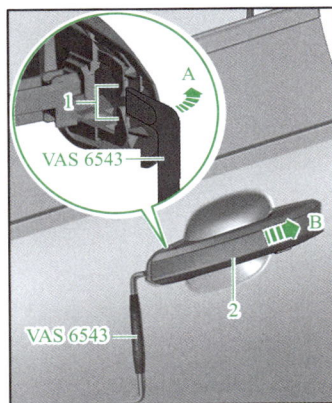

图 5-13-4　取下车门拉手挡板

图 5-13-5　取下车门把手

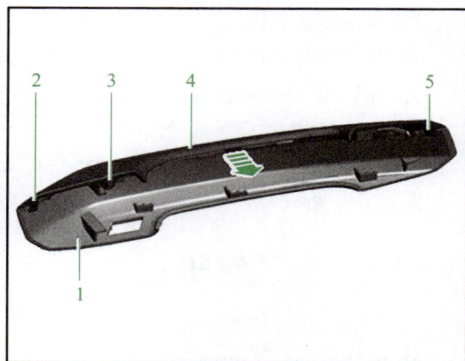

图 5-13-6　拆卸车门拉手装饰

（2）安装无钥匙进入系统组件

安装以倒序进行，同时要注意下列事项。

❶ 将挡板装到车门把手上，沿行驶方向向前推，直至听到卡止声。

❷ 安装车门把手线束。

❸ 安装电脑 8W0907064AH。

❹ 安装天线 4M0907247。

（3）电路连接

进入许可天线安装位置在左后门板，天线接舒适系统控制单元 e 插头 2、3 脚（图 5-13-7）。

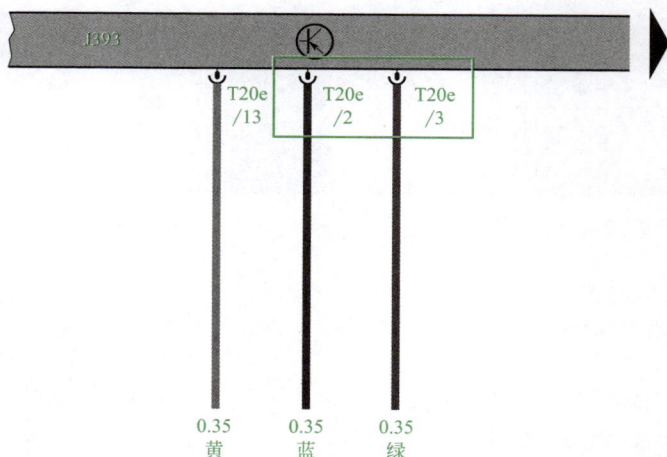

图 5-13-7　天线连接电脑

J393 是指舒适系统控制单元

四个车门把手传感器分别接入舒适系统控制单元 D 插头 15、14、13、12（图 5-13-8）。

（4）激活无钥匙进入系统

写入参数可分为只带左后门一个天线，或带左后、右后两个天线两种。装多少个天线就写入相应的参数文件（图 5-13-9）。

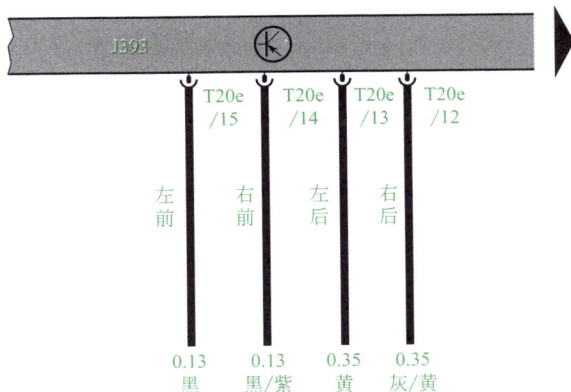

图 5-13-8　车门把手传感器线路连新接

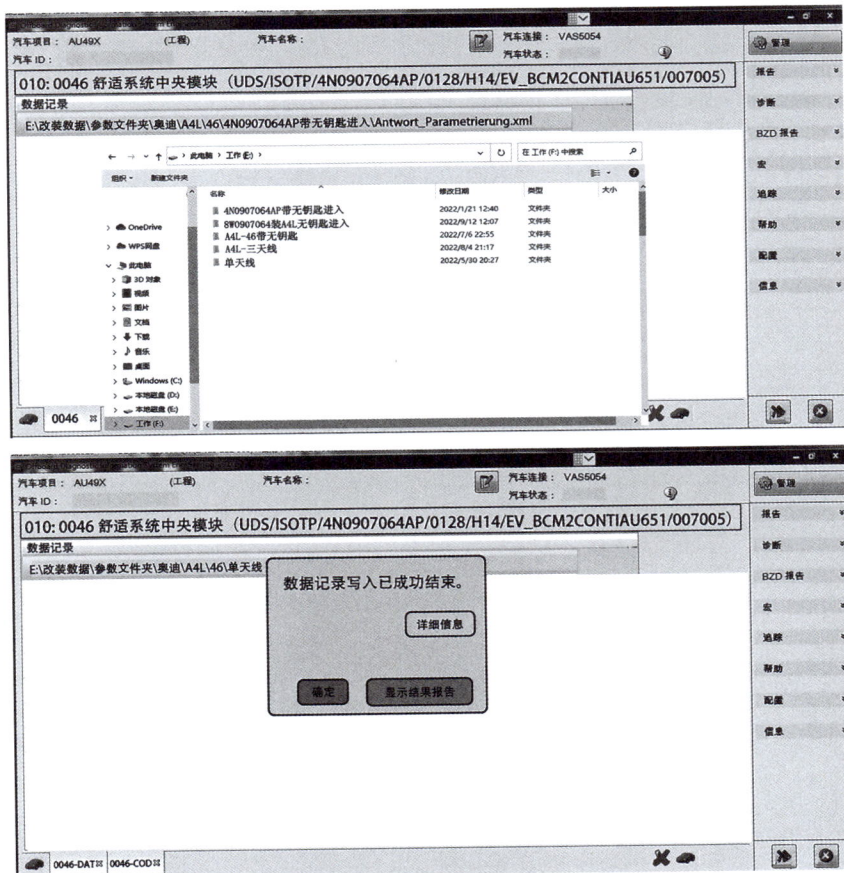

图 5-13-9　写入相应参数文件

装好之后建议手动做回原电脑编码再维修防启动锁（ODIS4.13 版以下才能成功匹配钥匙）。

❶ 进入 ODIS 诊断特殊功能——维修防启动锁。

❷ 退出 ODIS 换成 ODIS 工程师版软件用 AU49X 诊断数据进入。

❸ 选择诊断地址码 46- 数据写入 8WD909501B 参数（此参数只适合 8W0907064H）。

❹ 写入原车编码。

❺ 对 46 进行文本编码激活如图 5-13-10 所示项目。

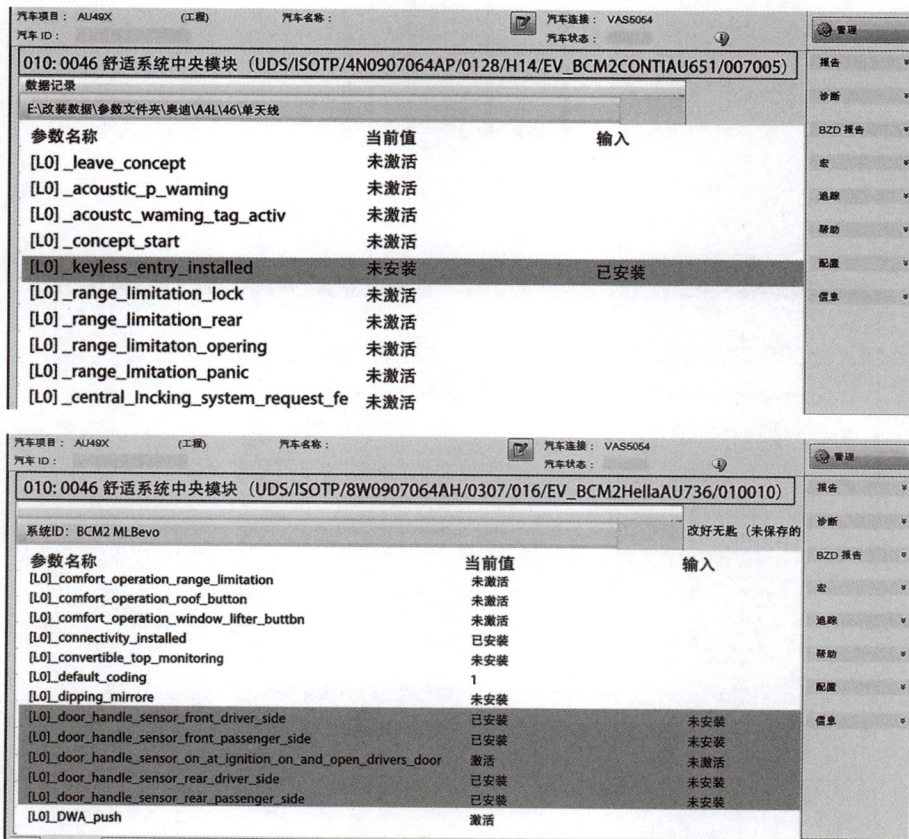

图 5-13-10　对舒适系统控制单元进行编码

加装无匙进入时注意以下几点。

❶ 加装之前请保存原车诊断报告，便于手动输入原始编码。

❷ 舒适电脑有两个诊断地址码，分别是 05 和 46 带无匙进入的车型，要更改的是 05 的参数设置，46 地址码的功能是管理后部车灯电器，注意：尽量写回原车参数。

❸ A4B9、Q5L、新 Q7 只有 46 地址码写入数据时要正确选择，否则会影响其他电器功能。

5.13.4　质检

复原车辆，将车辆锁止，然后在车外解锁，车辆无钥匙进入系统应能正常使用。

5.14　数字胎压系统

5.14.1　如何合理选择数字胎压改装套件 🔲

品牌和兼容性：选择知名品牌的数字胎压改装套件，确保其与车主的车型兼容。例如，大众的数字胎压监测系统需要与车机蓝牙系统匹配好，确保能够正常工作（图 5-14-1）。

功能需求：根据车主的具体需求选择功能。例如，有些数字胎压监测系统可以显示胎压数据、温度等信息，甚至可以根据车内乘坐人员多少来分配胎压。

安装难度：考虑安装的难易程度。一些数字胎压监测系统的安装过程相对简单，只需接电、安装传感器等步骤，而有些可能需要更复杂的线路布置和调试。

价格：根据预算选择合适的套件。不同品牌和型号的价格差异较大，可以从性价比高的产品中选择。

用户评价：查看其他用户的评价和使用体验，了解产品的实际效果和售后服务情况。

5.14.2　施工前准备 🔲

❶ 常用工具一套。

❷ 数字胎压改装组件（图 5-14-2）。

图 5-14-1　数字胎压

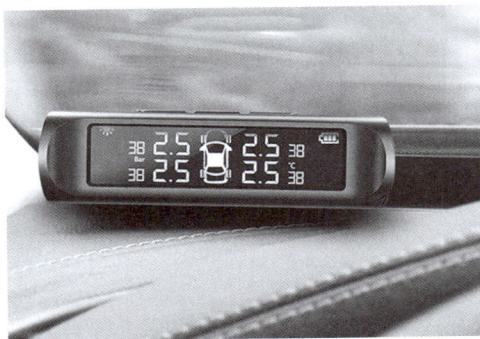

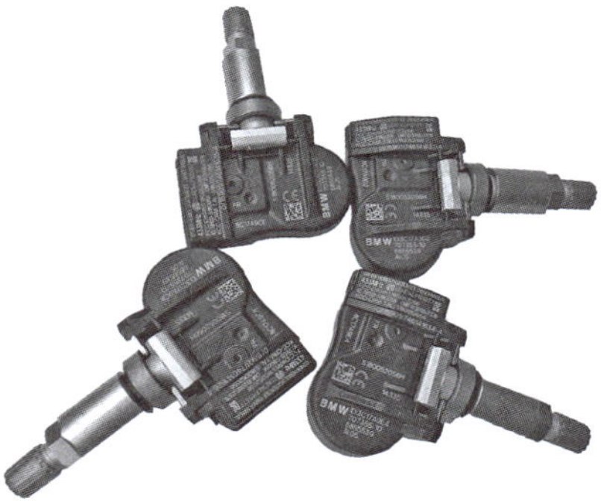

图 5-14-2　数字胎压改装组件

5.14.3　施工作业 🔲

（1）拆卸轮胎

拆卸车辆四个轮胎（图 5-14-3）。

（2）安装车轮电子装置

❶ 压下轮胎（图 5-14-4）。

❷ 将新螺栓及四角螺栓 1 插入车轮电子系统 2（图 5-14-5）。

❸ 将新的阀芯用单一扭力接头 3 转三转旋入外四角螺栓 1 上。

图 5-14-3　拆卸车辆四个轮胎

图 5-14-4　压下轮胎

> **注意：**
>
> 四角螺栓头 1 在车轮电子系统定位件中的正好合适位置。

④ 把带有车轮电子系统的气门芯插入清洁过的气门孔中（图 5-14-6）。

⑤ 必须将车轮电子系统下侧的两个外支座放置到轮辋壁上。

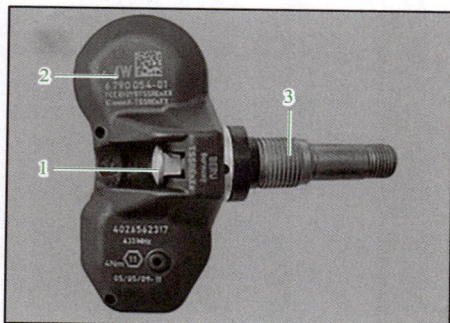

图 5-14-5　车轮电子装置

图 5-14-6　安装到气门孔

⑥ 将新的锁紧螺栓 1 用手拧紧到紧贴（图 5-14-7）。

⑦ 拧紧锁紧螺栓，直到把内置复原环压破。明显听到和感觉到破坏（扭矩短暂降低），紧接着拧紧锁紧螺母 1（图 5-14-7）。

> **注意：**
>
> a. 外四角螺栓必须恰好合适地放置到车轮电子系统的定位件中；
>
> b. 车轮电子系统也必须在拧紧后均匀地置于轮辋上。

⑧ 检查车轮电子装置是否安装到位（图 5-14-8）。

⑨ 安装轮胎到车上。

图 5-14-7　安装新的锁紧螺栓

图 5-14-8　检查车轮电子装置是否安装到位

（3）激活数字胎压

以宝马 1 系 F20 车型为例。

❶ 使用宝马工程师软件进行操作，连接车辆（图 5-14-9）。

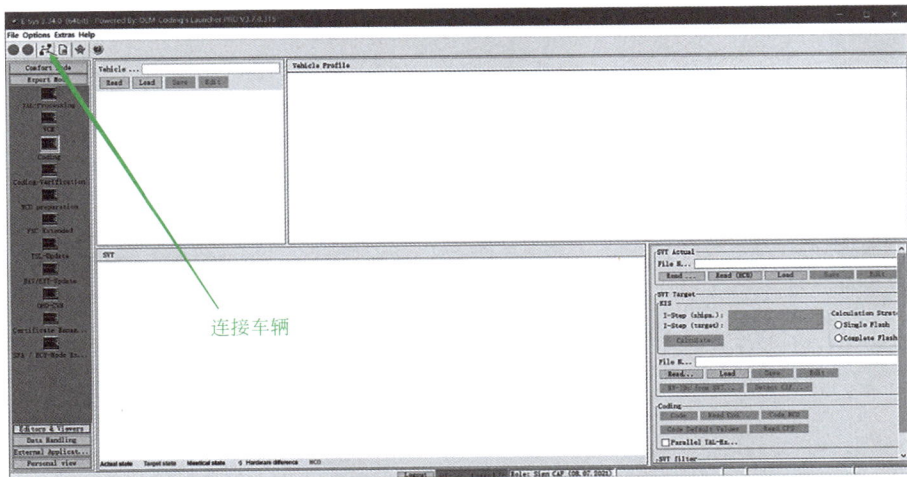

图 5-14-9　连接车辆

❷ 选择 F020 并点击"Connect"（图 5-14-10）。

注意：

使用 icom 或 NENT 线选择的区别。

❸ 读取 FA（图 5-14-11）。

❹ 读取完成后保存 FA（图 5-14-12）。

图 5-14-10　选择 F020 并点击 "Connect"

图 5-14-11　读取 FA

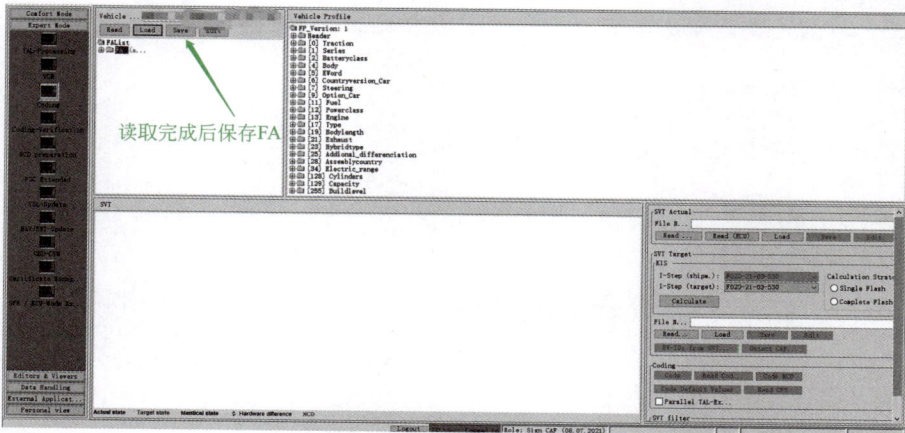

图 5-14-12　读取完成后保存 FA

❺ 点击 "Reda（ECU）" 读取 SVT（图 5-14-13）。

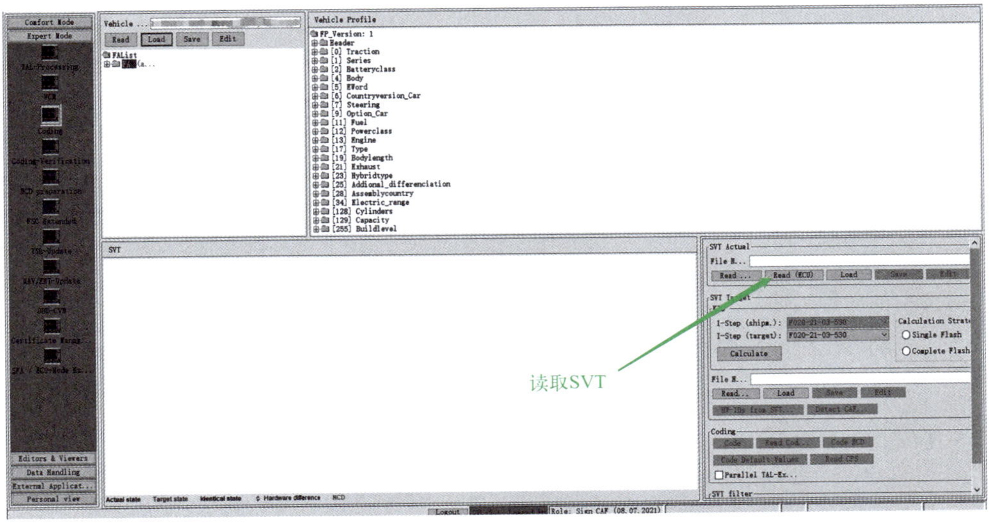

图 5-14-13　点击 "Reda（ECU）" 读取 SVT

❻ 点击 "Save" 保存 SVT（图 5-14-14）。

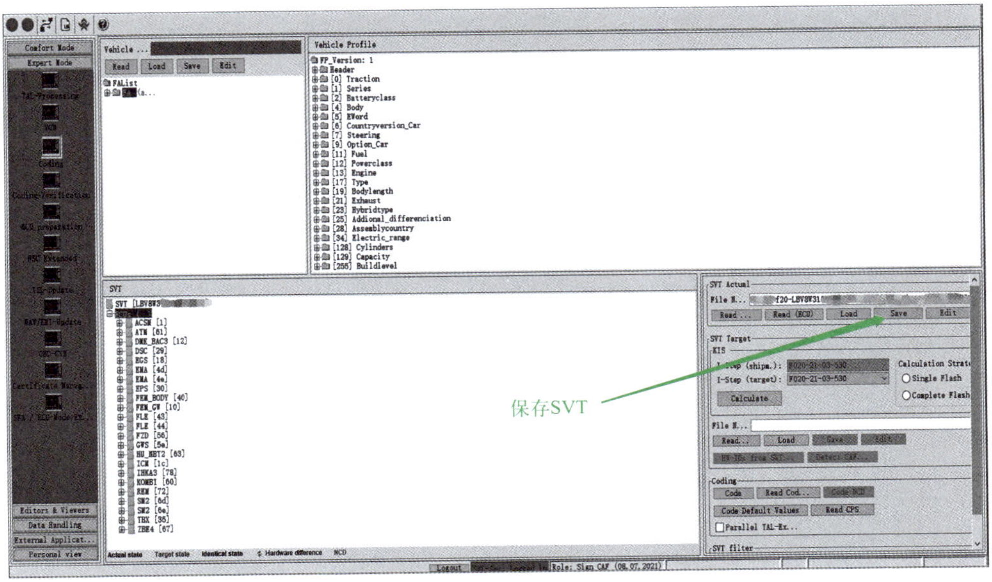

图 5-14-14　点击 "Save" 保存 SVT

❼ 点击 "Edit" 编辑 FA（图 5-14-15）。

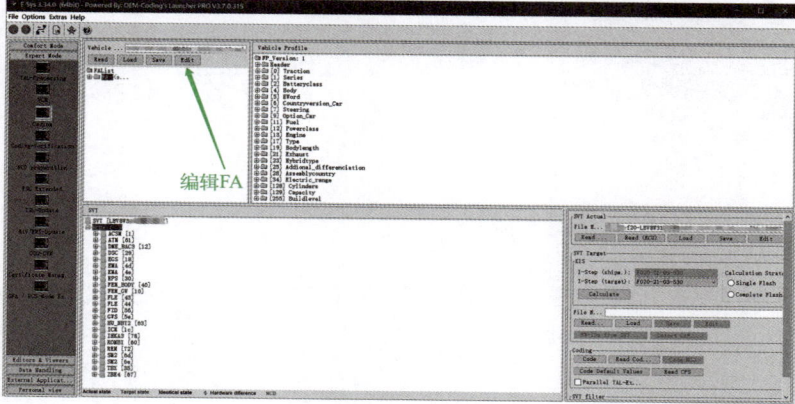

图 5-14-15　点击"Edit"编辑 FA

⑧ 在配置中加入 VO2VB（图 5-14-16）。

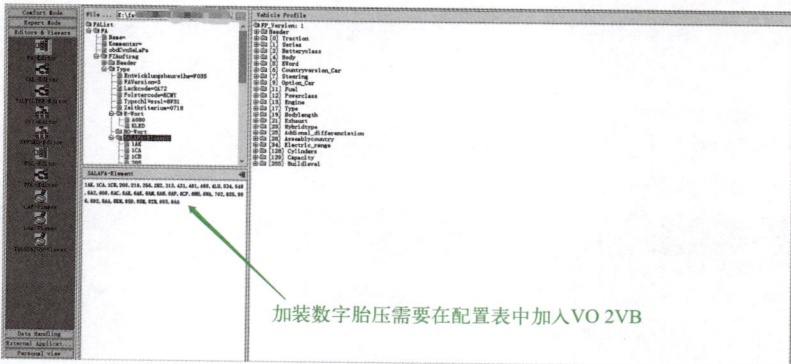

加装数字胎压需要在配置表中加入VO 2VB

图 5-14-16　在配置中加入 VO2VB

⑨ 加入"2VB"后点击保存（图 5-14-17）。

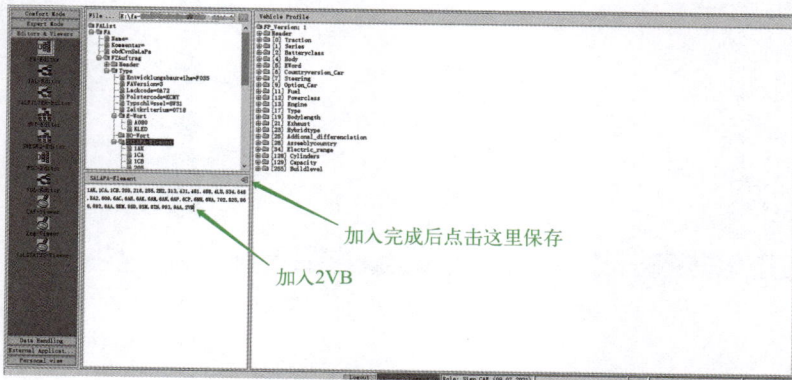

加入完成后点击这里保存

加入2VB

图 5-14-17　加入"2VB"后点击保存

⑩ 检查确定配置代码"2VB"是否存在并点击保存（图 5-14-18）。

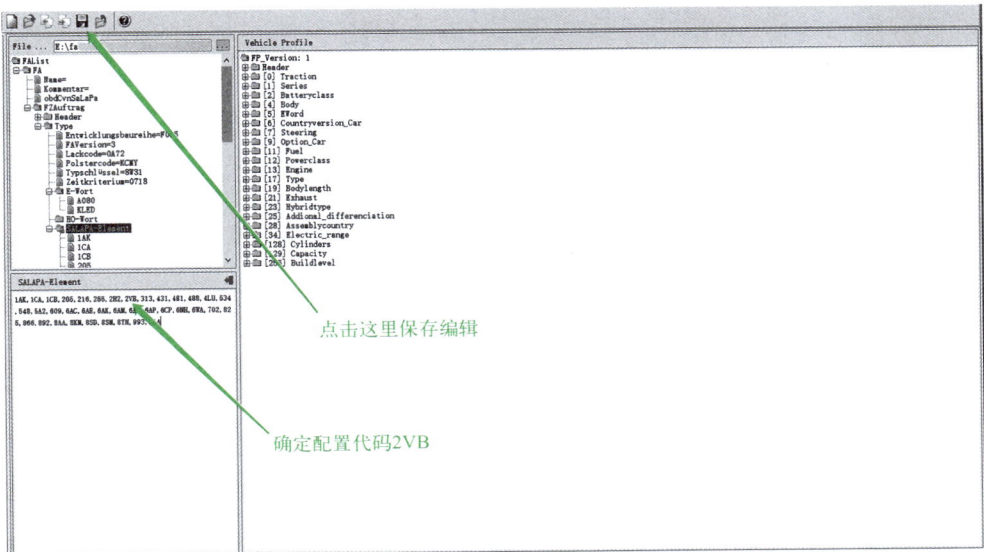

点击这里保存编辑

确定配置代码2VB

图 5-14-18　检查确定配置代码"2VB"是否存在并点击保存

⑪ 对 DSC、FEN_BODY、ICM 进行设码（图 5-14-19）。

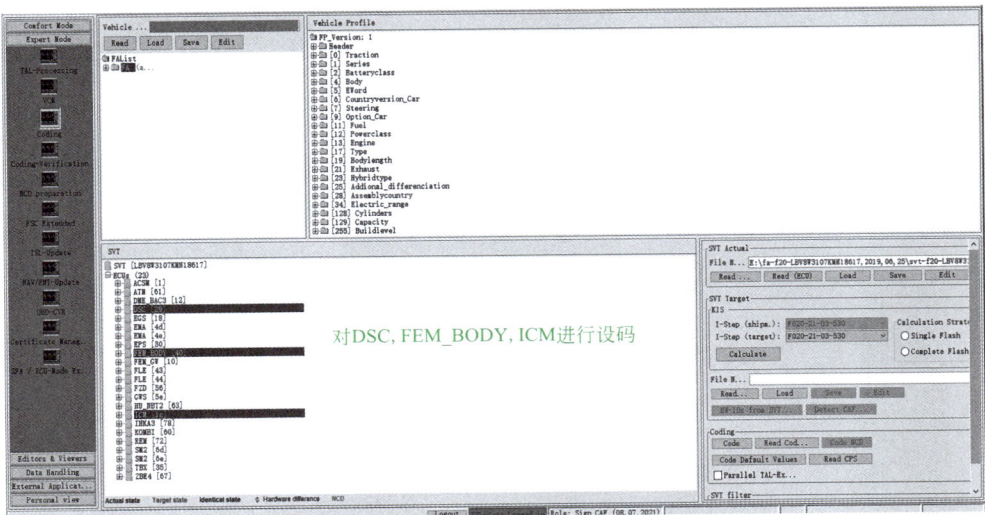

对DSC,FEM_BODY,ICM进行设码

图 5-14-19　对 DSC、FEN_BODY、ICM 进行设码

⑫ 设码后对主机进行刷隐藏（图 5-14-20）。

⑬ 读出主机的设码数据进行刷隐藏（图 5-14-21）。

⑭ 搜索第一条 RDC（图 5-14-22）。

149

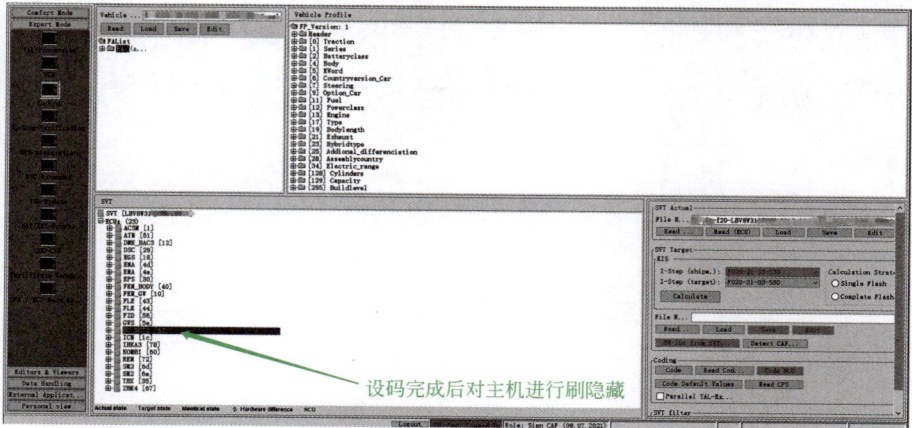

图 5-14-20　设码后对主机进行刷隐藏

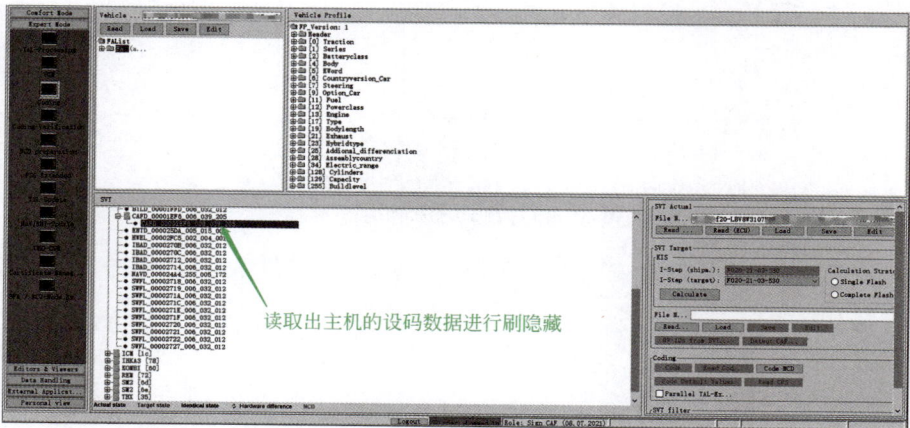

图 5-14-21　读出主机的设码数据进行刷隐藏

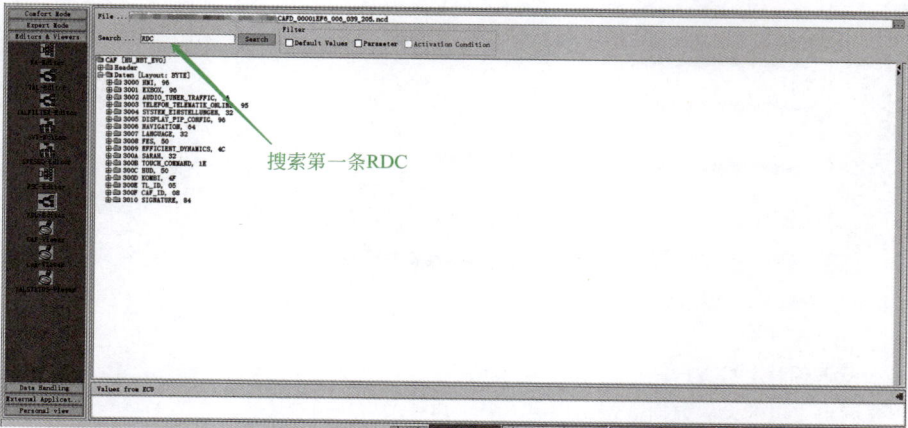

图 5-14-22　搜索第一条 RDC

⑮ 将 nicht_aktiv 改为 aktiv（图 5-14-23）。

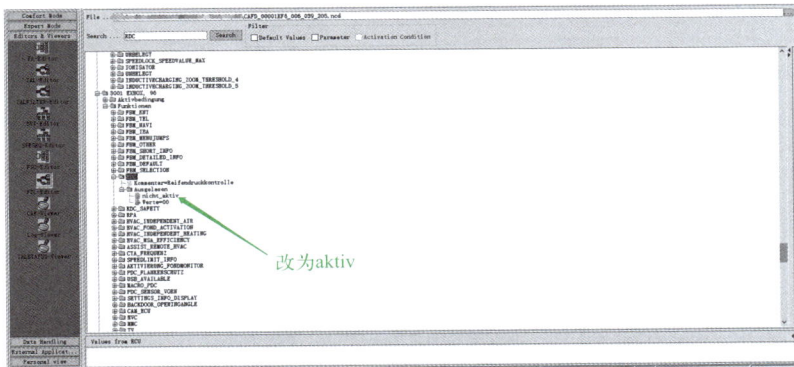

改为aktiv

图 5-14-23　将 nicht_aktiv 改为 aktiv

⑯ 继续将第二条 RDC_SAFETY 改为 aktiv（图 5-14-24）。

第二条RDC_SAFETY改为aktiv

改为aktiv

图 5-14-24　继续将第二条 RDC_SAFETY 改为 aktiv

⑰ 继续将第三条 RPA 改为 nicht_aktiv（图 5-14-25）。

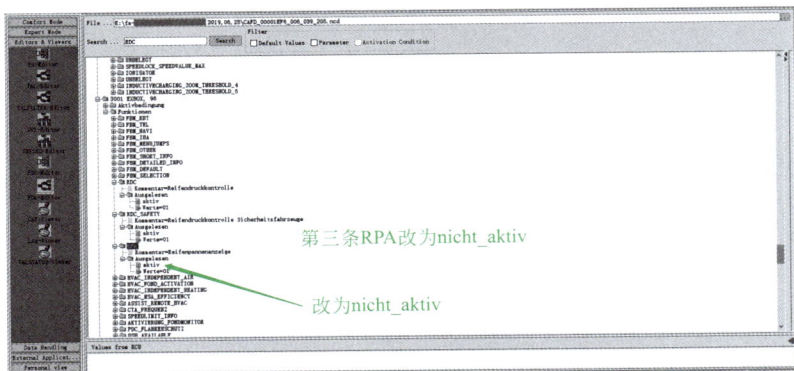

第三条RPA改为nicht_aktiv

改为nicht_aktiv

图 5-14-25　继续将第三条 RPA 改为 nicht_aktiv

⑱ 继续将第四条 RDC_FORTSCHRITTSANZEIGE 改为 aktiv（图 5-14-26）。

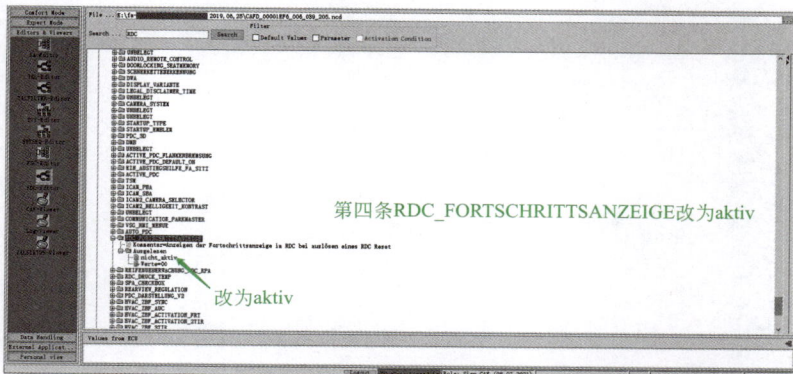

第四条RDC_FORTSCHRITTSANZEIGE改为aktiv

改为aktiv

图 5-14-26　继续将第四条 RDC_FORTSCHRITTSANZEIGE 改为 aktiv

⑲ 继续将第五条 REIFENUEBERWACHUNG_RDC_RPA 改为 RDC（图 5-14-27）。

第五条REIFENUEBERWACHUNG_RDC_RPA改为RDC

改为RDC

图 5-14-27　继续将第五条 REIFENUEBERWACHUNG_RDC_RPA 改为 RDC

⑳ 继续将第六条 RDC_DRUCK_TEMP 改为 druck_und_temperatur（图 5-14-28）。

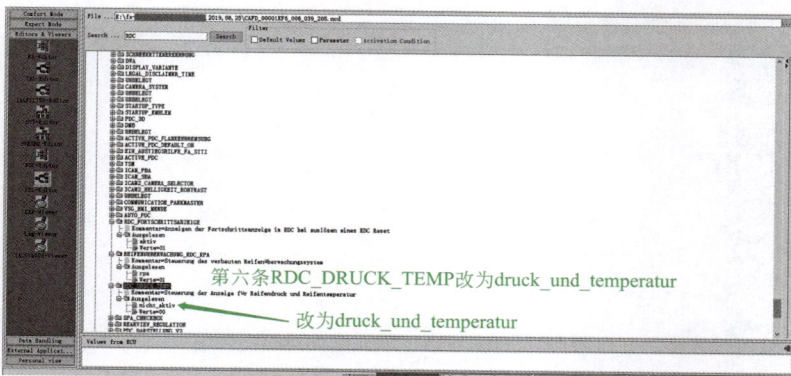

第六条RDC_DRUCK_TEMP改为druck_und_temperatur

改为druck_und_temperatur

图 5-14-28　继续将第六条 RDC_DRUCK_TEMP 改为 druck_und_temperatur

㉑ 修改完成后点击保存并返回设码界面（图 5-14-29）。

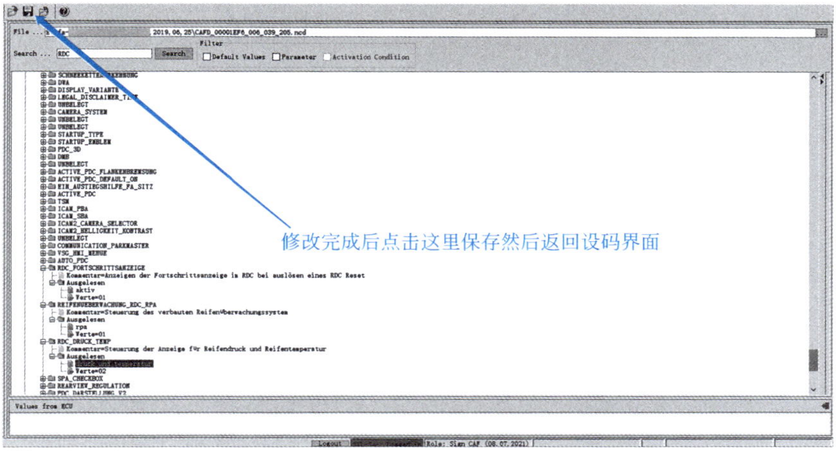

修改完成后点击这里保存然后返回设码界面

图 5-14-29　修改完成后点击保存并返回设码界面

㉒ 点击 CODENCD，写入完成后复位胎压，行驶一段路程直到出现胎压值（图 5-14-30）。

点击CODE NCD
写入

写入完成后复位胎压出去路上跑一会直到出现胎压值

图 5-14-30　点击 CODENCD，写入完成后复位胎压

重启中控显示器后，中控显示器上的胎压显示界面会切换成（RDC）的显示界面（图 5-14-31）。对胎压进行重置，重置后即可出现胎压显示。

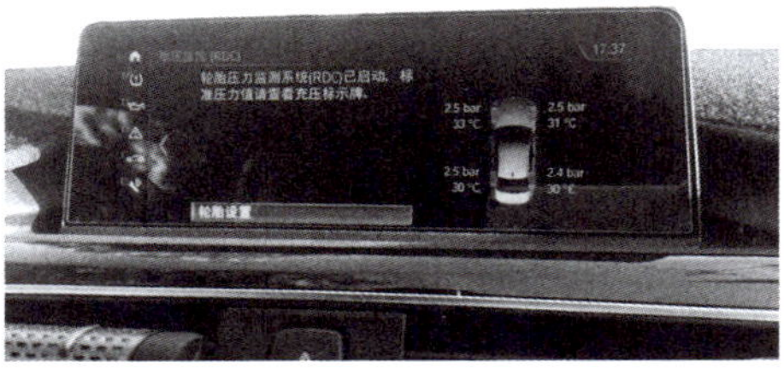

图 5-14-31　胎压显示

5.14.4 质检 📷

检查气门嘴安装是否牢固。对车辆进行路试，胎压监控应正常。

5.15 香氛及负离子系统

5.15.1 如何合理选择香氛及负离子改装套件 📷

品牌和型号：选择知名品牌的香氛和负离子装置，如宝马、奔驰、奥迪等，这些品牌通常有较高的质量和可靠性。例如，宝马的香氛系统可以通过 iDrive 控制器或空调面板上的按钮来控制，使用方便且效果显著。

安装方式：香氛和负离子装置的安装方式也很重要。一般来说，这些装置需要专业安装，确保线路连接正确，避免安全隐患。例如，对于奔驰的香氛负离子系统，需要拆解中控屏，安装负离子发生器和香氛催发器，并连接线束。

功能和使用效果：不同的香氛和负离子装置有不同的功能和使用效果。负离子装置可以改善车内空气质量，减少异味，而香氛系统则可以提供多种香味选择，营造舒适的驾驶环境。例如，宝马 5 系的香氛系统可以通过风扇以脉冲方式均匀释放香气，营造持久宜人的环境。

价格和维护成本：价格和维护成本也是选择时需要考虑的因素。一些原厂配件虽然价格较高，但质量和效果有保障，且维护成本相对较低。例如，新车通常会赠送几个香氛芯套装，使用完后只需更换香氛芯即可，无须购买整套配件。

5.15.2 施工前准备 📷

❶ 常用工具一套。

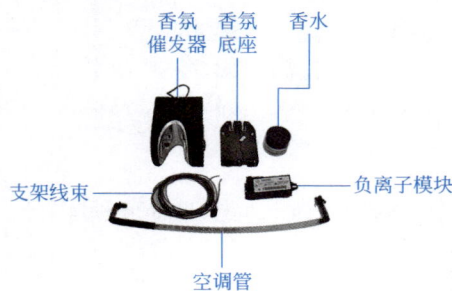

图 5-15-1 香氛及负离子改装套件

❹ 拆下仪表板 1 下方左侧的护盖。

❺ 拆下仪表板 1 下方的左右通风气道。

❻ 拆下 A 柱上的饰件。

❼ 拆下显示模块。

❽ 拆下转向柱管模块。

❷ 内饰拆卸工具。

❸ 香氛及负离子改装套件（图 5-15-1）。

5.15.3 施工作业 📷

（1）拆卸仪表

❶ 如图 5-15-2 所示，从仪表板 1 上拆下左右两侧护盖。

❷ 将饰件从仪表板 1 上拆下。

❸ 拆下手套箱。

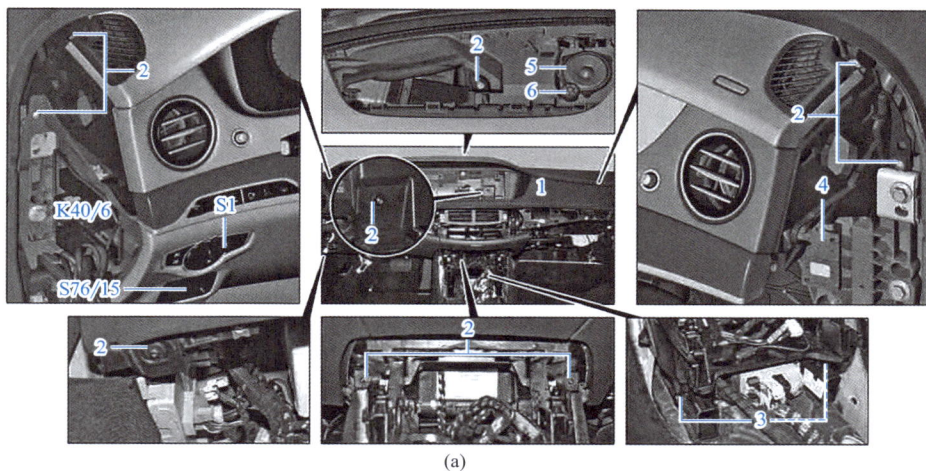

(a)

1—仪表板；2—螺栓；3—导向销；4—天线；5, 6—扬声器；K40/6—驾驶员侧燃丝和
继电器模块；S1—外车灯开关；S76/15—电动驻车制动器开关

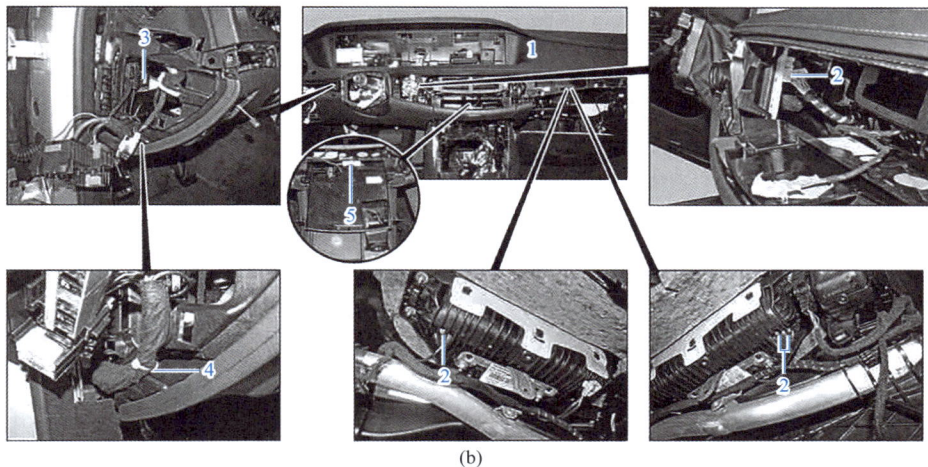

(b)

1—仪表板；2, 5—电气连接器；3—天线；4—电缆扎带

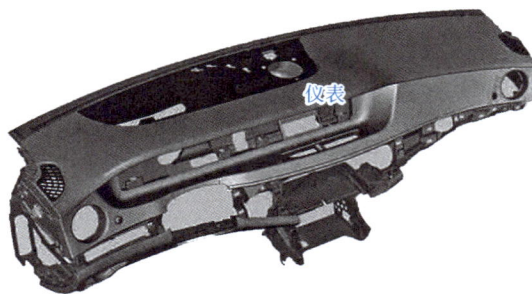

(c)

图 5-15-2　拆卸仪表

155

⑨ 拆下侧出风口。

⑩ 从左右电位计上断开电气连接器。

⑪ 拆下扬声器 5。

⑫ 拆下扬声器 6。

⑬ 拆下螺钉 / 螺栓 2。

⑭ 分开电缆扎带 7。

⑮ 拆下驾驶员侧熔丝和继电器模块 K40/6。

⑯ 拆下外车灯开关 S1。

⑰ 拆下电动驻车制动开关 S76/15。

⑱ 将天线 5 从仪表板 1 上松开。

⑲ 断开电气连接器 5。

⑳ 断开电气连接器 2。

㉑ 将螺栓（每侧 3 个）从左侧和右侧平视显示屏上松开。

㉒ 提起平视显示屏并将电气连接器从平视显示屏上断开。

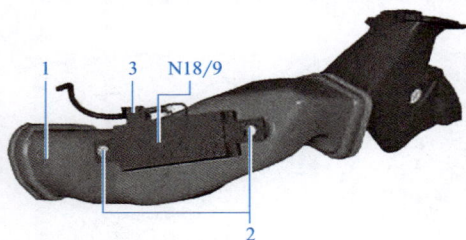

图 5-15-3　拆下离子发生器

1—左侧通风气道；2—螺栓；3—电气连接器；
N18/9—驾驶员侧通风口电离装置

㉓ 小心地从车辆上拆下仪表板 1。

㉔ 将平视显示屏从仪表板 1 上拆下。

（2）安装电离器

❶ 如图 5-15-3 和图 5-15-4 所示，断开电气连接器 3。

❷ 从驾驶员侧出风口上拆下左侧通风气道 1。

❸ 拆下螺栓 2。

❹ 拆下离子发生器 (N18/9)。

图 5-15-4　安装位置

N18/9—驾驶员侧通风口电离装置

（3）安装香氛

安装位置如图 5-15-5 所示。

❶ 安装香氛底座。

❷ 安装香氛催化器。

❸ 安装并连接空调管。

❹ 安装并连接线束。

❺ 安装香水。

功能要求：

❶ 电路已接通；

❷ 智能气候控制系统已开启；

❸ 香水瓶已插入；

❹ 手套箱关闭；

❺ 香氛喷雾装置已启用。

功能：

❶ 香水系统中的风扇产生自己的气流，它流过香料表面并变得富含香味分子，然后空气流过车辆内部的开口并在那里扩散；

❷ 香水系统是定时的，约 5min 后，它会关闭再打开。

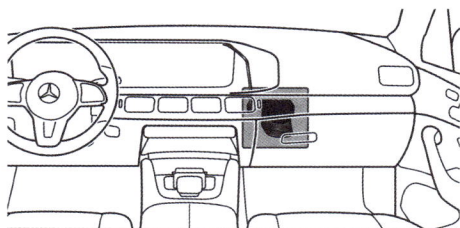

图 5-15-5　安装位置

1—香水瓶；2—香氛喷雾装置发生器

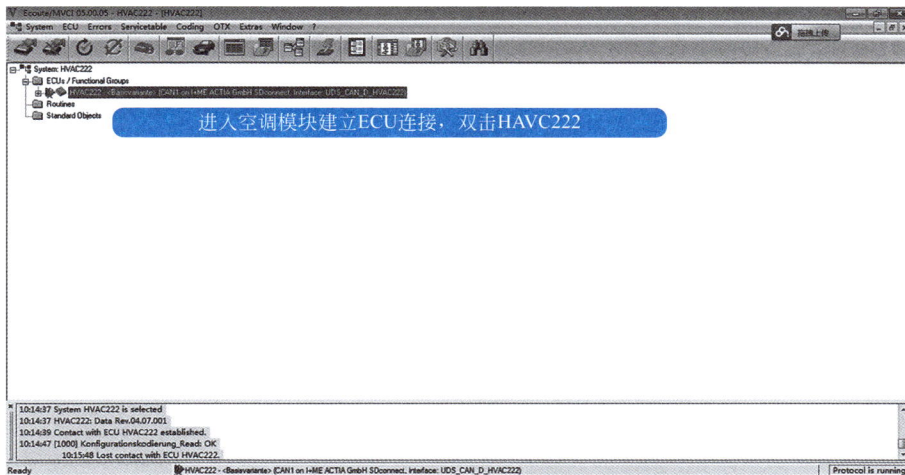

❸ 当手套箱打开时，香水系统关闭，细颈瓶照明开启，细颈瓶从操作位置变为移除位置。

（4）复原车辆

按照拆卸的相反顺序进行安装。

（5）激活香氛及负离子功能

以 2014 年款奔驰 S 级（W222）车型为例。

❶ 使用奔驰工程师激活功能。

❷ 进入奔驰工程师系统。

❸ 进入空调模块建立 ECU 连接并双击 HAVC222（图 5-15-6）。

图 5-15-6　进入空调模块建立 ECU 连接并双击 HAVC222

❹ 进入模块后，单击 Generic_jobs，然后双击 DJ_securityAccess 选项。

❺ 看左下角工作栏，出现 EALLPOSITIVE，就可以去 Varcoding 进行改参数（图 5-15-7）。

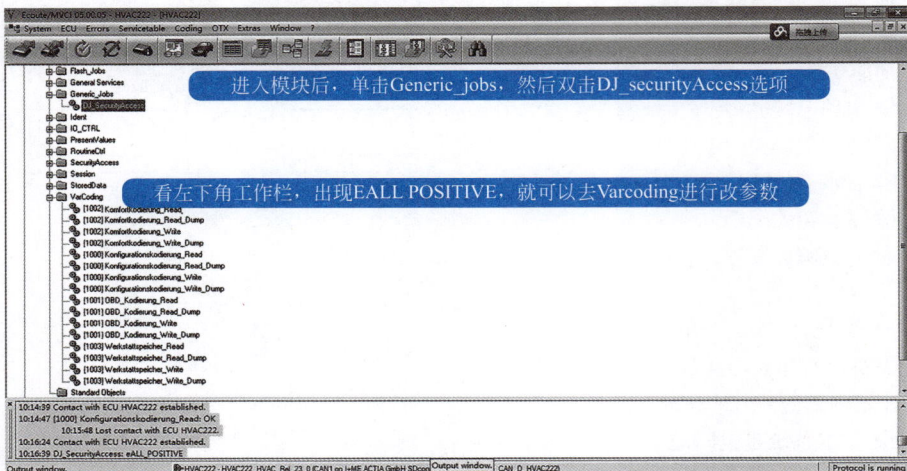

图 5-15-7　找到 Varcoding 进行改参数

❻ 点击（1000）Konfigurationskodierung_Write 选择。

❼ 进入根层参数修改窗口（图 5-15-8）。

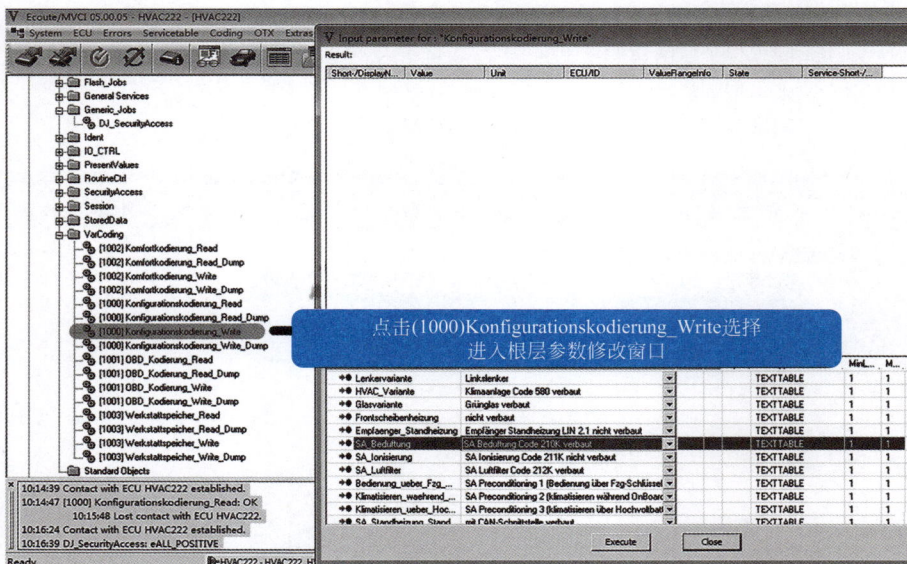

图 5-15-8　进入根层参数修改窗口

❽ 打开电负离子和香氛（图 5-15-9）。

❾ 返回模块菜单，选 EcuResetHardReset 进行 ECU 重置，修改完成（图 5-15-10）。

❿ 在空调模块改完参数后还需在主机中修改参数（图 5-15-11）。

158

图 5-15-9　打开电负离子和香氛

图 5-15-10　进行 ECU 重置

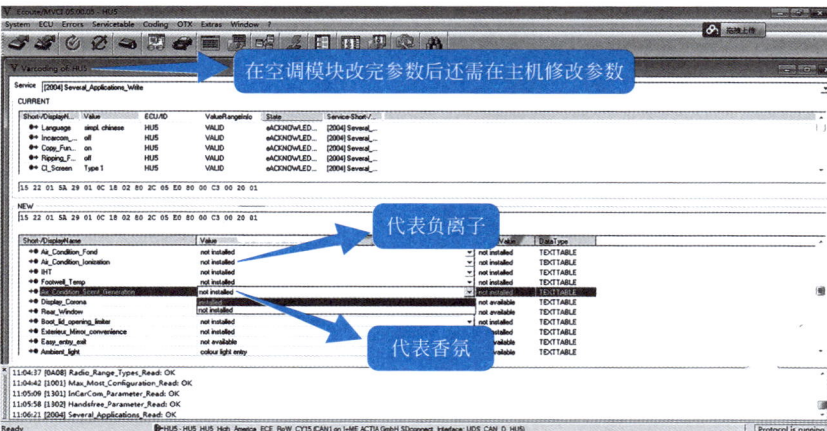

图 5-15-11　在空调模块改完参数后还需在主机中修改参数

5.15.4 质检

在显示器上可以调节香氛味道的浓度（图 5-15-12）。

图 5-15-12 质检

5.16 电动折叠后视镜

5.16.1 如何合理选择折叠后视镜改装套件

品牌和兼容性：选择知名品牌的折叠后视镜改装套件，确保其与车型兼容。

功能需求：根据车主的具体需求选择功能。

安装难度：考虑安装的难易程度。

价格：根据预算选择合适的套件。不同品牌和型号的价格差异较大，可以从性价比高的产品中选择。

用户评价：查看其他用户的评价和使用体验，了解产品的实际效果和售后服务情况。

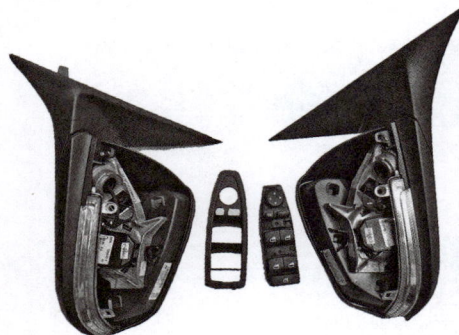

图 5-16-1 折叠后视镜改装套件

5.16.2 施工前准备

❶ 常用工具一套。

❷ 内饰拆卸工具

❸ 折叠后视镜改装套件（图 5-16-1）。

5.16.3 施工作业

以宝马 1 系（F20）车型改装电动折叠后视镜为例。

（1）拆卸左/右后视镜

❶ 拆下前部车门盖板（图 5-16-2）。

❷ 脱开夹子 2 上车门窗框 1 的盖板，部分脱出。

❸ 取出盖板 3。

安装说明：注意盖板 3 和车门窗框盖板 1 的正确位置。

注意：

固定住后视镜以防脱落。

❹ 如图 5-16-3 所示，松脱插头连接 1。

❺ 脱开螺栓 2，取下后视镜。

安装说明：由于自开槽螺栓的原因，在后视镜新状态中拧紧力矩提高 2N·m。

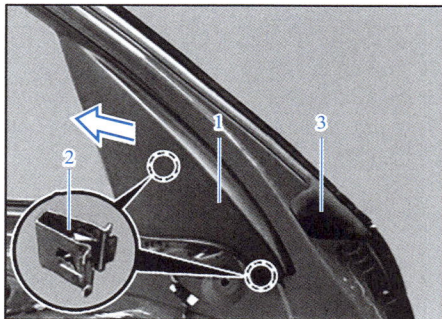

图 5-16-2　拆卸盖板

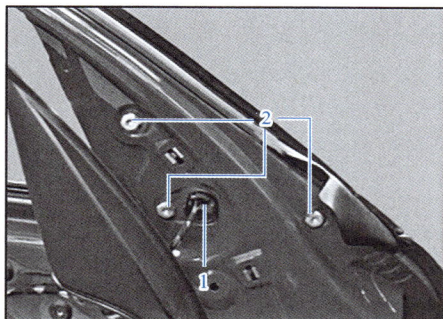

图 5-16-3　取下后视镜

（2）拆卸后视镜镜面玻璃

注意：

手工拆卸镜面玻璃时必须小心缓慢进行。

❶ 将镜面玻璃 1 上部手工压至极限位置（图 5-16-4）。

❷ 从底面开始用专用工具沿四周松脱镜面玻璃 1。

❸ 小心地解除联锁并脱开所有所属的插头连接 2（图 5-16-5）。

❹ 取下镜面玻璃 1。

（3）拆卸驾驶员侧车窗升降机开关总成

❶ 拆下驾驶员侧车窗升降机开关总成（图 5-16-6）。

❷ 松开两侧卡子 1。

❸ 将开关 2 从挡板 3 中拆下。

图 5-16-4 拆卸后视镜镜面玻璃

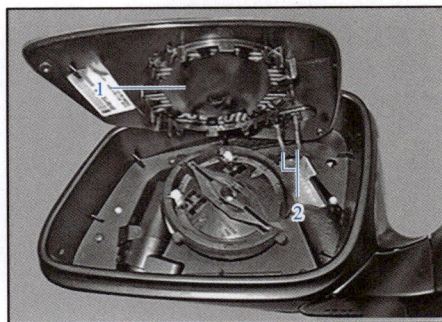

图 5-16-5 取下镜面玻璃

注意：

卡子 1 不允许损坏或缺少。

（4）安装

❶ 安装驾驶员侧车窗升降机开关总成（图 5-16-7）。

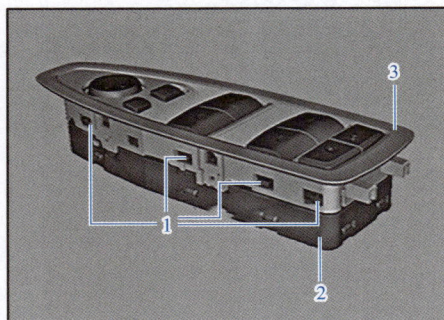

图 5-16-6 拆卸驾驶员侧车窗升降机开关总成

图 5-16-7 安装驾驶员侧车窗升降机开关总成

❷ 安装后视镜镜面玻璃。

安装说明：

a. 不允许损坏锁止凸耳 1（图 5-16-8）。

b. 将镜面玻璃 2 用锁止凸耳 1 平齐地安装到后视镜调节装置的电动马达上并卡住。

注意：

后视镜调节装置的驱动机构的功能是否正确。

❸ 安装左 / 右后视镜。

安装说明：不允许缺失或损坏隔音装置 1（图 5-16-9）。

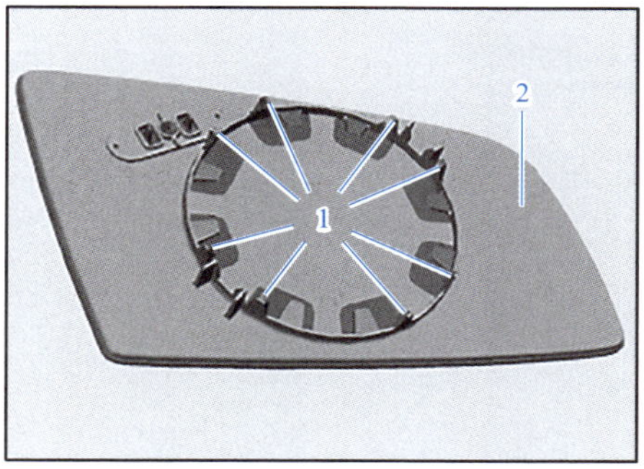

图 5-16-8　安装后视镜镜面玻璃

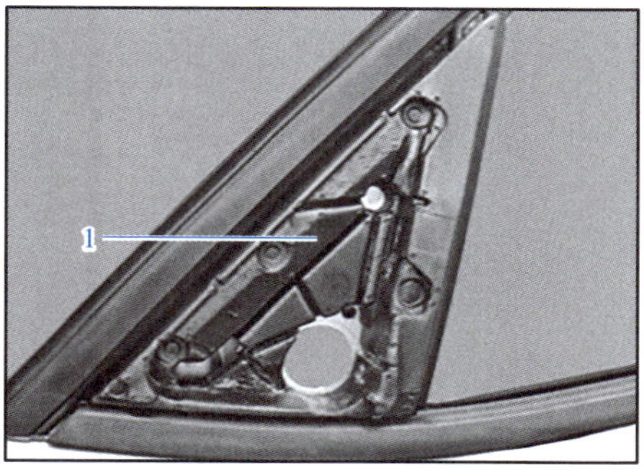

图 5-16-9　不允许缺失或损坏隔音装置

（5）激活电动折叠后视镜功能

❶ 使用电脑诊断仪连接车辆，再打开 E-Sys 软件连接车辆（图 5-16-10）。

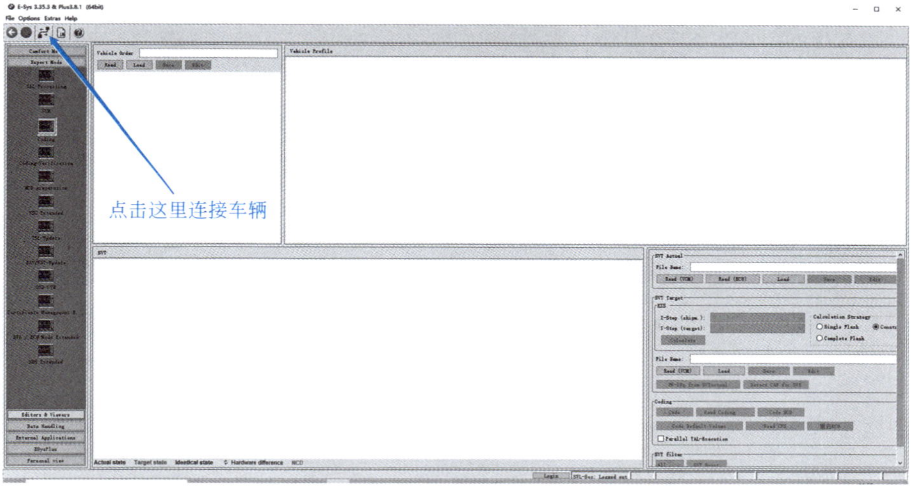

图 5-16-10　连接车辆

❷ 选择车型并连接（图 5-16-11）。

❸ 读取 FA（图 5-16-12）。

❹ 保存 FA（图 5-16-13）。

❺ 读取 ECU（图 5-16-14）。

❻ 读取设码数据（图 5-16-15）。

❼ 点击 "EditNCD"（图 5-16-16）。

❽ 搜索需要开通的代码（图 5-16-17）。

❾ 搜索第一条代码（图 5-16-18）。

❿ 搜索第二条代码（图 5-16-19）。

F系列3系
选择F020

通过ENET连
接选择这里

点击这里连接

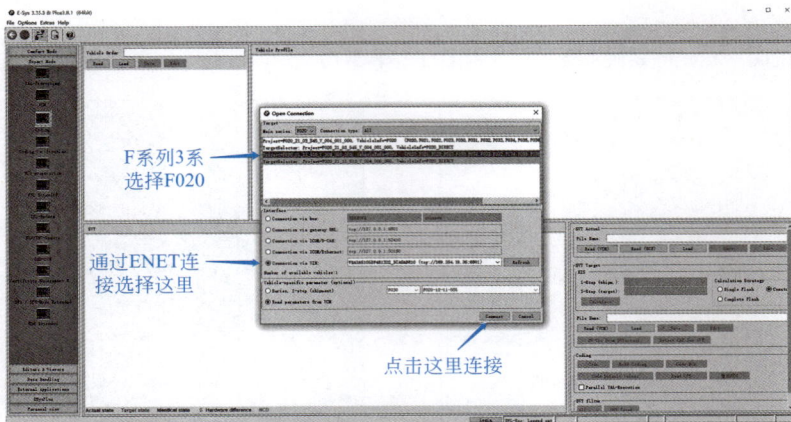

图 5-16-11　选择车型并连接

连接好的状态

点击这里读取FA

图 5-16-12　读取 FA

读取完成后建议保存FA

图 5-16-13　保存 FA

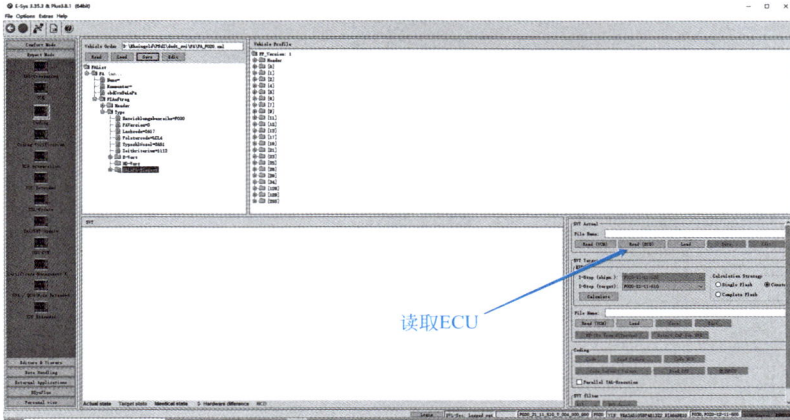

图 5-16-14　读取 ECU

图 5-16-15　读取设码数据

图 5-16-16　点击"EditNCD"

165

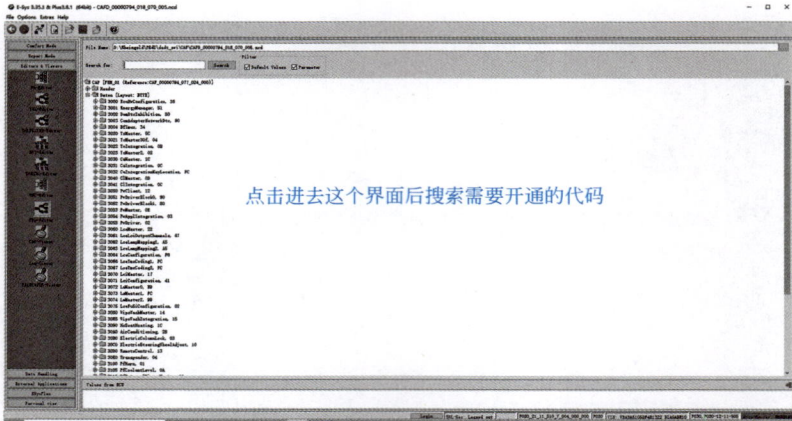

图 5-16-17　搜索需要开通的代码

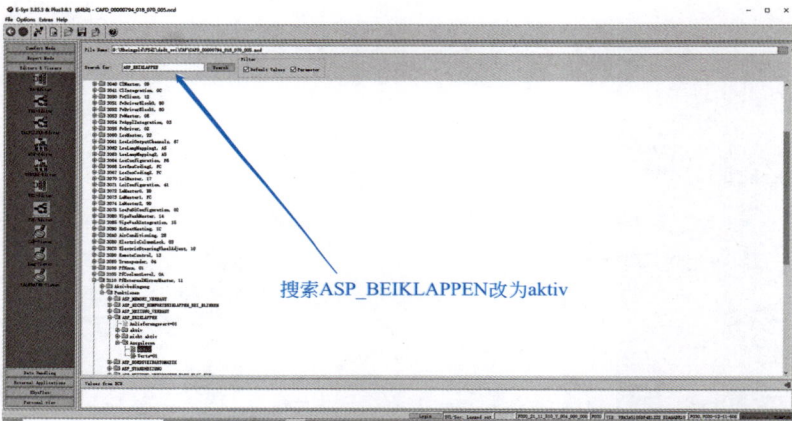

图 5-16-18　搜索第一条代码

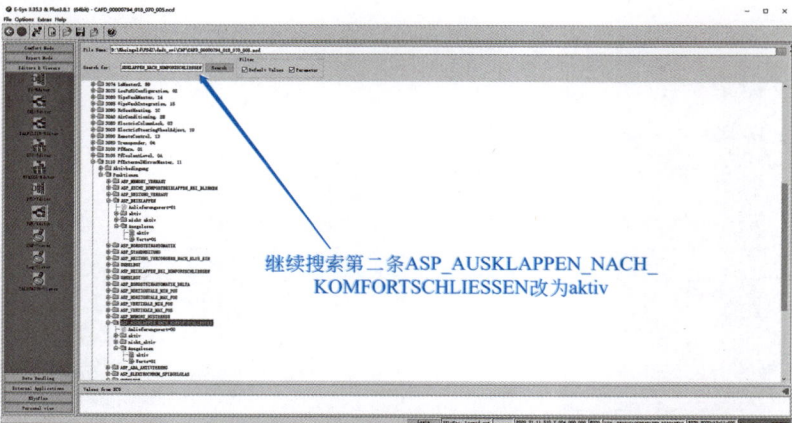

图 5-16-19　搜索第二条代码

⑪ 搜索第三条代码（图 5-16-20）。

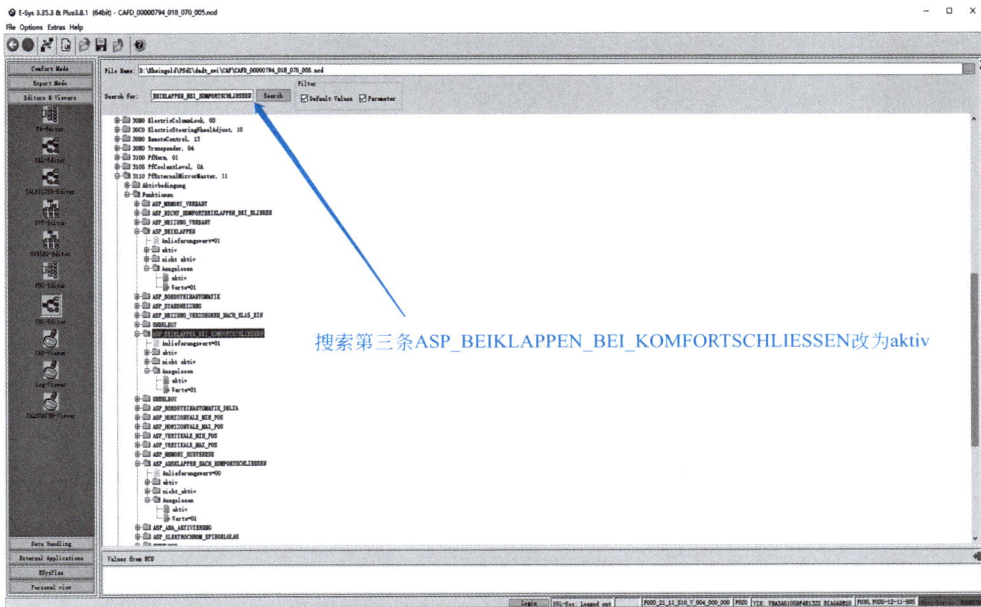

图 5-16-20　搜索第三条代码

⑫ 搜索第四条代码（图 5-16-21）。

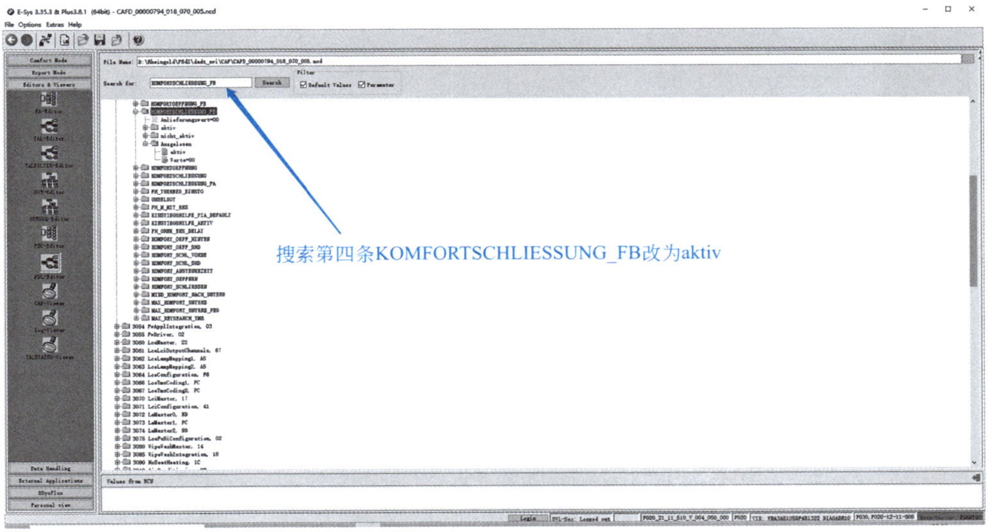

图 5-16-21　搜索第四条代码

⑬ 搜索第五条代码（图 5-16-22）。

167

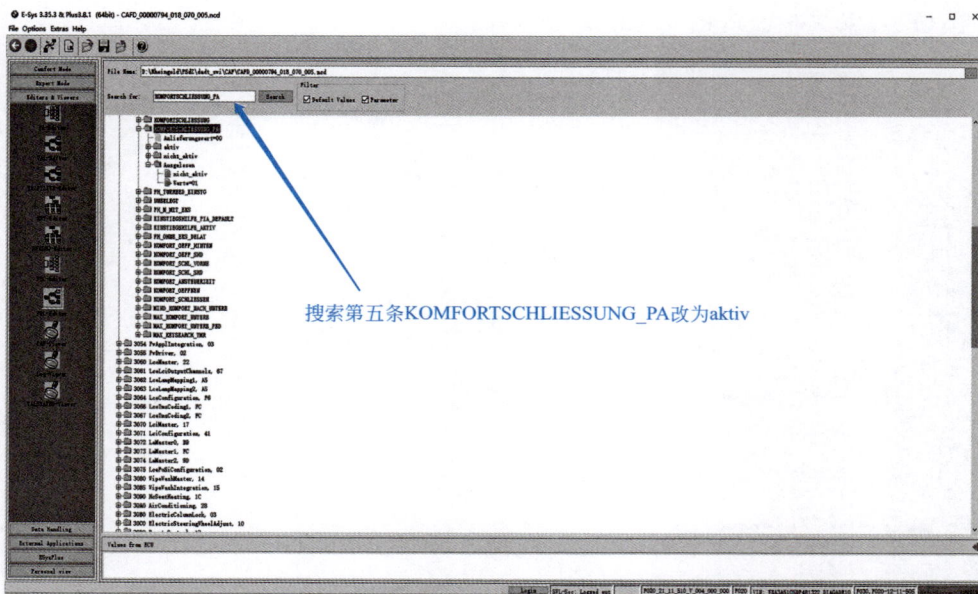

图 5-16-22　搜索第五条代码

⑭ 五条代码修改后保存（图 5-16-23）。

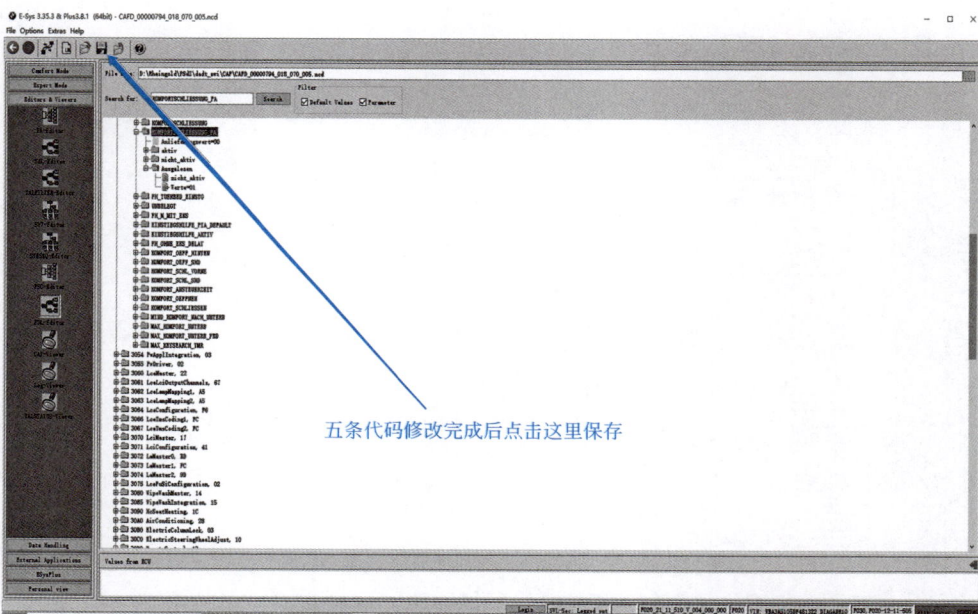

图 5-16-23　五条代码修改后保存

⑮ 退出回到设码界面（图 5-16-24）。

168

图 5-16-24　退出回到设码界面

⑯ 点击 CodeNCD 写入（图 5-16-25）。

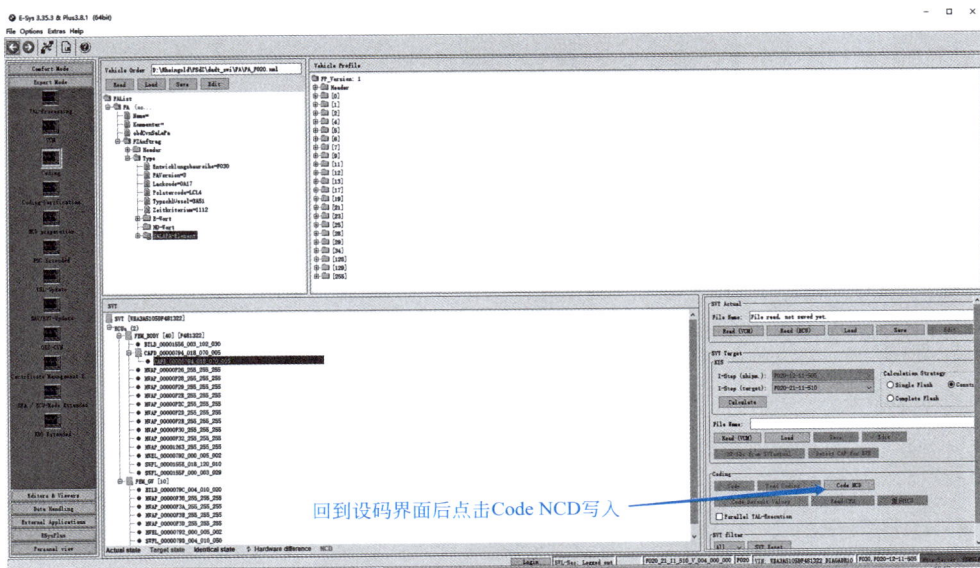

图 5-16-25　点击 CodeNCD 写入

⑰ 开始写入（图 5-16-26）。

图 5-16-26　开始写入

⑱ 成功写入并删除车辆的故障码（图 5-16-27）。

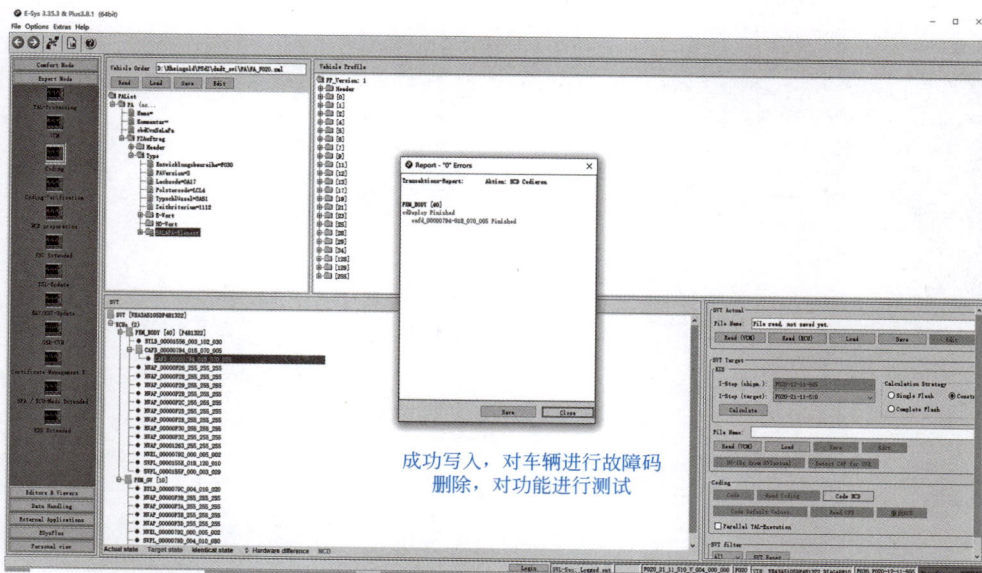

图 5-16-27　成功写入并删除车辆的故障码

5.16.4　质检

按下驾驶员侧电动后视镜折叠开关，车外后视镜应能折叠。

按下车辆遥控器锁止车辆，车外后视镜应能折叠。

5.17　绅士座椅开关

5.17.1　如何合理选择绅士座椅开关改装套件 📷

品牌和兼容性：选择知名品牌的改装套件，确保其与车型兼容。

功能需求：根据车主的具体需求选择功能。

安装难度：考虑安装的难易程度。

价格：根据预算选择合适的套件。不同品牌和型号的价格差异较大，可以从性价比高的产品中选择。

用户评价：查看其他用户的评价和使用体验，了解产品的实际效果和售后服务情况。

5.17.2　施工前准备 📷

❶ 常用工具一套。

❷ 内饰拆卸工具。

❸ 绅士座椅控制开关（图 5-17-1）。

图 5-17-1　绅士座椅控制开关

5.17.3　施工作业 📷

宝马 5 系 G30 车型为例。

（1）拆卸车门饰板

❶ 拆卸镜角盖板。

将镜角盖板 1 用合适的塑料楔向内从卡子 2 中松脱，并向后抽出（图 5-17-2）。

如有必要，脱开插头连接并拆下镜角盖板 1。

❷ 拆卸车门把手上的盖板。

将盖板 1 用合适的塑料楔从凹口 2 开始向内从夹子 3 中撬出并取下（图 5-17-3）。

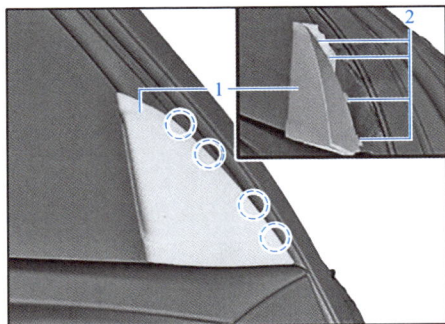

图 5-17-2　拆卸镜角盖板

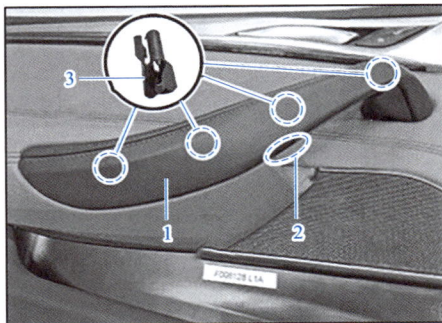

图 5-17-3　拆卸车门把手上的盖板

❸ 拆下前部车门饰件。

171

a. 松开螺栓 1（图 5-17-4）。

b. 将车门饰件 1 用合适的塑料楔从夹子中松开（图 5-17-5）。

c. 将车门饰件 1 向上从车窗导轨槽密封中拆出。

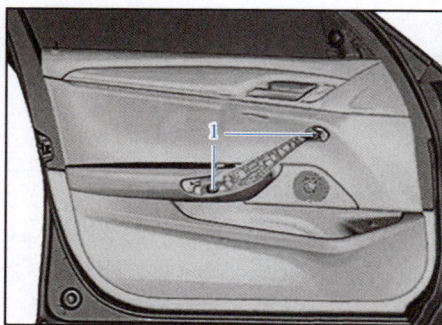

图 5-17-4　拆下前部车门饰件

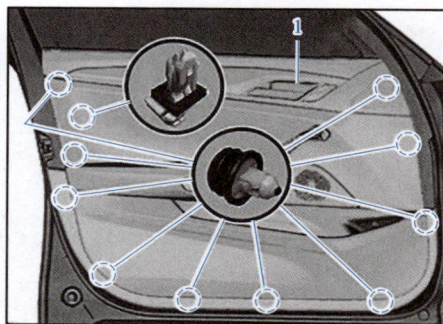

图 5-17-5　拆下车门饰件

d. 将去联锁拉杆的拉线 1 从夹具 2 上取下（图 5-17-6）。

e. 将去联锁拉杆的拉线 1 从车门锁 3 上取下。

f. 脱开所有插头连接和电缆束导线支架 4 并拆卸车门饰件。

（2）安装绅士座椅开关

❶ 当更换绅士座椅开关时换装盖板。

❷ 将盖板 1 夹到绅士座椅开关 2 上（图 5-17-7）。

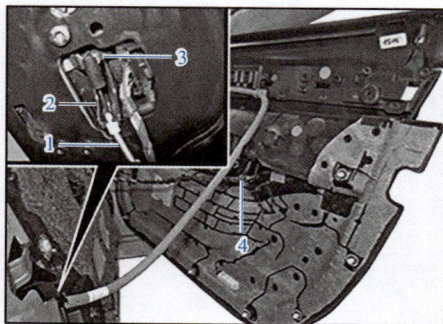

图 5-17-6　取下去联锁拉杆的拉线

图 5-17-7　安装盖板

❸ 检查两侧绅士座椅开关 1 的卡子是否在正确位置（图 5-17-8）。

❹ 将绅士座椅开关连同盖板 1 一起装入车门饰件 2（图 5-17-9）。

❺ 如图 5-17-10 所示，检查操作设备 2 的夹子（箭头）位置是否正确。

❻ 检查卡子 1 的位置是否正确。

（3）安装车门饰板

❶ 安装前部车门饰件。

a. 将拉线 1 嵌入区域 2 内的车门饰件中（图 5-17-11）。

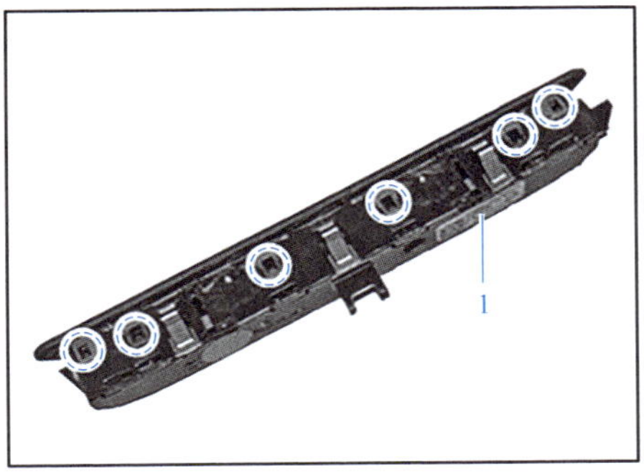

图 5-17-8　检查两侧绅士座椅开关的卡子

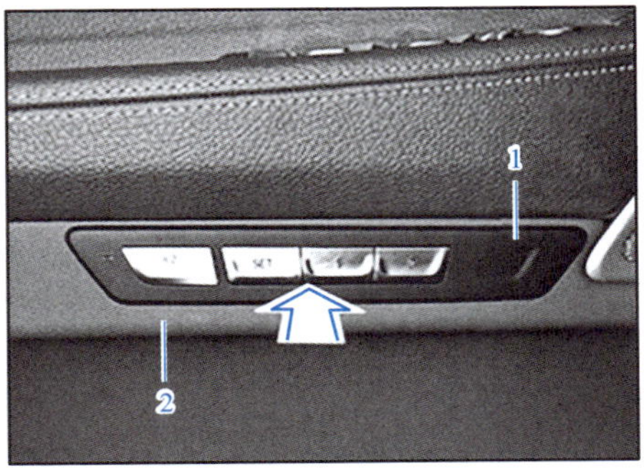

图 5-17-9　将绅士座椅开关装入车门饰件

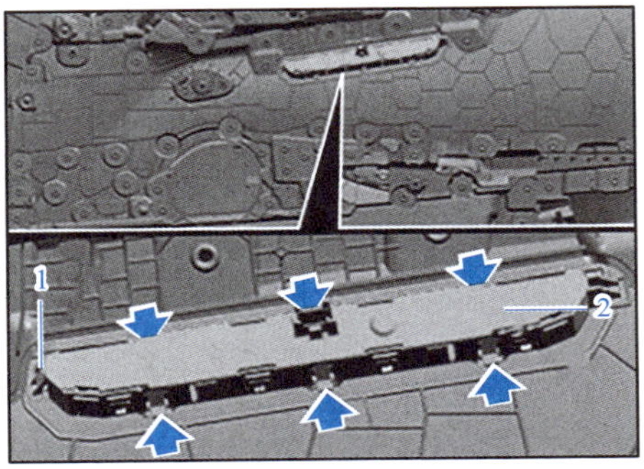

图 5-17-10　检查卡子的位置是否正确

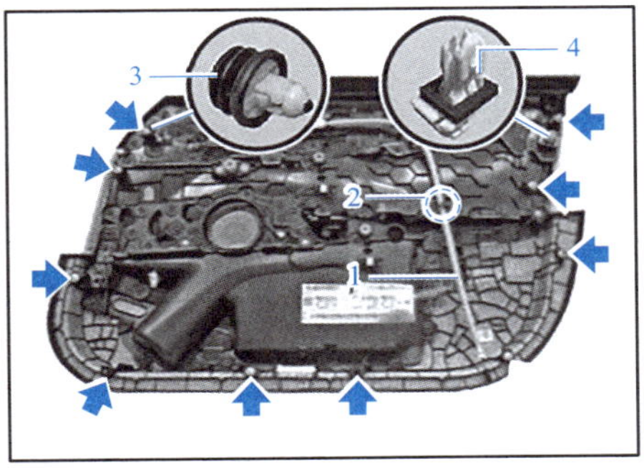

图 5-17-11　安装拉线

b. 检查卡子（箭头）是否损坏，必要时更新。

c. 夹子 3 禁止嵌入，图示为脱开状态。

d. 检查夹子 4 是否损坏，必要时更新。

e. 将去联锁拉杆的拉线 1 嵌入在车门锁 3 上（图 5-17-12）。

f. 将去联锁拉杆的拉线 1 嵌入在夹具 2 上。

g. 将所有插头和电缆束的导线支架 4 与车门饰件连接。

h. 将上部车门饰件嵌入车窗导轨槽密封中。

i. 将车门饰件嵌入夹子中。

j. 拧紧车门内拉手螺栓。

❷ 安装镜角盖板。

连接插头与镜角盖板，穿入镜角盖板并嵌入卡子中。

❸ 将盖板安装在车门把手上。

a. 更新夹子 2（图 5-17-13）。

b. 对齐车门把手上的盖板 1 并嵌入夹子 2。

（4）激活绅士座椅开关功能

❶ 使用电脑诊断仪打开 E-Sys 软件连接车辆（图 5-17-14）。

❷ 读取 FA（图 5-17-15）。

173

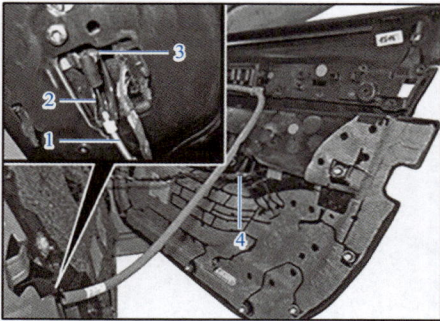

图 5-17-12　安装去联锁拉杆的拉线

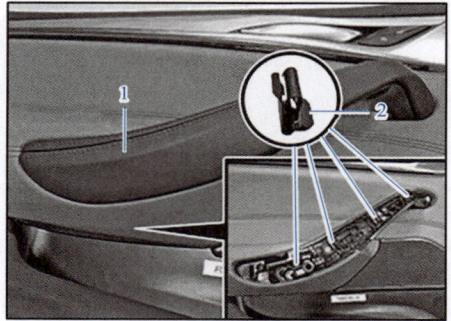

图 5-17-13　将盖板安装在车门把手上

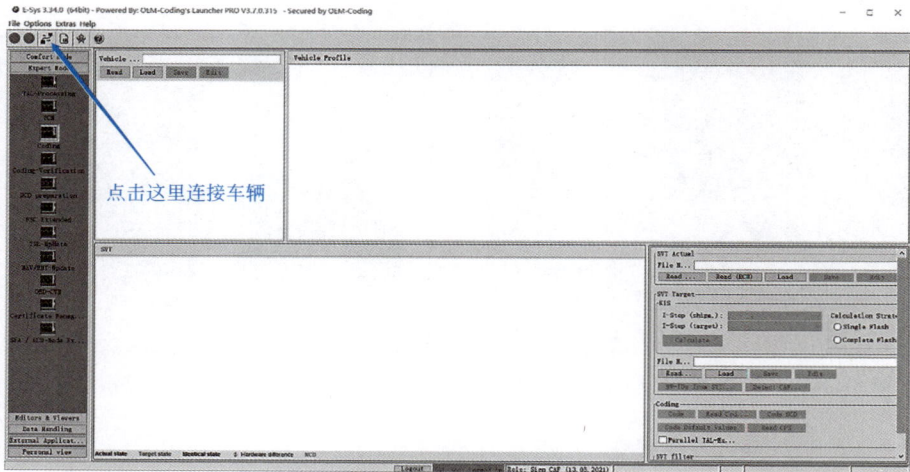

点击这里连接车辆

图 5-17-14　连接车辆

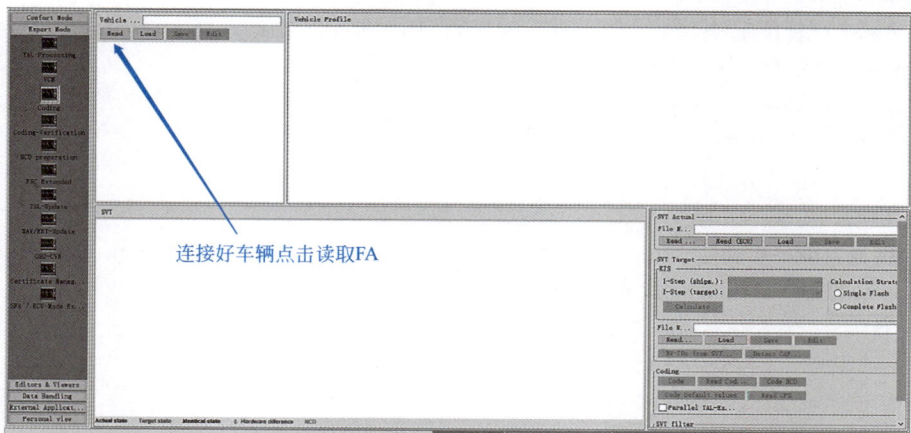

连接好车辆点击读取FA

图 5-17-15　读取 FA

❸ 读取 FA 后保存（图 5-17-16）。

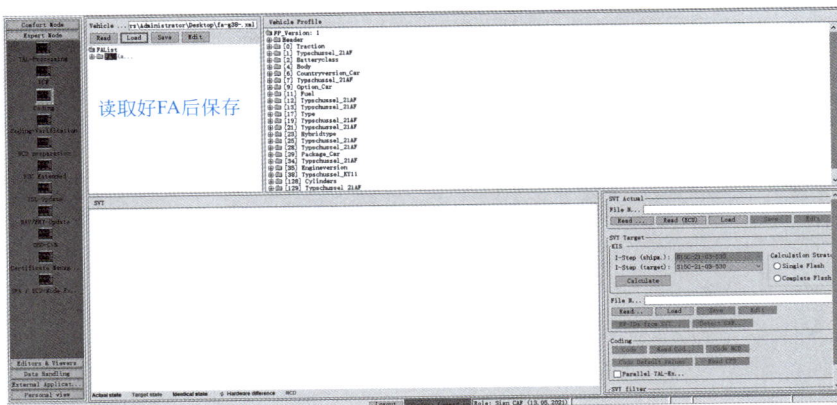

图 5-17-16　读取 FA 后保存

❹ 读取 SVT（图 5-17-17）。

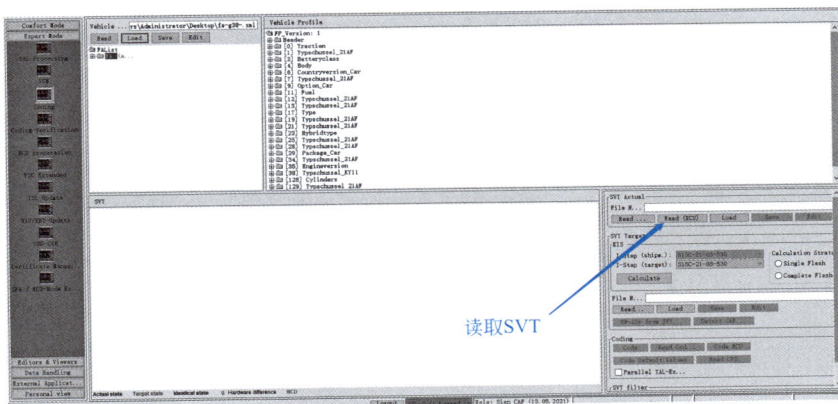

图 5-17-17　读取 SVT

❺ 读取 CAFD 数据（读取设码文件）（图 5-17-18）。

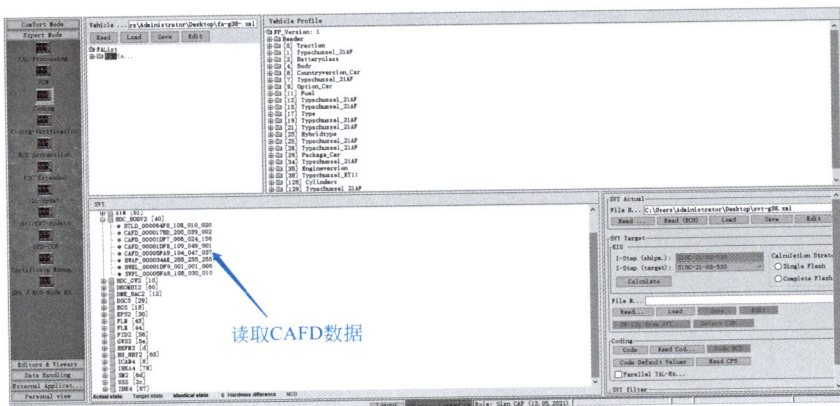

图 5-17-18　读取 CAFD 数据

❻ 读取后，对 5AF9 这一条 CAFD 文件进行修改（图 5-17-19）。

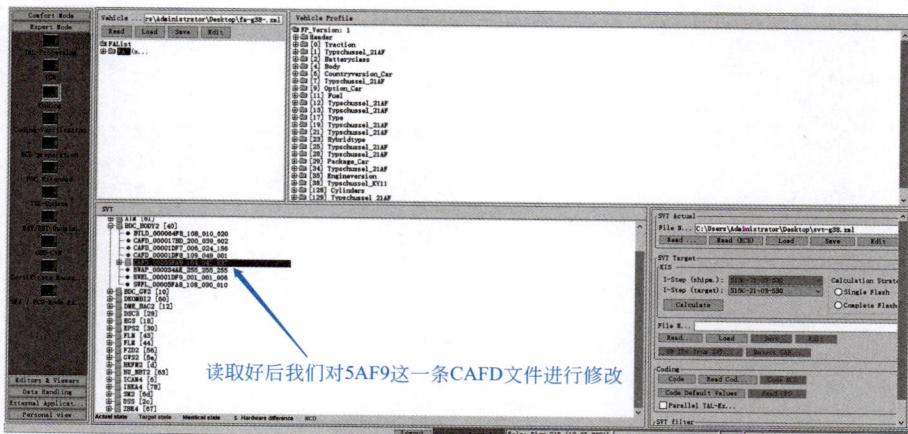

读取好后我们对5AF9这一条CAFD文件进行修改

图 5-17-19 对 5AF9 这一条 CAFD 文件进行修改

❼ 进入 CAFD 修改界面（图 5-17-20）。

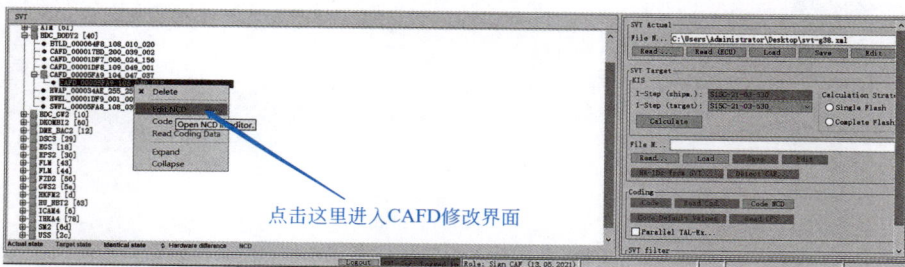

点击这里进入CAFD修改界面

图 5-17-20 进入 CAFD 修改界面

❽ 搜索第一条隐藏代码：ComAdapterPdu_231_Status_Gentleman_FAS（图 5-17-21）。

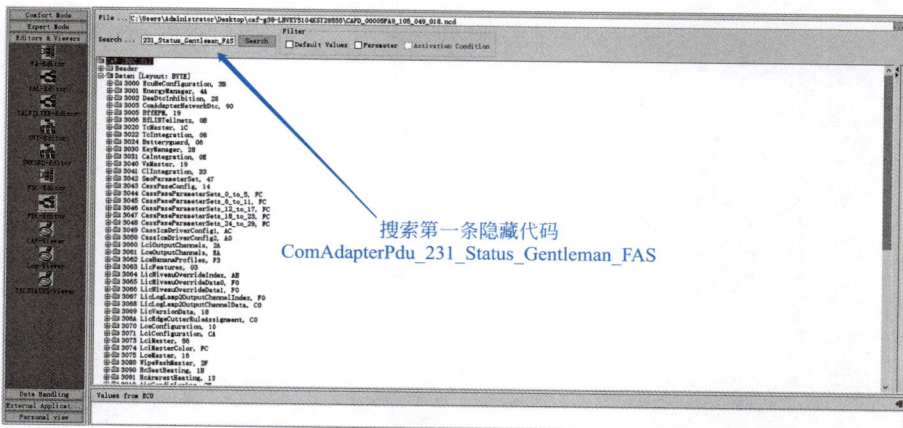

搜索第一条隐藏代码
ComAdapterPdu_231_Status_Gentleman_FAS

图 5-17-21 搜索第一条隐藏代码

❾ 改为 AKTIVA（图 5-17-22）。

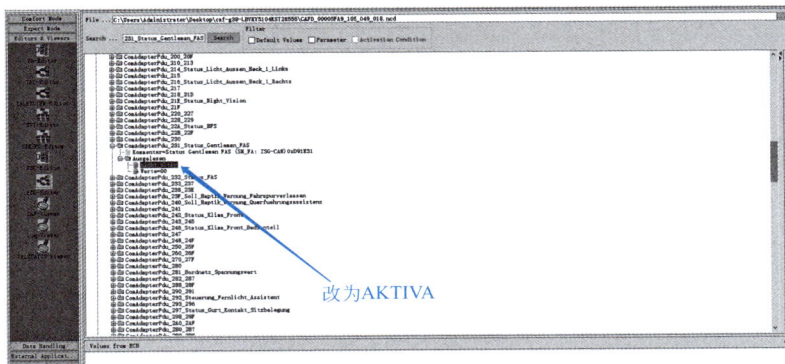

图 5-17-22 改为 AKTIVA

❿ 改好后，搜索第二条隐藏代码：SCHALTER_SITZEXT_VL_LIN_VAR（图 5-17-23）。

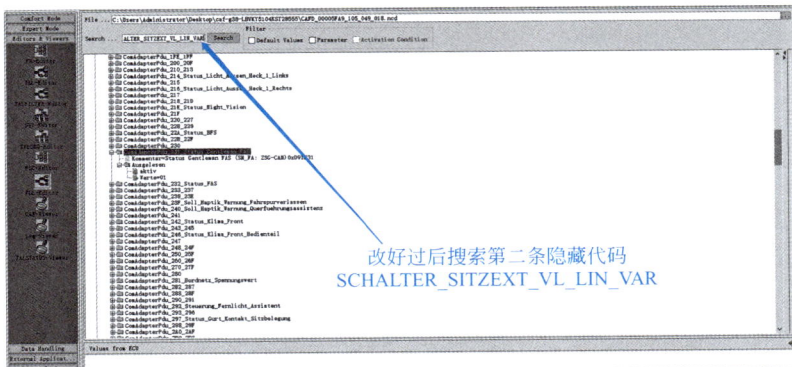

图 5-17-23 搜索第二条隐藏代码

⓫ 把 30 改成 F8（图 5-17-24）。

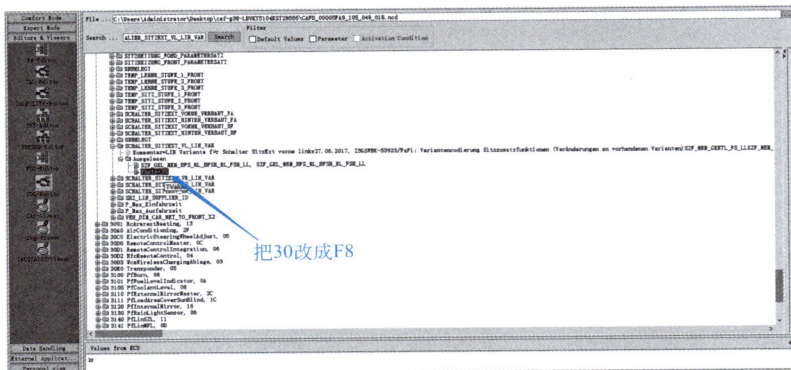

图 5-17-24 把 30 改成 F8

177

⑫ 改成 F8 点击保存（图 5-17-25）。

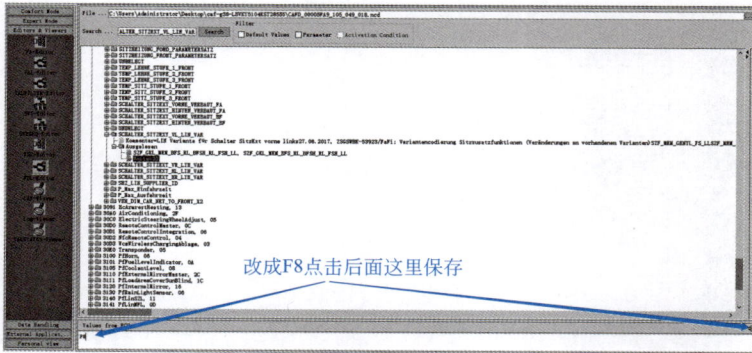

改成F8点击后面这里保存

图 5-17-25　改成 F8 点击保存

⑬ 保存完成后参数会变成 F8（图 5-17-26）。

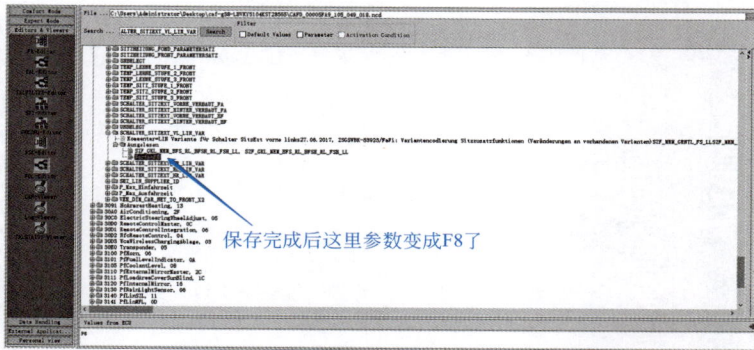

保存完成后这里参数变成F8了

图 5-17-26　保存完成后参数会变成 F8

⑭ 点击保存修改并返回写入 ECU（图 5-17-27）。

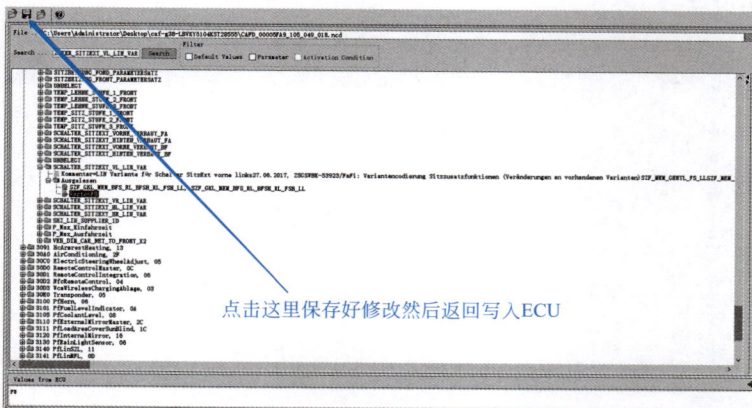

点击这里保存好修改然后返回写入ECU

图 5-17-27　点击保存修改并返回写入 ECU

⑮ 点击 codeNCD 写入并成功后测试功能（图 5-17-28）。

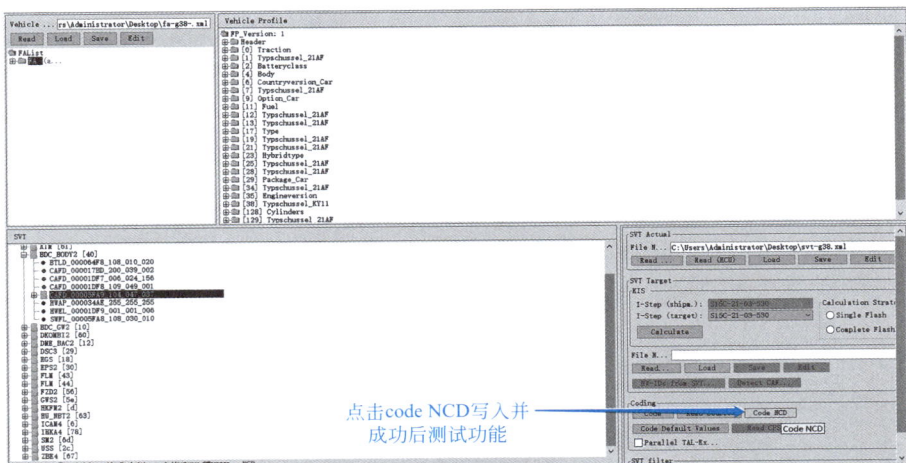

点击 code NCD 写入并
成功后测试功能

图 5-17-28　点击 codeNCD 写入并成功后测试功能

5.17.4　质检

按下数字 2 键，亮灯后就可以调整副驾驶位置，还可以对座椅的位置进行记忆（图 5-17-29）。
按下数字 2 键后，20 ～ 30s 无操作自动取消（图 5-17-30）。

图 5-17-29　启动功能

图 5-17-30　取消功能

5.18　换挡拨片

5.18.1　如何合理选择换挡拨片改装套件

原厂适配性：最好选择原厂就带有换挡拨片功能的车型，因为原厂配备在适配性和稳定性上更有保障。如果需要改装，建议选择与原车高配同款的拨片，避免颜色艳丽、造型夸张的拨片，以防影响驾驶和误操作（图 5-18-1）。

材质和样式：根据个人喜好选择金属、塑料或皮革等材质的挡把套，同时选择与车内风格相协调的样式，如圆形、方形或其他形状。如果使用金属或碳纤维材质的拨片，可以提高手感和反馈直接性。

安装难度和成本：一般的维修车间通常无法进行换挡拨片改装，可能需要改变 ECU 处理器和转向系统等，这样的大改动可能会影响车辆的整体性能和安全性，甚至可能导致车辆故障。因此，建议选择专业改装店进行施工，确保质量和安全。

其他功能：可以考虑加装 LED 灯带提升夜间操作的安全性，或者选用可拆卸式换挡拨片，能灵活拆装调整位置，选带有防滑设计的能提升手感。

5.18.2　施工前准备 📷

❶ 常用工具一套。
❷ 换挡拨片改装套件。
❸ 方向盘及换挡拨片总成（图 5-18-2）。

图 5-18-1　凯迪拉克改装换挡拨片

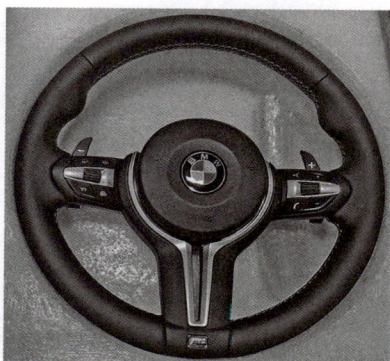

图 5-18-2　方向盘及换挡拨片总成

5.18.3　施工作业 📷

以宝马 1 系（F20）车型为例。

（1）拆卸方向盘安全气囊
❶ 将星形螺丝刀 1 恰好伸入隐藏的开口，直至出现弹簧阻力（图 5-18-3）。
❷ 用星形螺丝刀 1 沿箭头方向压入弹簧夹圈 2，直至安全气囊单元解锁。
❸ 在方向盘左侧重复此操作方式并小心地抬起安全气囊单元。

> **注意：**
>
> 放置安全气囊单元时只允许软垫（气囊）的一面朝上。

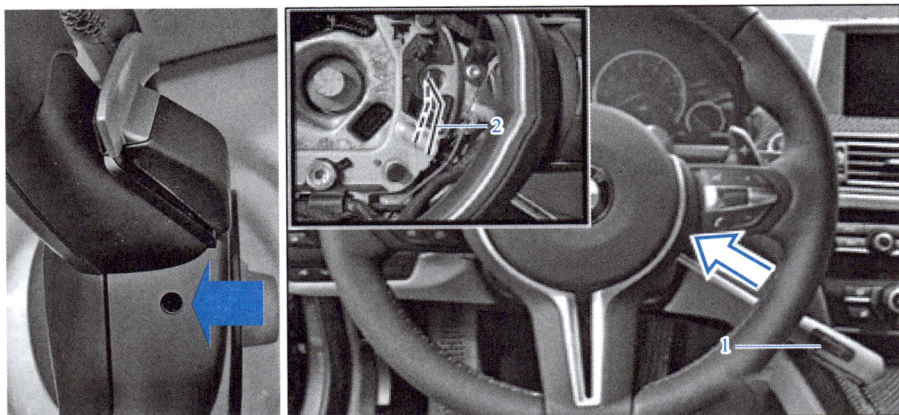

图 5-18-3　解除弹簧锁止

❹ 向后抬起安全气囊单元。

❺ 脱开插头连接 1 并拆下安全气囊单元（图 5-18-4）。

安装说明：注意电线的正确位置。

❻ 将安全气囊单元用均匀的压力与转向柱轴方向水平平行压入方向盘，直至听到和感觉到卡入。

（2）拆卸方向盘

注意：

在松开螺栓 2 时，由第 2 个人固定住方向盘，以便减小转向柱上的扭矩（图 5-18-5）。

❶ 将车轮／方向盘置于直线行驶位置。

❷ 脱开和拔下插头连接 1。

❸ 松开螺栓 2，拆下方向盘。

图 5-18-4　脱开插头连接

图 5-18-5　拆下方向盘

（3）安装控制线

❶加装换挡拨片时需要加装一条控制线到 FEM 车身控制模块（图 5-18-6）。

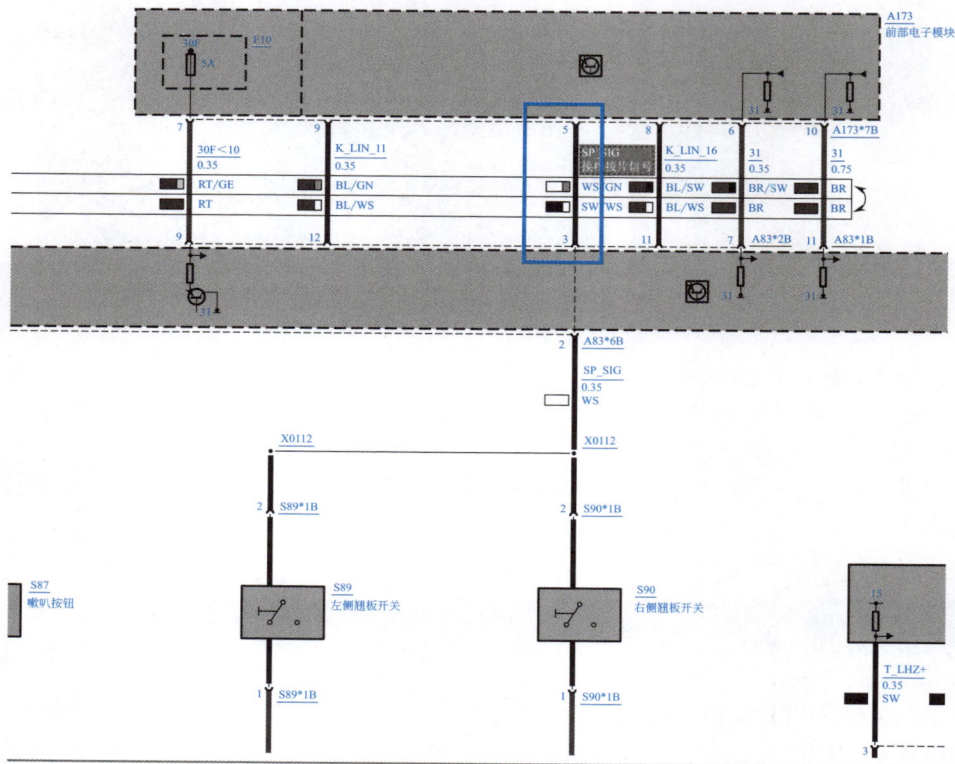

图 5-18-6　需安装的控制线

❷将线束从转向柱开关 A83*2B 插头 3 号脚连接至 FEM7B 插头 5 号脚。

转向柱开关插头示意如图 5-18-7 所示。FEM 模块插头示意如图 5-18-8 所示。

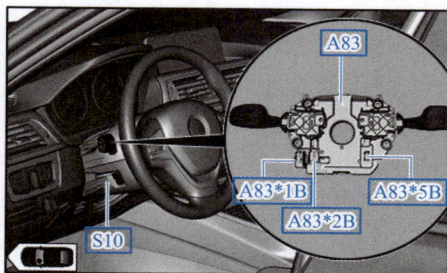

图 5-18-7　转向柱开关插头示意

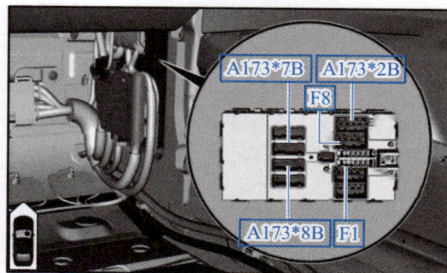

图 5-18-8　FEM 模块插头示意

❸接好线束安装方向盘。

（4）安装带换挡拨片的方向盘

注意：

安装了带或不带机械防扭转装置的卷簧。

无机械防扭转装置的卷簧（在零位标记的检视窗上可以看见）：不要扭转卷簧。

❶ 检查中控开关转向柱上卷簧的零位。

只有当可清晰地见到黄色标记 1 时，零位才正确（图 5-18-9）。

安装说明：在将方向盘装到转向柱上之前，必须注意正确的电缆走向。

❷ 根据标记 1 将方向盘与转向柱标记 2 对齐并插上（图 5-18-10）。

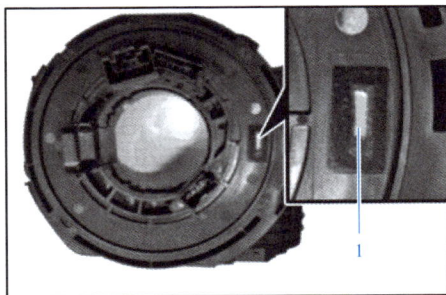

图 5-18-9　检查卷簧的零位

图 5-18-10　对齐标记

❸ 将电线铺设并连接插头。

❹ 拧紧方向盘螺栓。螺栓力矩：62N·m。

（5）激活换挡拨片功能

❶ 打开 E_Sys（图 5-18-11）。

❷ 连接车辆（图 5-18-12）。

图 5-18-11　打开 E_Sys

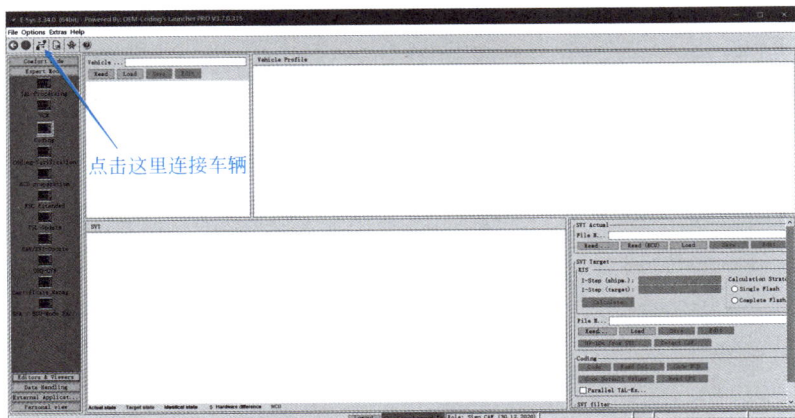

点击这里连接车辆

图 5-18-12　连接车辆

❸ 选择车型（图 5-18-13）。

选择车型

连接方式

连接

图 5-18-13　选择车型

❹ 读取 FA（图 5-18-14）。

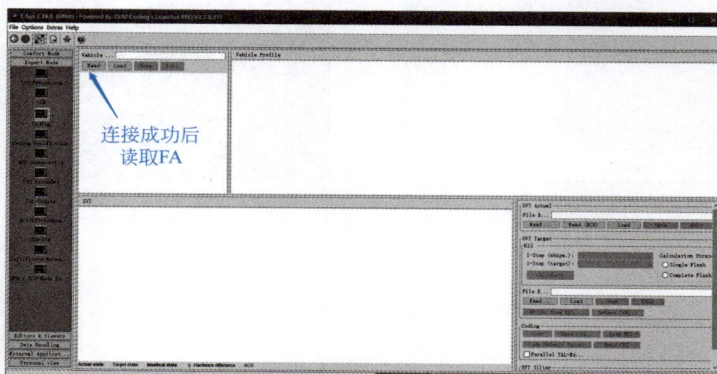

连接成功后
读取FA

图 5-18-14　读取 FA

❺ 保存原车 FA 配置（图 5-18-15）。

读取成功后建议
保存一下原车
FA配置

图 5-18-15　保存原车 FA 配置

❻ 读取 ECU（图 5-18-16）。

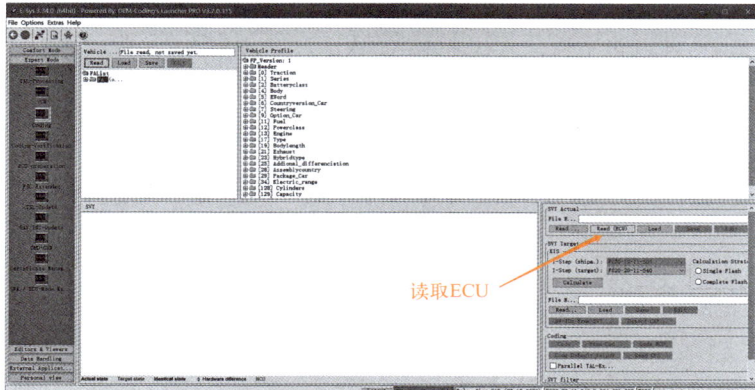

(a)

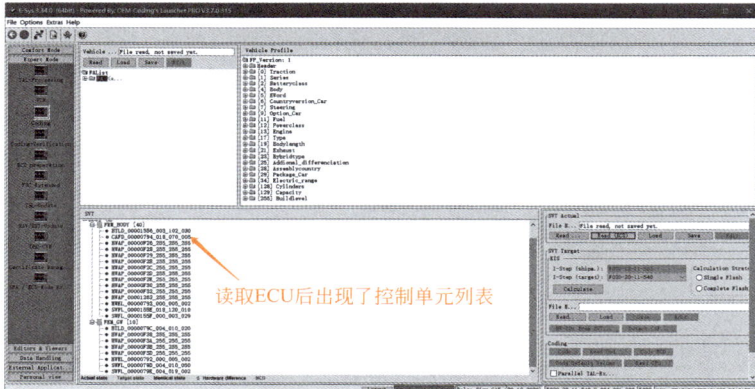

(b)

图 5-18-16　读取 ECU

❼ 读取 FEM 的设码数据（图 5-18-17）。

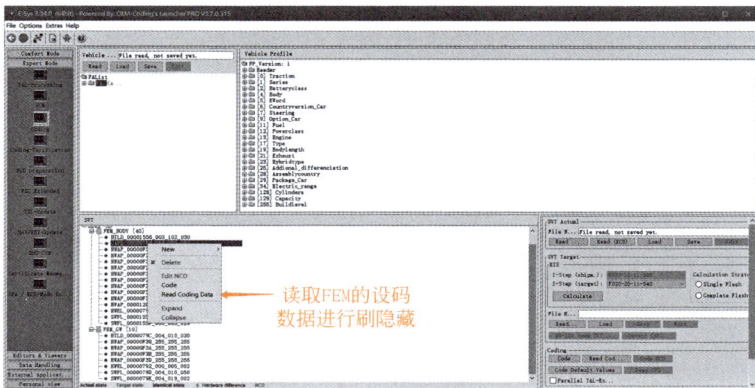

图 5-18-17　读取 FEM 的设码数据

❽ 读取 CAFD 数据（图 5-18-18）。

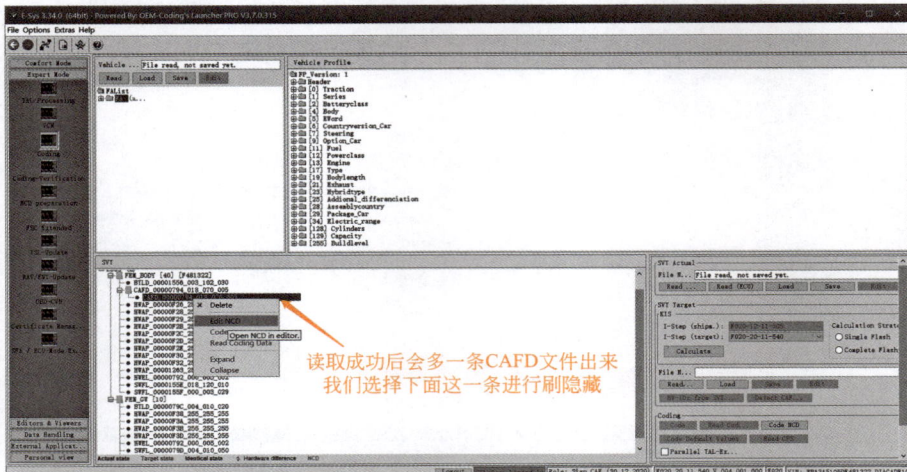

图 5-18-18　读取 CAFD 数据

❾ 编辑 CAFD 隐藏代码：隐藏代码是 PADDLES_VERBAUT 改为 aktiv（图 5-18-19 和图 5-18-20）。

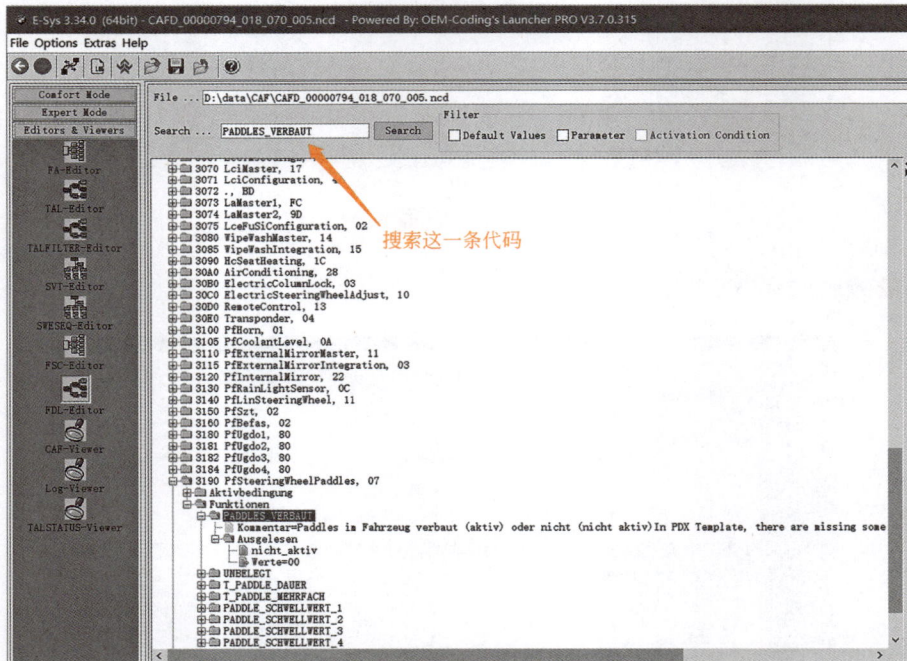

图 5-18-19　搜索 PADDLES_VERBAUT 代码

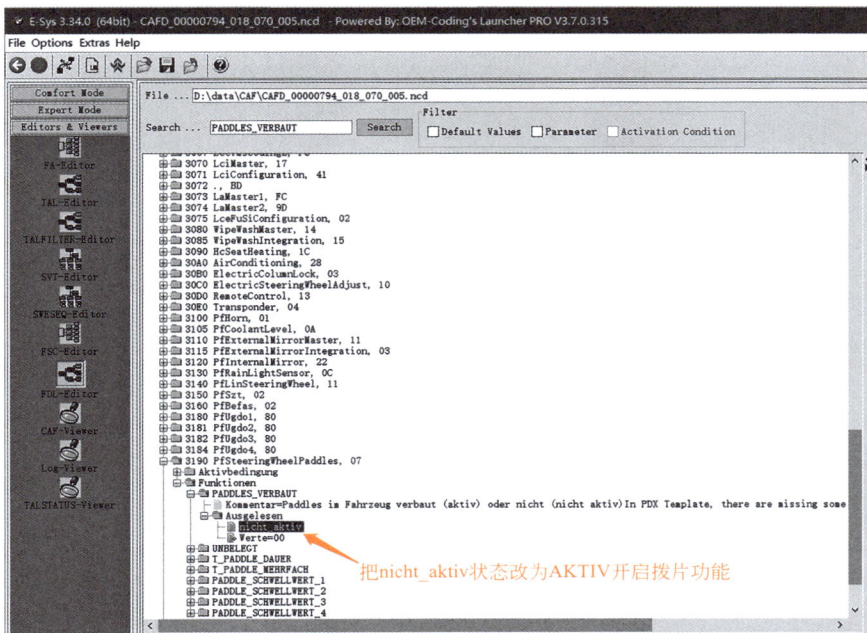

图 5-18-20　把 nicht_aktiv 状态改为 AKTIV

❿ 保存并返回至设码界面（图 5-18-21）。

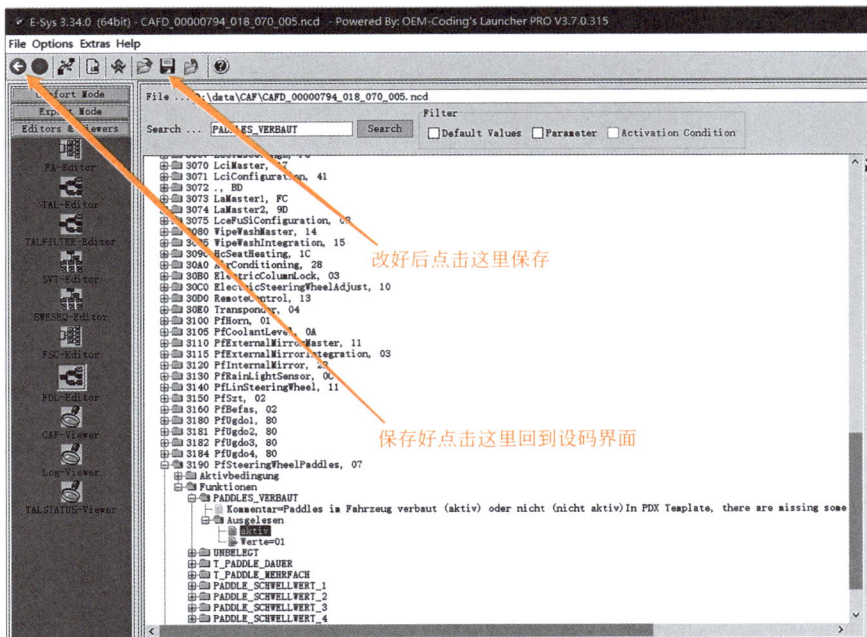

图 5-18-21　保存并返回至设码界面

187

⑪ 写入到控制单元（图 5-18-22～图 5-18-24）。

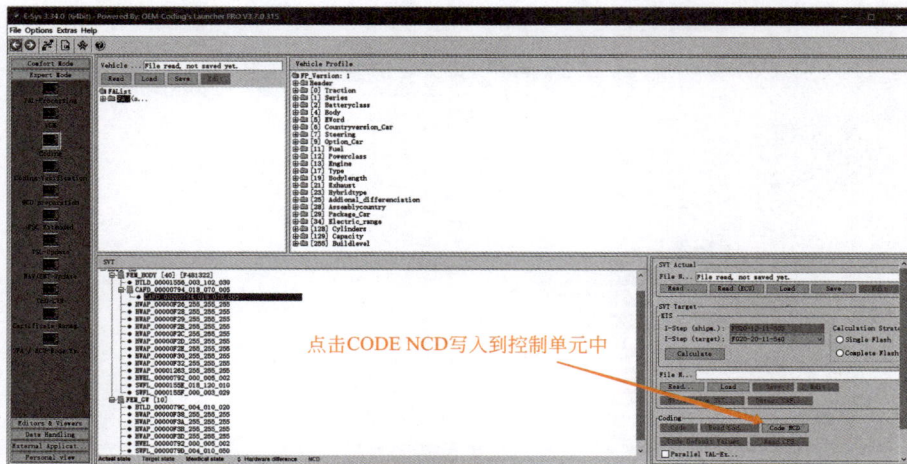

图 5-18-22　点击 CODENCD 写入到控制单元中

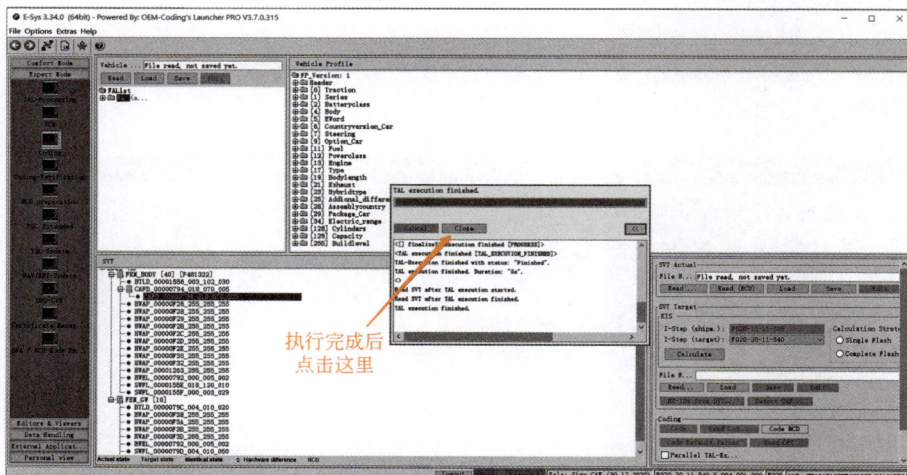

图 5-18-23　点击 Close

⑫ 写入完成后删除故障码进行试车。

5.18.4　质检 📷

安装完成如图 5-18-25 所示。

❶ 检查方向盘及安全气囊是否安装到位，是否有漏装。

❷ 打开点火开关，检查安全气囊灯是否正常，启动车辆，检查安全气囊灯是否熄灭。

❸ 对车辆进行路试，测试换挡拨片加挡/降挡是否正常。

```
[2] Batteryclass
[4] Body
[5] EWord
[6] Countryversion_Car
[7] Steering
[9] Option_Car
[11] Fuel
[12] Powerclass
[13] Engine
[17] Type
[19] Bodylength
[21] Exhaust
[23] Hybridtype
[25] Addional_di
[28] Assemblycou
[29] Package_Car
[34] Electric_ra
[128] Cylinders
[129] Capacity
[255] Buildlevel
```

Report - "0" Errors   ×

Transaktions-Report:　　　Aktion: NCD
Codieren

FEM_BODY [40]
cdDeploy Finished
　cafd_00000794-018_070_005 Finished

这个状态就是成功写入了

Save　　Close

```
30
05
_005
55
55
55
55
55
55
55
55
02
10
29

20
55
55
```

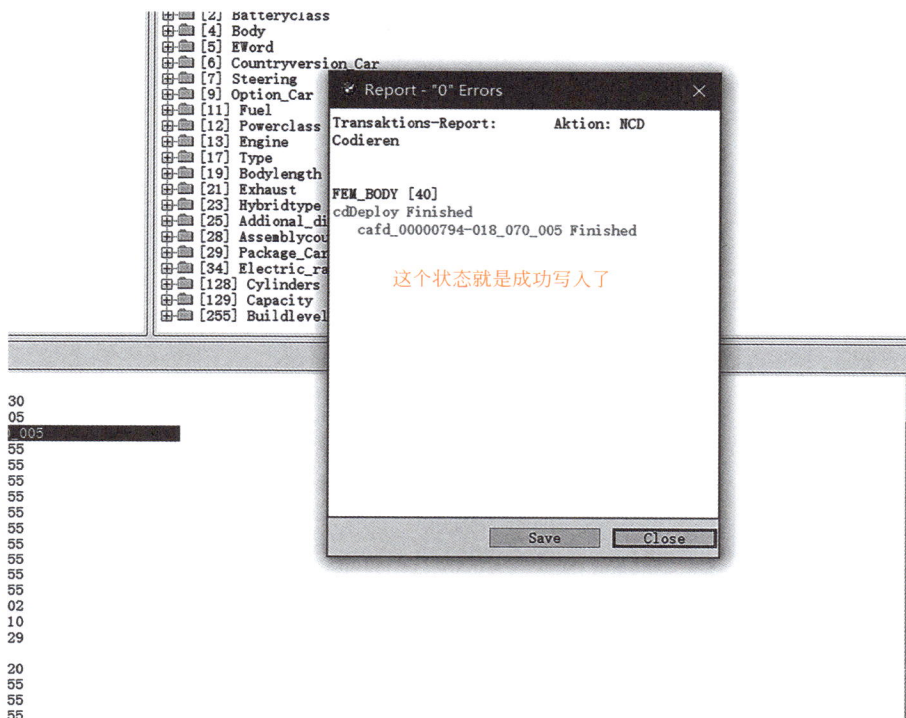

图 5-18-24　成功写入状态

图 5-18-25　安装完成

189

第 6 章
汽车内饰改装

6.1　星空顶

6.1.1　如何合理选择星空顶 🖼

（1）光源选择

星空顶全靠一个 LED 光源，目前市面上有很多不同 LED 光源的星空顶，所以在选择的时候应注意，不要贪图便宜，一定要选择可靠的 LED 光源。

（2）光纤

光纤的选择固然重要，光纤是把光传递上车顶的媒介。当然光纤也有好坏，不好的光纤老化会很快，从而会影响光的效果，所以在选星空顶的时候光纤也是很有必要注意的一项。

（3）控制器

随着时代的进步，星空顶从最开始的单一发光进化到现在的可变调节，所以控制器的选择也是至关重要的。一个好的控制器可以自由变换亮度，在白天可以自动调高亮度以便更好呈现；在晚上可以自动降低亮度，防止影响行车安全。更有些比较高级的产品可以用手机遥控进行变换颜色，所以对控制器的选择也是至关重要的。

（4）安装的选择

星空顶（图 6-1-1）安装后的最终效果与安装手艺有着莫大的关系，首先就是光纤的分布，

图 6-1-1　星空顶

不可以过分有规律，因为这样会影响星空的呈现效果。除此之外在安装星空顶的过程中是需要拆除内饰的，所以对技师的技术要求也是比较高的。在安装时要找当地比较有口碑的店铺进行安装。

6.1.2　施工与质检 🖼

（1）施工前准备

天窗遮阳帘不能安装星空顶，应理清线路排列，选择预装位置，检查各线路有无损伤。

（2）所需工具

内饰拆装工具组套、热风枪、平口剪钳、脱胶剂、环保黏合剂。

（3）施工过程

❶ 卸下 CD 柱盖板。

❷ 拆下前阅读灯盖板、后方车顶雷达天线盖板。

❸ 卸下车顶天花板（图 6-1-2）。

❹ 把天花板反面放置在工作台上。

❺ 检查光纤线束的每一根光纤是否都能正常发光。

❻ 用穿孔器把光纤一根一根均匀地穿进天花板（图 6-1-3），注意不能弯折光纤，否则不导光。

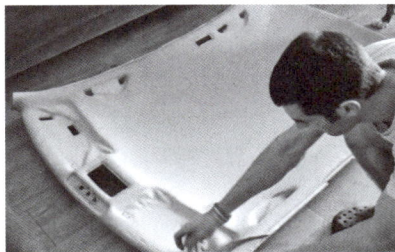

图 6-1-2　卸下车顶天花板

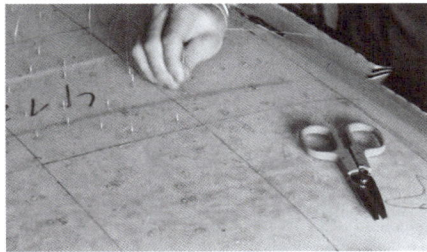

图 6-1-3　用穿孔器把光纤一根一根均匀地穿进天花板

❼ 光纤安插完毕后，把天花板安装回车上。

❽ 星空顶控制器接电（ACC）（图 6-1-4），遥控测试功能是否正常。

❾ 检查一切无误后，复原车辆。

❿ 最后把光纤多余凸出的部分剪掉（图 6-1-5）即可。

（4）质检

❶ 用手抚摸检查光纤是否过分凸出于顶棚表面。

❷ 检查星空顶是否存在光纤不发光现象（图 6-1-6）。

❸ 检查顶棚是否安装好。

图 6-1-4　星空顶控制器接电

图 6-1-5　把光纤多余凸出的
部分剪掉

图 6-1-6　检查星空顶是否存在
光纤不发光现象

6.2　方向盘加热系统

6.2.1　如何合理选择方向盘加热改装套件

原厂适配性：最好选择原厂就带有加热功能的方向盘，因为原厂配备在适配性和稳定性上更有保障（图 6-2-1）。

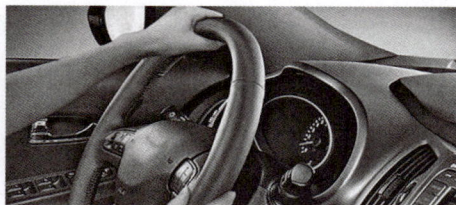

图 6-2-1　方向盘加热

安装难度和成本：一般的维修车间通常无法进行方向盘加热改装，可能需要改变 ECU 处理器等，并且对电气系统进行改装，因此，建议选择专业改装店进行施工，确保质量和安全。

其他功能：可以考虑皮质的带加热功能的方向盘，选带有防滑设计的产品能提升手感。

6.2.2　施工前准备

以宝马 1 系 F20 为例。
❶ 常用工具一套。
❷ 内饰拆卸工具
❸ 加热式方向盘改装套件：加热式方向盘、方向盘加热开关、灯光组合开关。

6.2.3　施工作业

以宝马 1 系（F20）车型为例。
（1）拆卸方向盘安全气囊

注意：

放置安全气囊单元时只允许软垫（气囊）的一面朝上。

❶ 向后抬起安全气囊单元。

❷ 脱开插头连接并拆下安全气囊单元。

安装说明：注意电线的正确位置。

（2）拆卸方向盘

❶ 在松开螺栓 2 时，由第 2 个人固定住方向盘，以便减小转向柱上的扭矩（图 6-2-2）。

❷ 将车轮 / 方向盘置于直线行驶位置。

❸ 脱开插头连接 1。

❹ 松开螺栓 2。

❺ 取下方向盘。

（3）拆卸转向电子模块以及方向盘调节开关

❶ 松脱转向柱饰板上部件和下部件 1（图 6-2-3）。

❷ 松开螺栓 2。

❸ 沿箭头方向拆下转向柱开关中心 3。

❹ 脱开插头连接 1（图 6-2-4）。

❺ 拆下转向柱开关中心 2。

（4）安装转向电子模块

安装按拆卸相反顺序操作。

（5）安装方向盘加热调节开关（图 6-2-5）

安装位置在转向柱饰板下部件。

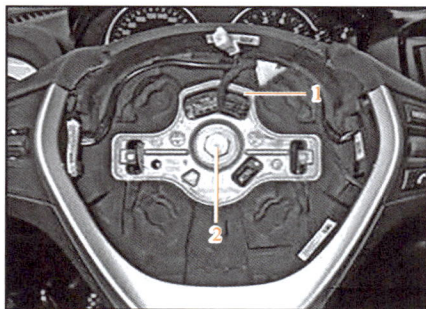

图 6-2-2 拆卸方向盘

图 6-2-3 松脱转向柱饰板上部件和下部件

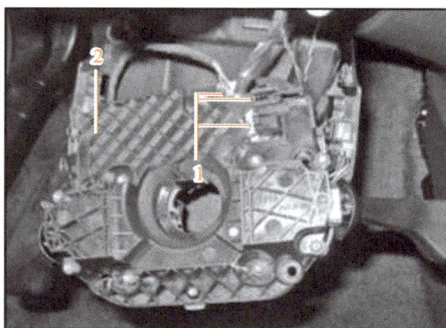

图 6-2-4 脱开插头连接

图 6-2-5 安装方向盘加热调节开关

（6）安装带加热功能的方向盘

图 6-2-6　打开 E-Sys 软件

注意方向盘的位置。

（7）激活方向盘加热功能

安装完成后由工程师对功能进行激活。

❶ 打开 E-Sys 软件（图 6-2-6）。

❷ 连接车辆（图 6-2-7）。

❸ 选择车型并连接（图 6-2-8）。

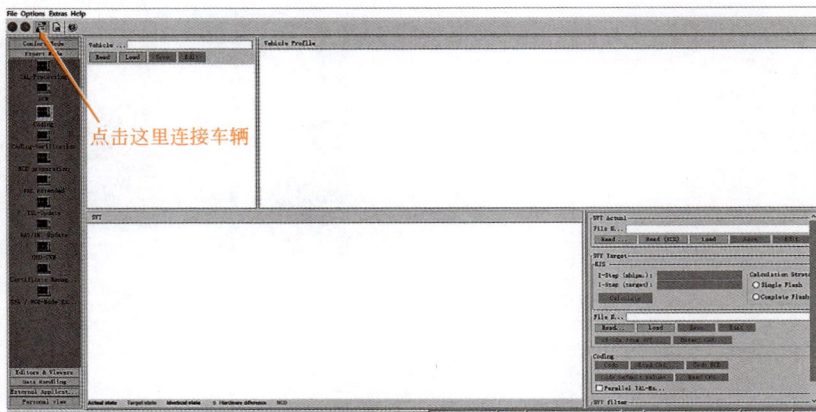

图 6-2-7　连接车辆

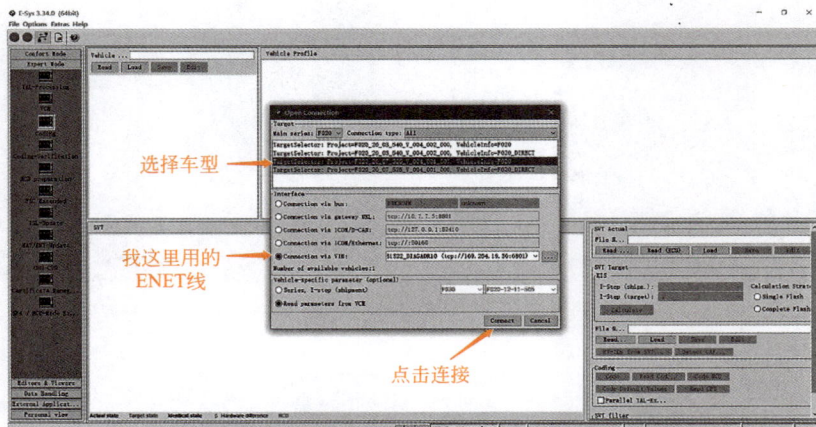

图 6-2-8　选择车型并连接

❹ 读取 FA（图 6-2-9）。

❺ 保存 FA（图 6-2-10）。

❻ 点击 EDIT 并添加 FA 配置（图 6-2-11）。

❼ 添加代码：248（图 6-2-12）。

❽ 添加代码后进行保存（图 6-2-13）。

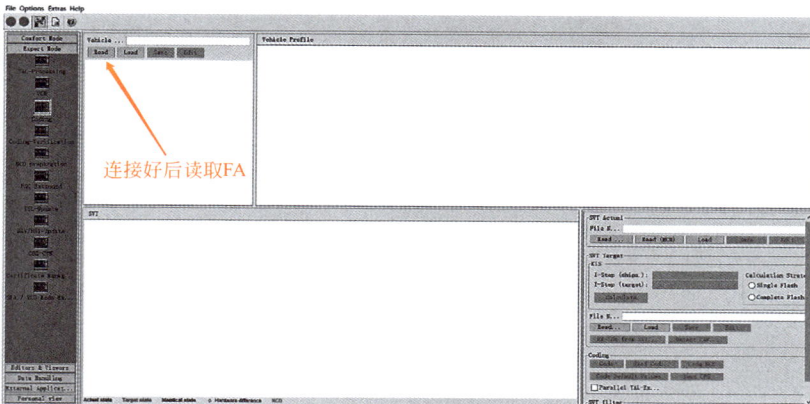

图 6-2-9　读取 FA

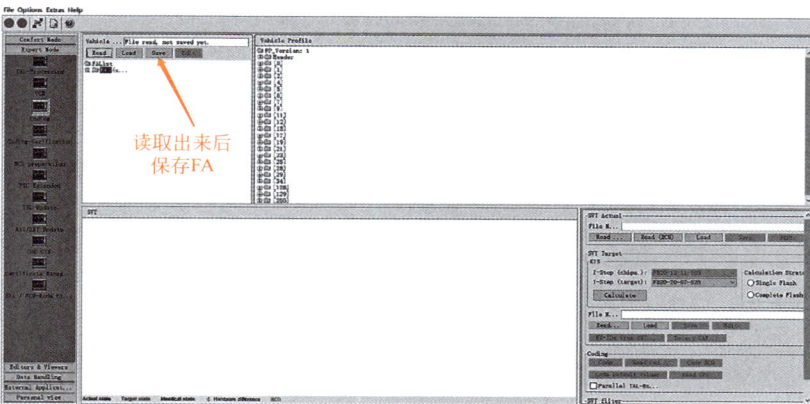

图 6-2-10　保存 FA

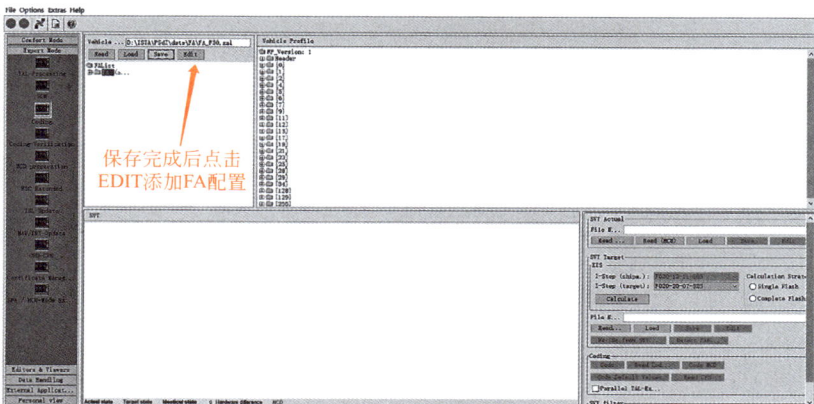

图 6-2-11　点击 EDIT，添加 FA 配置

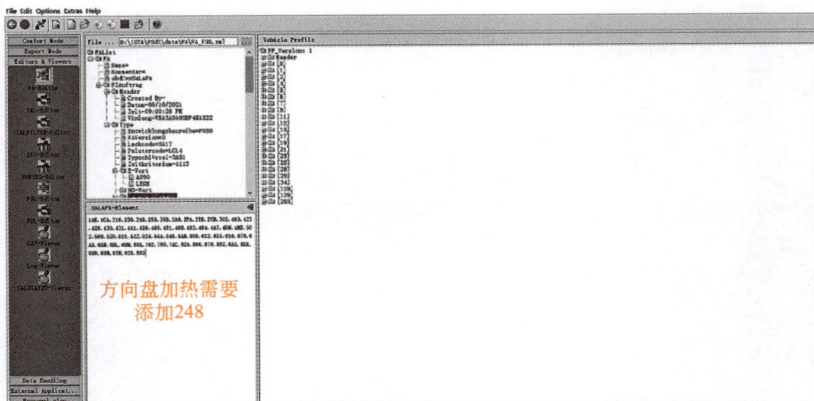

图 6-2-12　添加代码：248

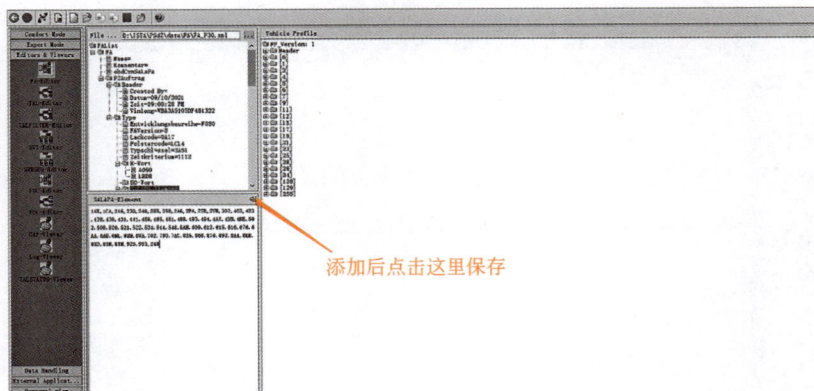

图 6-2-13　添加代码后进行保存

❾ 确认 248 已经添加并且保存（图 6-2-14）。

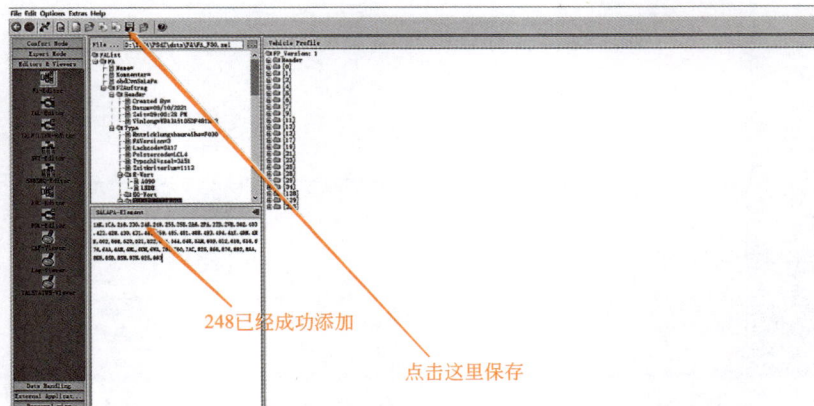

图 6-2-14　确认 248 已经添加并且保存

⑩ 返回设码界面（图 6-2-15）。

点击这里返回
到设码界面

图 6-2-15　返回设码界面

⑪ 读取 ECU（图 6-2-16）。

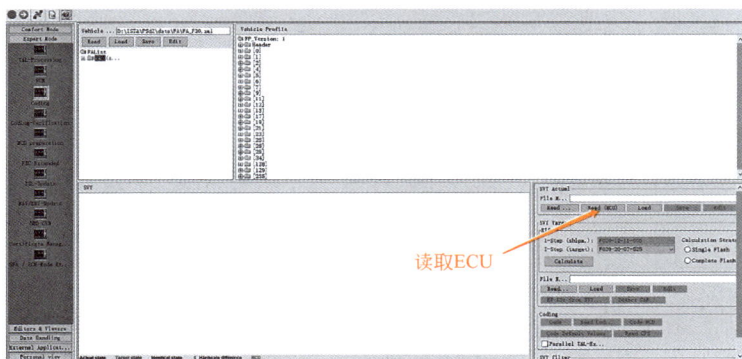

读取ECU

图 6-2-16　读取 ECU

⑫ 对 FEM 进行设码（图 6-2-17）。

读取出来后对FEM进行设码

图 6-2-17　对 FEM 进行设码

⑬ 点击 CODE 设码（图 6-2-18）。

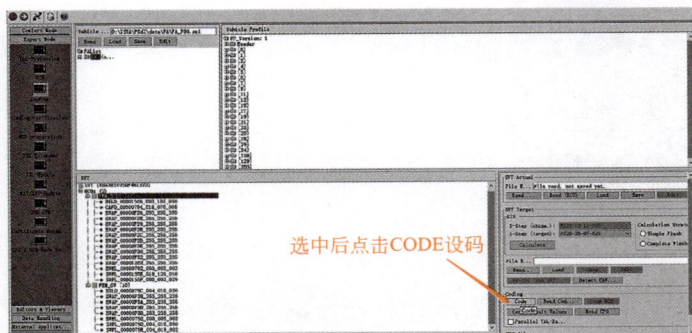

图 6-2-18　点击 CODE 设码

⑭ 设码开始执行（图 6-2-19）。

图 6-2-19　设码开始执行

⑮ 设码成功后对功能进行测试（图 6-2-20）。

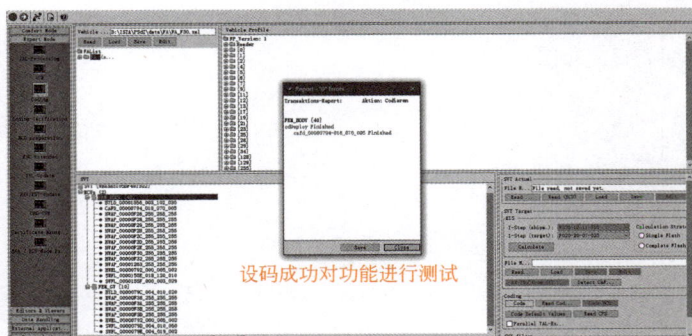

图 6-2-20　设码成功后对功能进行测试

6.2.4　质检 🖼

启动车辆，按下方向盘加热开关，应能感觉到方向盘慢慢变热。

6.3　通风座椅

6.3.1　如何合理选择通风座椅改装套件 📺

选择合适的通风系统：市场上有不同类型的通风系统，如吹风式和负压吸风式。了解它们的优缺点，并根据需求和预算选择合适的系统。例如，负压吸风式系统通过风机产生负压，将空气从座椅表面吸入，效果更好，但价格较高（图 6-3-1）。

安装位置：确保通风口位于座椅的适当位置，通常在座椅靠背和坐垫的中间部分，以便有效地将热量从乘客的臀部和背部带走。

控制单元和开关：为了实现三挡可调功能，需要一个控制单元和一个开关，并安装在易于操作的位置，如中控台或车门内。

管道和风扇：购买符合车辆安全标准的管道和风扇，并遵循制造商的建议进行安装。

密封和防水：在安装过程中，确保所有接口和缝隙得到充分密封，以防止水分进入座椅内部，确保通风系统的长寿命和可靠性。

图 6-3-1　座椅通风

测试和调整：在完成安装后，对通风系统进行测试，确保其正常工作，并根据需要进行调整以优化性能和舒适度。

6.3.2　施工前准备 📺

❶ 常用工具一套。
❷ 内饰拆卸工具。
❸ 座椅通风改装套件（图 6-3-2）。

6.3.3　施工作业 📺

（1）拆卸座椅

❶ 拆卸蓄电池负极，等待 5min 后拆卸座椅。
❷ 断开座椅底下的连接器，拆卸座椅固定螺栓，取下座椅。

注意：

断开连接器时，需断开蓄电池负极；取下座椅时，切记不能刮花内饰和车身。

❸ 清理座椅：将座椅进行清理，去除表面的灰尘和污垢。

(a)

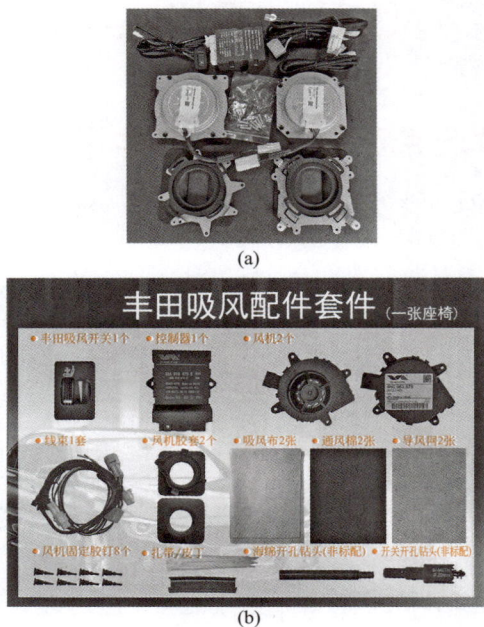

(b)

图 6-3-2　座椅通风改装套件（吸风款）

（2）座椅海绵打孔

❶ 将座椅皮上的卡扣与海绵分离（图 6-3-3）。

❷ 把坐垫和靠背拆下（图 6-3-4）。

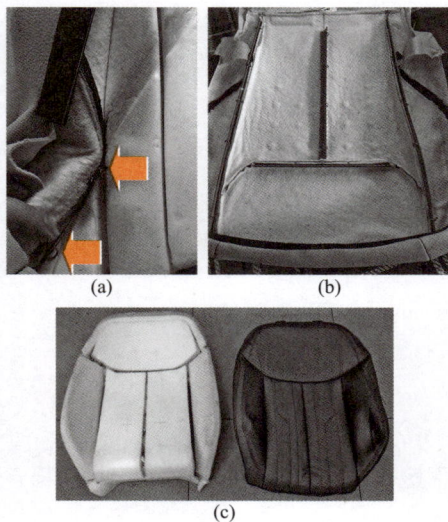

(a)　　　　　(b)

(c)

图 6-3-3　将座椅皮上的卡扣与海绵分开

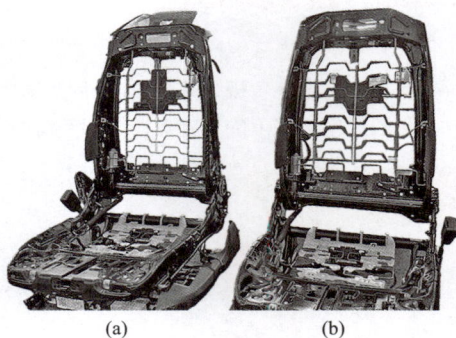

(a)　　　　　(b)

图 6-3-4　把坐垫和靠背拆下

❸ 在坐垫和靠背找准合适位置打孔。

注意：

如果有带座椅加热功能的，打孔时，需避开加热丝（图 6-3-5）。

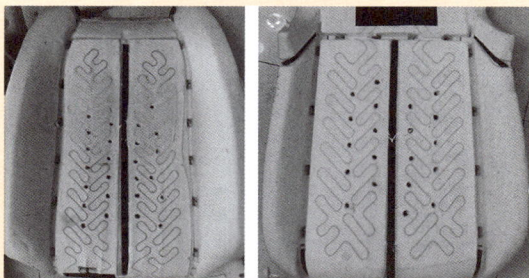

图 6-3-5　带座椅加热功能

（3）裁铺通风网

通风网覆盖所有孔位，要留大一点的位置，裁剪后，用 3M 胶固定到海绵上即可（图 6-3-6）。

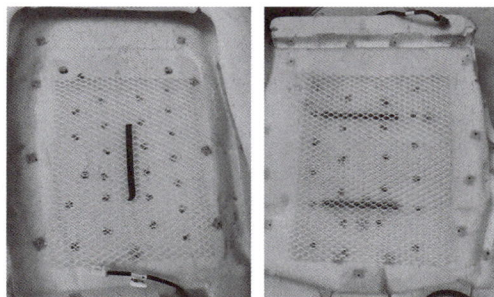

图 6-3-6　裁铺通风网

（4）安装风机

将密封布裁剪得比通风网大一圈，然后放回座椅架上，一般选择中间位置，将风机胶套放到合适的位置，画出风机大圆圈孔位（图 6-3-7 和图 6-3-8）。

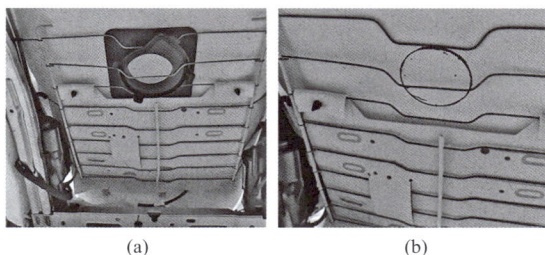

(a)　　　　　　　　　　　(b)

图 6-3-7　规划靠背风机位置

（5）安装密封布

风机位置孔位裁剪出来后，安装风机胶套，然后撕掉背胶，在通风网四周海绵上喷胶后，将密封布对着风机孔位覆盖上去，将周边按紧压实（图6-3-9）。

图6-3-8　规划坐垫风机位置

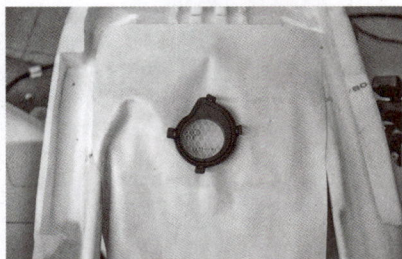

图6-3-9　安装密封布

（6）真皮打孔

❶ 打孔时切记不能损坏真皮（图6-3-10）。

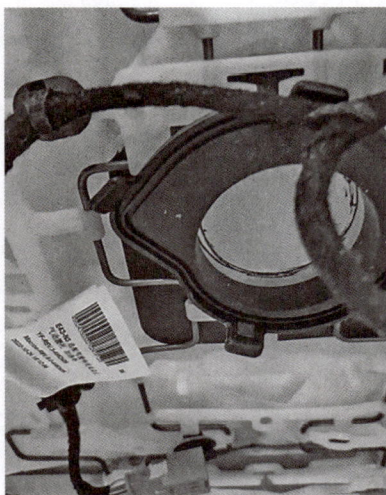

(a)

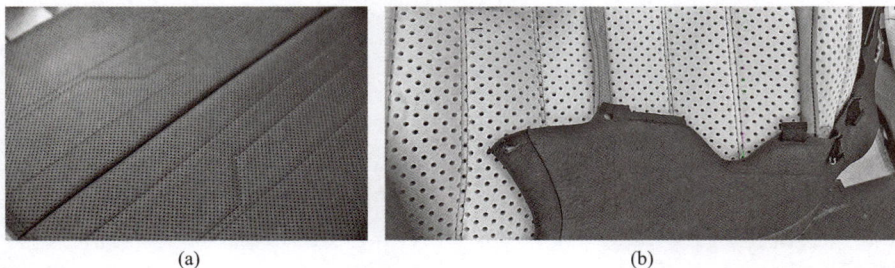

(b)

图6-3-10　真皮打孔

❷ 将真皮套安装到座椅上。

（7）安装风机

❶ 海绵套上打好孔的皮套，安装回座椅铁架，然后用4个扎带固定风机到周边铁架上（图6-3-11）。

❷ 安装电机线束。

注意线束走向，不能有挤压。

（8）安装座椅通风开关

座椅通风开关可安装在座椅左侧塑料护板上，安装线束后把开关安装固定，开关有卡口时可以卡到开孔上。开关有三挡可调，接电后指示灯会亮起（图 6-3-12）。

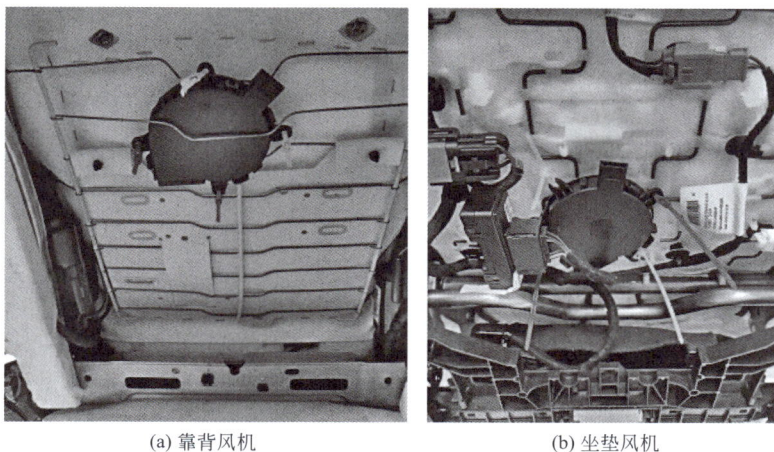

(a) 靠背风机　　　　　　　　　　　　(b) 坐垫风机

图 6-3-11　风机安装

（9）装车

将座椅安装到车上，线束正负极通过脚垫下部连接到车辆内部仪表板熔断器内，座椅通风电源在 ACC 熔丝获取，负极连接车身搭铁（图 6-3-13）；当点火开关打到 ACC 挡位或启动时，通风座椅可以工作，熄火时断电，避免蓄电池亏电。

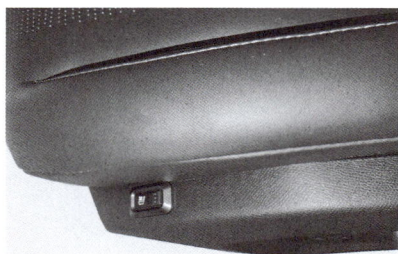

图 6-3-12　安装座椅通风开关

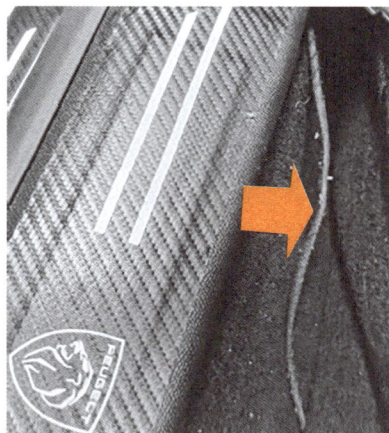

图 6-3-13　座椅通风线束走向

6.3.4　质检

启动车辆，检查座椅通风调节开关灯是否点亮（图 6-3-14）。

调节座椅通风调节开关 1 ～ 3 挡，风量应有变化（图 6-3-15）。

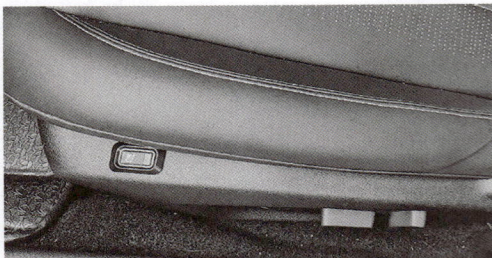

图 6-3-14　座椅通风调节开关灯点亮

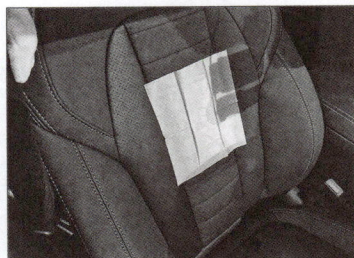

图 6-3-15　用纸巾测试吸风效果

6.4　车内氛围灯（64色）

6.4.1　如何合理选择氛围灯改装套件 📷

选择车内氛围灯时，可以从颜色、亮度调节、安装位置和功能性等方面进行考虑，以提升车内的舒适感和视觉体验（图 6-4-1）。

(a)

轮廓灯×4　　中控灯×2　　拉手灯×4　　脚窝灯×4　　储物盒灯×4

(b)

图 6-4-1　车内氛围灯

颜色选择：车内氛围灯的颜色选择应根据个人喜好和车内装饰风格来决定。常见的颜色包括红色、蓝色、白色等。红色代表激情和活力，蓝色给人宁静和平静的感觉，白色则代表简洁和纯净。多色氛围灯可以提供更多个性化选择，适合不同场景和心情。

亮度调节：可调节亮度的氛围灯有助于在不同驾驶条件下营造舒适的光线。过亮的灯光可能会影响驾驶视线，而过暗则无法起到装饰作用，因此选择可调节亮度的氛围灯是一个不错的选择。

安装位置：氛围灯可以安装在脚部、车门、仪表盘等位置，确保既不影响驾驶安全，又能提升车内的整体氛围。

功能性：一些高端氛围灯具有音乐同步或驾驶模式联动功能，灯光会随音乐节奏或驾驶模式的切换变化，增加驾驶乐趣。

色彩丰富度：具备多种颜色调节功能的氛围灯可以提供更丰富的视觉效果，满足不同场景的需求。

　　质保影响：安装氛围灯时应确保不损害原车的质保，采用专业的接线方式和精确的安装位置。

　　设计兼容性：氛围灯的走线布局应遵循原车设计，保持整体美观。

6.4.2　施工前准备 📷

❶ 常用工具一套。

❷ 内饰拆卸工具。

❸ 车内氛围灯改装套件（图 6-4-2）。

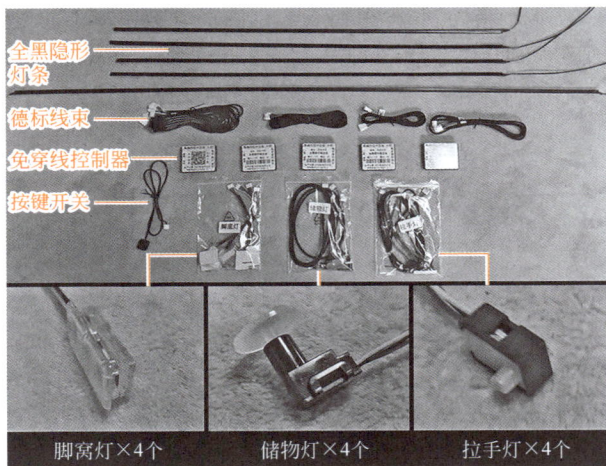

全黑隐形
灯条

德标线束

免穿线控制器

按键开关

脚窝灯×4个　　储物灯×4个　　拉手灯×4个

图 6-4-2　车内氛围灯改装套件

6.4.3　施工作业 📷

（1）安装氛围灯主控制盒及电源

电源可连接至车内仪表板熔断器处，主要有以下几种方式：

❶ 如需启动亮，接到 ACC 熔丝上（图 6-4-3）；

❷ 如需晚上亮，接大灯或者小灯的电路上；

❸ 如需开门亮，接门灯电路；

❹ 如需解锁和开门亮，接阅读灯电路。

安装主控制器搭铁线，将搭铁线安装在车身搭铁处（图 6-4-4）。

将主控制器固定在仪表支架上（图 6-4-5）。

（2）安装脚窝灯和仪表台灯

驾驶员侧脚窝灯线束从驾驶员侧仪表台下方穿出，走向副驾驶侧的脚窝线束也从这里穿出（图 6-4-6 和图 6-4-7）。

安装脚窝氛围灯。

❶ 拆卸仪表台下部左右两侧装饰板，然后将脚窝灯穿出（图 6-4-7 和图 6-4-8）。

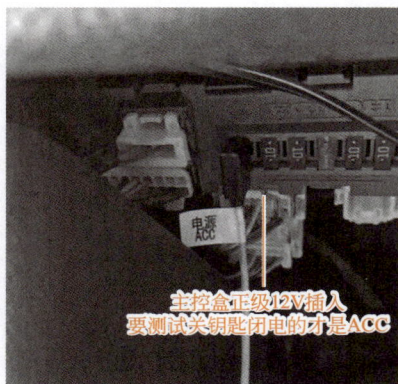

图 6-4-3　主控制器电源连接

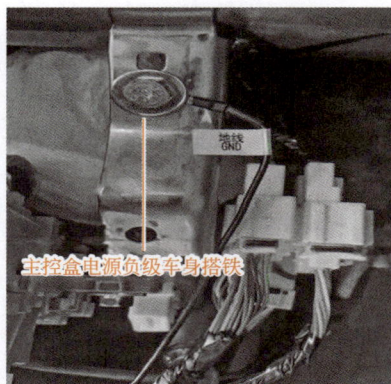

图 6-4-4　安装主控制器搭铁线

图 6-4-5　将主控制器固定在仪表支架上

图 6-4-6　布置驾驶员侧脚窝灯线束

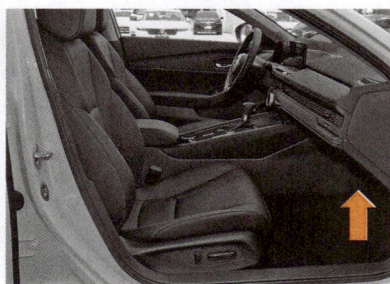

图 6-4-7　布置副驾驶员侧脚窝灯线束

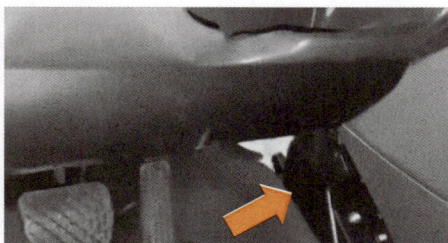

(a) 左侧

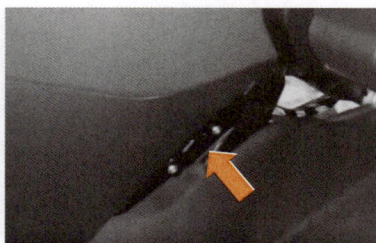

(b) 右侧

图 6-4-8　脚窝灯从箭头处穿出

❷副驾驶座下的氛围灯沿马鞍再穿过副驾驶座下，使用双面胶将脚窝灯固定在副驾驶座下（右后脚窝灯），用同样的方法安装左后脚窝灯（图6-4-9）。

❸前排脚窝灯直接更换即可，如果原车没有前排脚窝灯，可使用双面胶固定。

❹拆卸仪表台左侧和右侧饰板，将仪表台氛围灯线束穿出（图6-4-10）。

安装左侧和右侧仪表台氛围灯（图6-4-11）。

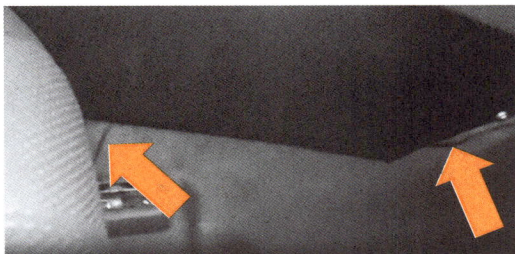

图6-4-9　线束走向

图6-4-10　拆卸仪表台左侧和右侧饰板

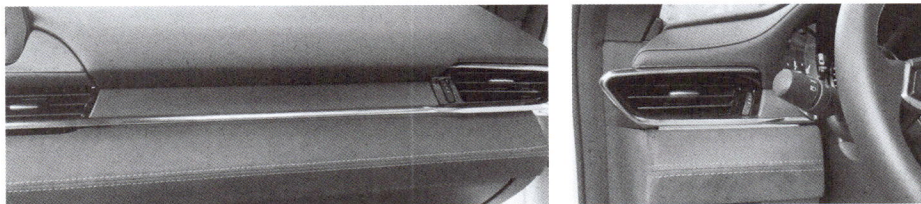

(a) 仪表台右侧氛围灯　　　　(b) 仪表台左侧氛围灯

图6-4-11　安装左侧和右侧仪表台氛围灯

❶根据所需的长度，将LED灯条裁剪至合适的长度。

注意：

a. 裁剪时，需断开LED灯的电源，避免短路；

b. 裁剪后，先通电检查LED灯条亮度、颜色是否正常，在裁剪处可能会出现颜色不一样的情况，此时将该段裁剪掉即可。

❷将LED灯条连接器与主控制器线束连接，利用仪表台饰板之间的缝隙压紧LED灯条。

　　a. 可根据车辆的情况，选择是否使用双面胶粘贴；

　　b. 安装安装左侧和右侧仪表台氛围灯时，应注意线束的走向，避免线束被饰板压着。

（3）安装四个车门副控制器电源

拆卸车门门板，将车门副控制器安装在车门门板上，使用扎带或双面胶固定（图 6-4-12）。

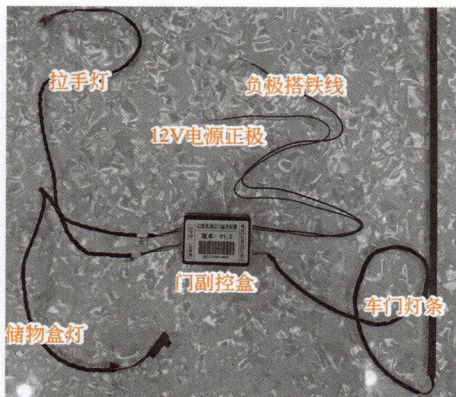

拉手灯　　　　负极搭铁线

12V电源正极

门副控盒　　　车门灯条

储物盒灯

图 6-4-12　车门副控制器及氛围灯

取电最多位置如下。

❶ 车门常电。要关门测试是否正常，按一下升降器是否正常，负极搭铁可能会有间隙，建议直接找负极线接。

❷ 升窗器电机线。升窗器电机连接器需要 3 条线以上。

❸ 小灯电源。电路无保护，需要有 12V才可以接。

车门禁止取电，原因如下。

❶ 取喇叭电，有电流声音。

❷ 取迎宾灯电，关门会熄灭。

❸ 原车氛围电不能取，电压不够或冲突。

❹ 主驾驶门取升降器开关电源时，降窗会灭。

以上电路都不行，就需要从熔断器 ACC 走暗线到每个车门。

（4）安装拉手氛围灯

❶ 拉手氛围灯的安装位置规划在拉手的上方，使用电钻从背面打孔（图 6-4-13）。

　　根据拉手氛围灯的尺寸选择钻头。

❷ 安装孔打好后，可以安装拉手氛围灯，使用双面胶固定（图 6-4-14）。

❸ 通电测试拉手氛围灯（图 6-4-15）。

❹ 用同样的方法继续安装其他车门拉手氛围灯。

（5）安装门板储物盒氛围灯

❶ 规划车门储物盒氛围灯的安装位置，从储物盒左下角打孔（图 6-4-16）。

❷ 根据储物盒氛围灯导光件的尺寸，使用合适钻头打孔（图 6-4-17）。

(a)

(b)

图 6-4-13　拉手氛围灯位置打孔

图 6-4-14　安装拉手氛围灯

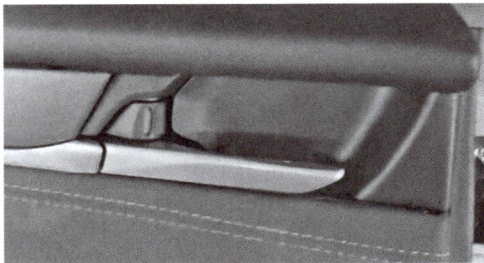

图 6-4-15　通电测试拉手氛围灯

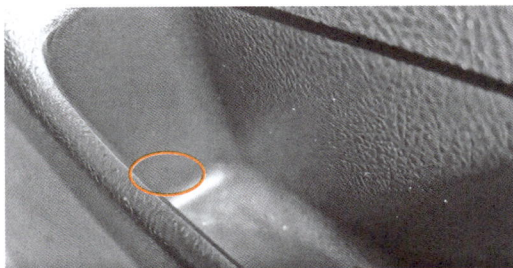

图 6-4-16　从储物盒左下角打孔

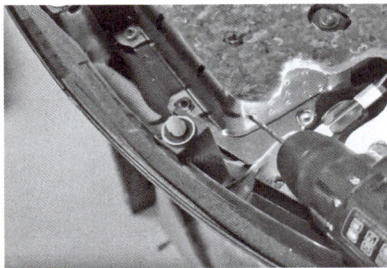

图 6-4-17　使用电钻打孔

❸ 首先从前面安装导光件，再从后面安装储物盒氛围灯，使用双面胶固定（图 6-4-18）。

❹ 通电测试储物盒氛围灯。

❺ 用同样的方法继续安装其他车门储物盒氛围灯。

（6）安装车门轮廓灯条

❶ 拆卸门板饰板固定螺栓，使饰板的缝隙宽松（图 6-4-19）。

❷ 根据门板缝隙的长度将 LED 灯条裁剪至合适的长度，检查裁剪后 LED 灯条颜色是否正常、尾部是否会出现其他颜色。

❸ 将双面胶粘到 LED 灯条上，并撕开一个角（图 6-4-20）。

❹ 将 LED 灯条安装到车门饰板上，连接器穿过车门饰板（图 6-4-21）。

❺ 将 LED 灯条安装到位后，撕下另一面双面胶，再压紧（图 6-4-22）。

(a)

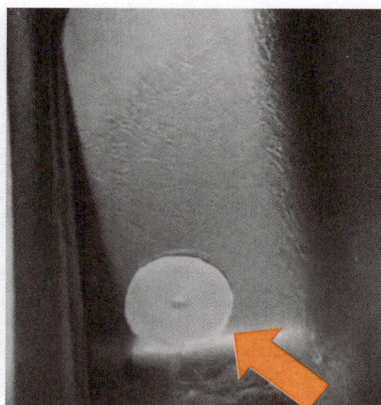
(b)

图 6-4-18　安装储物盒氛围灯

图 6-4-19　拆卸门板饰板固定螺栓

图 6-4-20　裁剪 LED 灯条

图 6-4-21　连接器穿过车门饰板

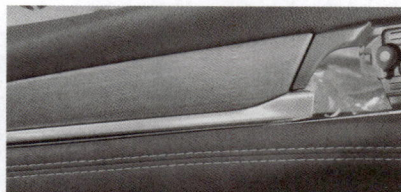

图 6-4-22　将 LED 灯条安装到位

❻ 将车门饰板的固定螺栓紧固。

❼ 连接 LED 灯条连接器，对氛围灯进行测试（图 6-4-23）。

图 6-4-23　对氛围灯进行测试

❽ 用同样的方法继续安装其他车门氛围灯。

（7）安装马鞍氛围灯

❶ 拆开马鞍两侧的饰板，将线束从马鞍两侧的饰板穿出，根据马鞍安装位置的长度将 LED 灯条裁剪至合适的长度，使用双面胶将 LED 灯条粘到马鞍两侧，再将马鞍两侧的饰板安装到位（图 6-4-24）。

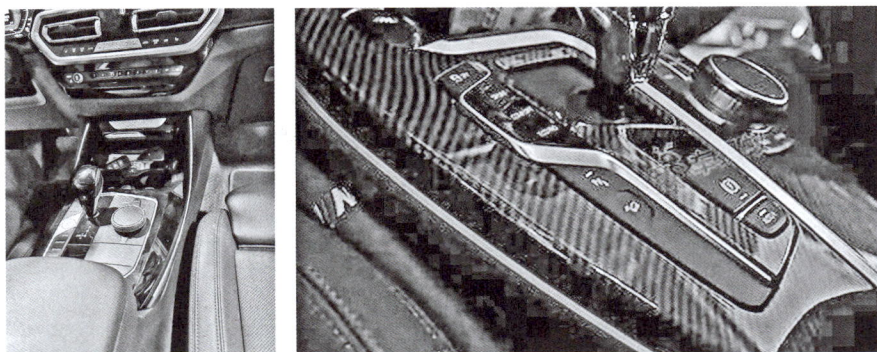

图 6-4-24 安装马鞍氛围灯

❷ USB 或点烟器电源的线束走向（图 6-4-25）。

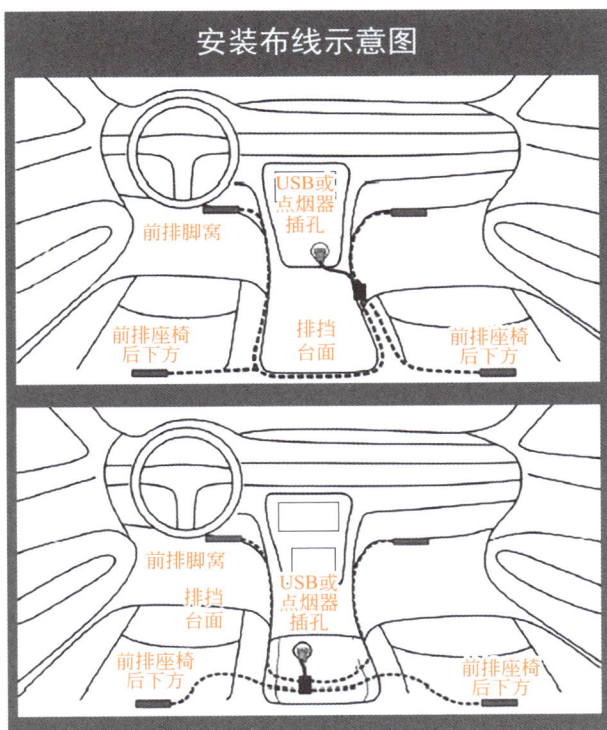

图 6-4-25 USB 或点烟器电源的线束走向

6.4.4 质检

❶ 检查氛围灯安装是否牢固、位置是否正确、亮度是否正常。

❷ 对氛围灯进行调色，检查功能是否正常。

6.5 车内隔音系统

6.5.1 如何合理选择隔音改装套件 🖼

材质质量：优质的隔音材料应具有环保、无味、耐用的特点。避免选择那些可能会释放有害气体的劣质材料，以免对车内空气质量造成影响。

隔音性能：不同的材料在隔音效果上有所差异。例如，对于低频噪声，隔音毡的效果可能更为显著；而对于中高频噪声，隔音棉则表现更优。因此，需要根据车辆的噪声特点来选择合适的材料。

安装方便性：一些隔音材料可能需要专业的安装工具和技术，而有些则相对容易，可自行安装。

预算：隔音材料的价格因品质和品牌而异。在预算范围内，选择性价比高的产品。

汽车隔音材料如下。

（1）吸音棉

吸音棉主要材料为 PET、PP，早期这种材质多用于制作羽绒服，现在主要用于汽车的门饰物板、后备厢等空腔结构内。此种材料最大的特点就是吸音隔热，特别对于高频的噪声效果更为突出，而且还具有防水、防火等性能。

（2）丁基橡胶减振材料

丁基橡胶减振材料是汽车隔音材料使用量最大的一种，主要由丁基橡胶复合铝箔制成，完全取代沥青减振板，主要用于汽车的车身减振。常见规格为 460mm×820mm，胶厚 1.5～2mm，铝箔厚度为 0.1～0.15mm。具有隔音、隔热性能，而且耐热、耐老化性能也不错。

（3）铝箔复合材料

铝箔复合材料也是一款常用的汽车隔音材料，主要由不同材质的海绵复合铝箔制作而成，一般用于汽车的引擎盖降噪。但由于铝箔对热量的高反射性，加上粘贴了复合材料，使发动机散发的热量又被反射回发动机本身，因此长期使用较不利于发动机的稳定工作。

（4）阻尼片

阻尼片又叫胶泥，是一种通过 170℃ 高温贴在车身内表面的一种弹性材料，起到减少噪声、振动的作用。一般的小轿车、航天飞行器、飞机等都会用到阻尼片。

6.5.2 施工前准备 🖼

❶ 常用工具一套。
❷ 内饰拆卸工具。
❸ 汽车隔音材料（图 6-5-1 和图 6-5-2）。

6.5.3 施工作业 🖼

对常见的六个部位（车门、后备厢、地板、前翼子板、发动机舱盖、车顶）进行隔音（图 6-5-3）。

图 6-5-1　止震板

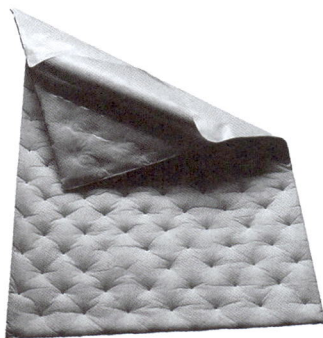

图 6-5-2　隔音棉

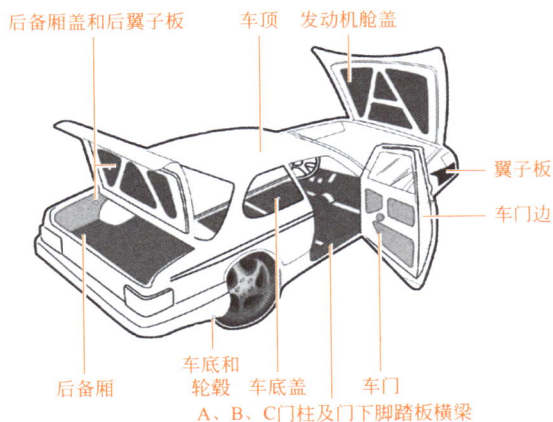

图 6-5-3　汽车隔音施工部位

（1）发动机舱盖隔音作业

❶ 拆卸发动机舱盖原车隔音棉（图 6-5-4）。

❷ 对发动机舱盖进行清洁，根据发动机舱盖里面凹凸部位裁剪止震垫（图 6-5-5）。

图 6-5-4　拆卸发动机舱盖
原车隔音棉

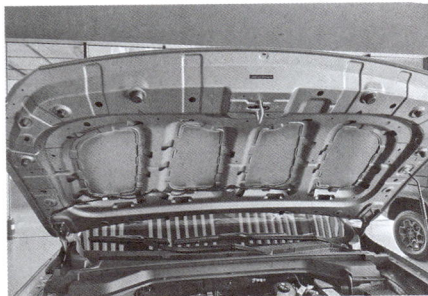

图 6-5-5　根据发动机舱盖的位置
裁剪止震垫

❸ 粘贴止震垫（作用是增加前机盖的重量，防止车板产生共振噪声）（图 6-5-6）。

❹ 把隔热吸音棉按照原车装饰板形状裁剪后进行张贴，并且用铝塑胶带进行边缘的密封（作用是吸收一部分发动机和前机盖共振产生的噪声）（图 6-5-7）。

图 6-5-6　粘贴止震垫

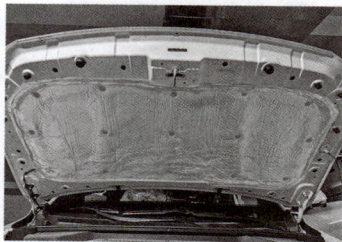

图 6-5-7　安装隔热吸音棉

发动机舱密封技术如下。

❶ 发动机舱盖密封：在发动机舱盖边缘安装密封条，减少发动机舱内的噪声和热量向驾驶舱传递。同时，还可以防止灰尘和水汽进入发动机舱，保护发动机部件。

❷ 防火墙密封：防火墙是分隔发动机舱和驾驶舱的重要部件，对其进行密封处理可以有效降低发动机噪声和热量的传递。使用防火、隔音的材料进行密封，确保安全性能。

❸ 进排气系统密封：进排气系统的密封性对发动机的性能和噪声控制有重要影响。检查进气管道和排气管道的连接处，确保密封良好，避免漏气现象。

（2）车门隔音作业

❶ 拆卸车门饰板。

❷ 清理门内的脏污、油渍和残胶，若未清理干净，减振材料难以黏附，且易脱落，用预处理剂涂抹将要粘贴的表面（图 6-5-8）。

注意：

请勿使用油性清洁剂。

❸ 根据车门的结构裁剪止震垫（图 6-5-9）。

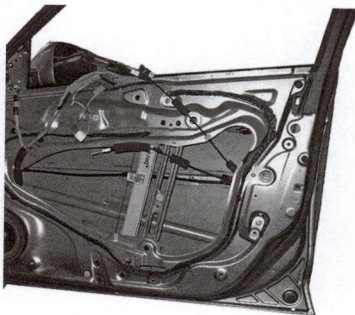

图 6-5-8　清理门内

图 6-5-9　裁剪止震垫

④ 将裁剪好的止震垫背后的不干胶纸撕开，用手压到需要粘贴的钣金位置。为达到最佳减振效果，可用专用滚筒或刮板在止震垫表面反复挤压（图6-5-10）。正确的安装方法是把止震垫紧贴在地板表面钣金上，最佳效果是地板钣金凹凸轮廓能从止震垫表面浮现出来，注意止震垫贴上后背面不能留气泡。

⑤ 止震垫粘贴的钣金位置如图6-5-11所示。

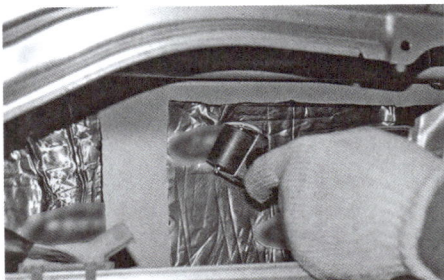

图 6-5-10　用专用滚筒在止震垫表面反复挤压

图 6-5-11　止震垫粘贴的钣金位置

⑥ 在汽车扬声器背面钣金及周边采用双层止震垫减振（图6-5-12）。

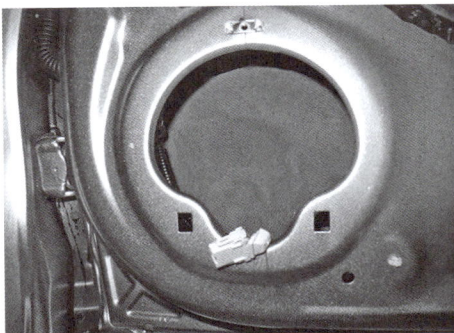

图 6-5-12　汽车扬声器粘贴止震垫

⑦ 再将车门其他位置粘贴止震垫（图6-5-13）。

⑧ 根据车门的结构裁剪隔音棉至合适的尺寸，使用双面胶或热熔胶粘贴在门板上（图6-5-14）。

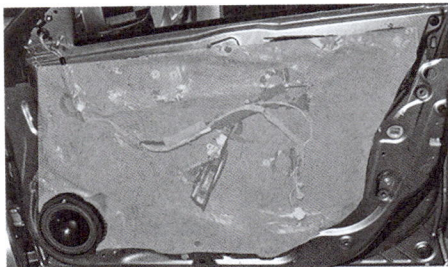

图 6-5-13　车门粘贴止震垫

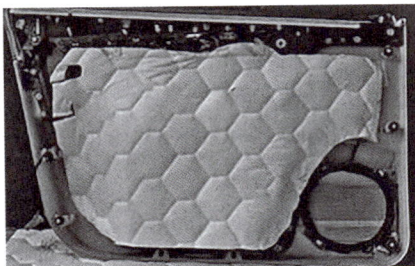

图 6-5-14　粘贴隔音棉

❾复原车辆。

车门密封技术如下。

❶密封条的选择：优质的密封条应具有良好的弹性、耐老化性和密封性。常用的材料有橡胶、硅胶等。在选择密封条时，需考虑其材质的性能、与车门的匹配度以及安装的便利性。

❷安装工艺：正确的安装工艺是确保车门密封效果的关键。安装前需对车门进行清洁，确保表面无灰尘和杂物。密封条的安装应均匀、紧密，避免出现缝隙和松动。

❸密封结构设计：合理的密封结构可以提高车门的密封性能。例如，采用多层密封结构，增加密封点的数量和密度，提高密封效果。同时，还需考虑车门的开合便利性和密封件的耐久性。

（3）后备厢隔音作业

❶拆卸内饰板：使用螺丝刀拧下后备厢内饰板上的螺栓，通常这些螺栓位于内饰板的边缘和角落处。注意保存好螺栓，以免丢失。轻轻撬开内饰板，注意不要用力过猛，以免损坏内饰板或卡扣（图6-5-15）。

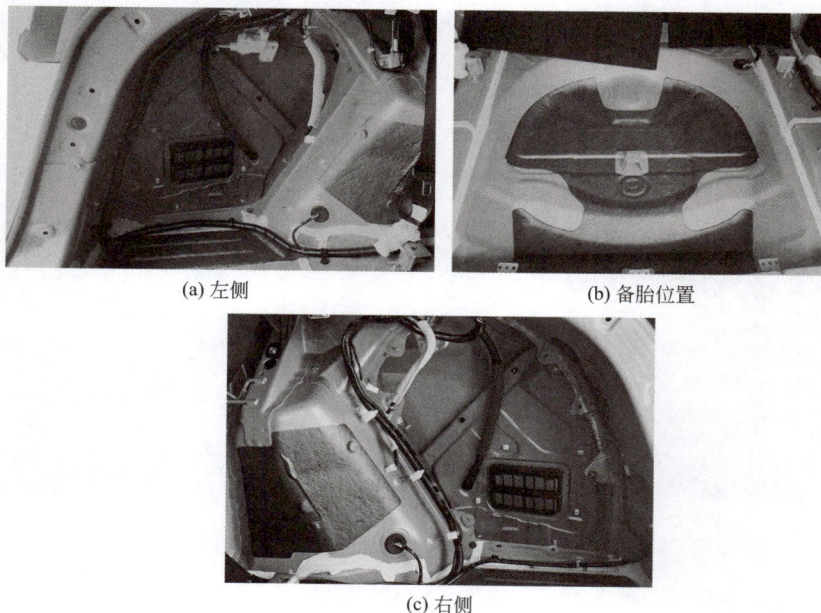

(a) 左侧　　　　　　　　　　(b) 备胎位置

(c) 右侧

图6-5-15　拆卸内饰板并清洁

❷清洁后备厢表面：使用干净的布或吸尘器清理后备厢表面的灰尘和污垢，确保后备厢表面干净、干燥，以便隔音材料能够更好地粘贴。

❸粘贴止震垫：根据后备厢的形状和尺寸，裁剪合适大小的止震垫。从后备厢的一侧开始，将止震垫逐片粘贴在后备厢表面上，注意要将止震垫平整地粘贴，并使用滚轮或手掌将其压实，确保与后备厢表面紧密贴合（图6-5-16）。

❹粘贴隔音棉：按照与止震垫相同的方法，裁剪合适大小的隔音棉，并将其覆盖在止震垫上。同样，要注意将隔音棉平整地粘贴，并使用滚轮或手掌压实，确保与止震垫紧密贴合（图6-5-17）。

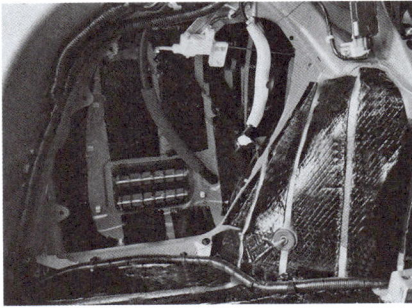

(a) 左侧

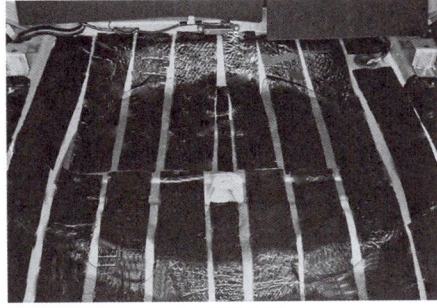

(b) 备胎位置

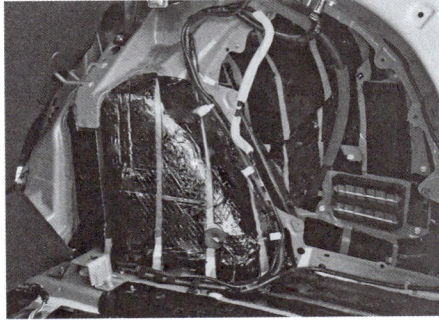

(c) 右侧

图 6-5-16　粘贴止震垫

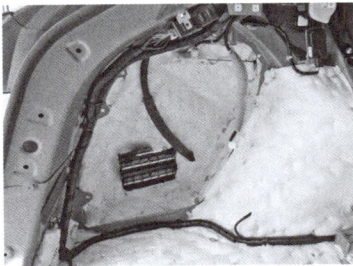

(a) 左侧

(b) 备胎位置

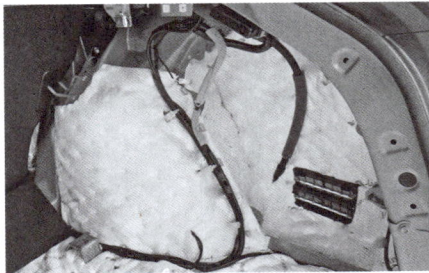

(c) 右侧

图 6-5-17　粘贴隔音棉

⑤ 检查与调整：在安装完隔音材料后，关闭后备厢门，启动车辆，检查隔音效果是否有所改善。如有需要，可以进行一些调整或补充隔音材料。

⑥ 恢复内饰板：最后，将后备厢内饰板按照与拆卸的相反顺序进行安装，并确保所有螺栓和卡扣都已牢固固定（图 6-5-18）。

⑦ 拆卸后备厢盖饰板（图 6-5-19）。

图 6-5-18　恢复内饰板

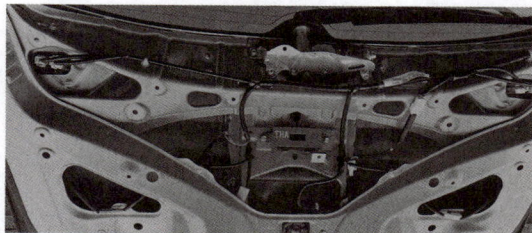

图 6-5-19　拆卸后备厢盖饰板

⑧ 清洁后备厢盖表面：使用干净的布或吸尘器清理后备厢盖表面的灰尘和污垢，确保后备厢盖表面干净、干燥，以便隔音材料能够更好地粘贴。

⑨ 粘贴止震垫：根据后备厢盖的形状和尺寸，裁剪合适大小的止震垫，并粘贴止震垫在后备厢盖上，使用滚轮或手掌将其压实，确保与后备厢盖表面紧密贴合（图 6-5-20）。

⑩ 粘贴隔音棉：根据后备厢盖饰板的尺寸，裁剪合适大小的隔音棉，并将其粘贴后备厢盖饰板上（图 6-5-21）。

⑪ 复原车辆。

图 6-5-20　粘贴止震垫

图 6-5-21 粘贴隔音棉

（4）车顶隔音作业

❶ 拆卸顶棚（图 6-5-22）。

注意：

拆卸切勿损坏顶棚。

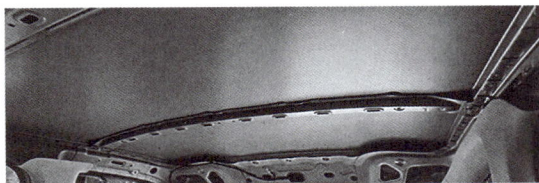

图 6-5-22 拆卸顶棚

❷ 清洁车顶表面：使用干净的布或吸尘器清理车顶表面的灰尘和污垢，确保车顶表面干净、干燥，以便隔音材料能够更好地粘贴（图 6-5-23）。

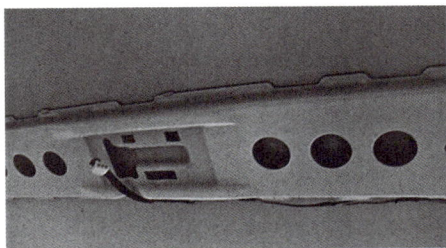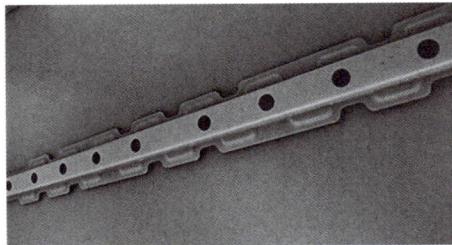

(a)   (b)

图 6-5-23 清洁车顶表面

❸ 粘贴止震垫：根据车顶的形状和尺寸，裁剪合适大小的止震垫，并粘贴止震垫在车顶，使用滚轮或手掌将其压实，确保与车顶表面紧密贴合（图 6-5-24）。

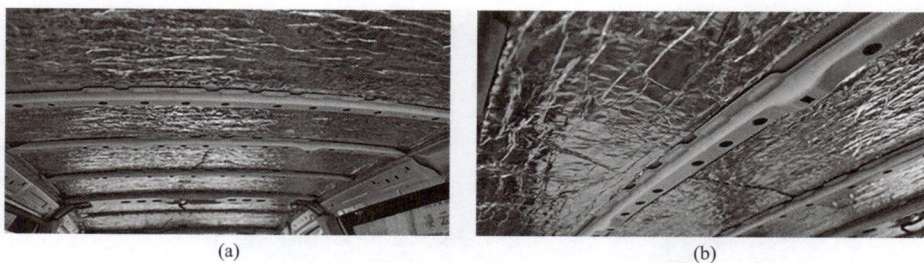
(a)   (b)

图 6-5-24　粘贴止震垫

❹ 粘贴隔音垫：根据车顶的尺寸，裁剪合适大小的隔音垫，并将其粘贴车顶上（图 6-5-25）。

❺ 对顶棚做止振和隔热处理，不仅可以降低顶棚处的噪声，同时有助于维持车厢内温度的恒定。

❻ 复原车辆。

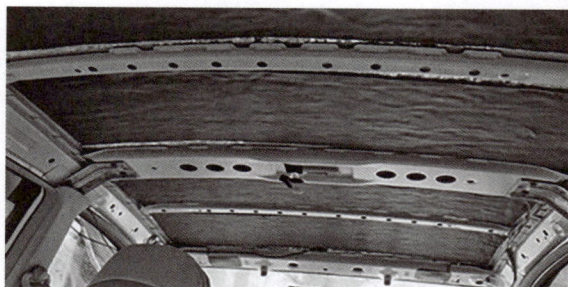

图 6-5-25　粘贴隔音垫

（5）车内地板隔音作业

❶ 拆卸车内所有座椅。

❷ 拆卸部分内饰，主要是妨碍拆卸地垫的内饰。

❸ 拆卸原车地垫。

❹ 清除原车的隔音材料，如有原车的粘贴隔音材料需清除干净（图 6-5-26 和图 6-5-27）。

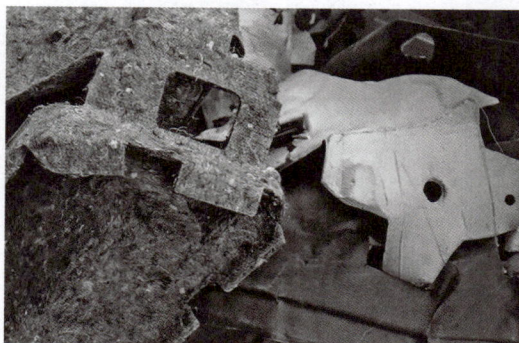

图 6-5-26　清除原车的隔音材料

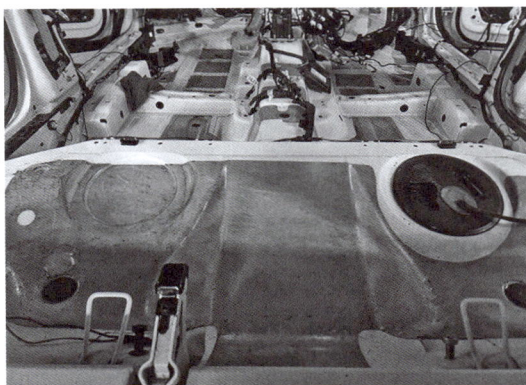

图 6-5-27　清除原车的隔音材料

❺ 粘贴止震垫：根据车内底盘的形状和尺寸，裁剪合适大小的止震垫，并粘贴止震垫在车内底盘，使用滚轮或手掌将其压实，确保与车内底盘表面紧密贴合（图 6-5-28）。

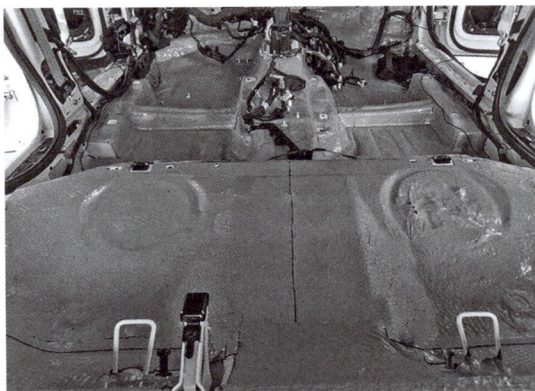

图 6-5-28　粘贴止震垫

注意：

螺栓孔及空调孔不要挡住，所有的电线都不能盖住。

❻ 粘贴隔音棉：根据车内底盘的形状和尺寸，裁剪合适大小的隔音棉，并将其粘贴在车内底盘上（图 6-5-29）。

❼ 复原车辆。

（6）前翼子板隔音作业

❶ 拆卸轮胎。

❷ 拆卸挡泥板。

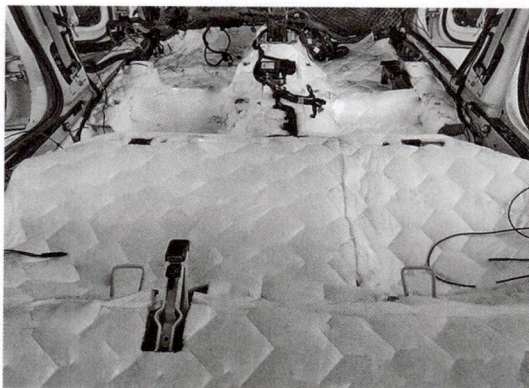

图 6-5-29　粘贴隔音棉

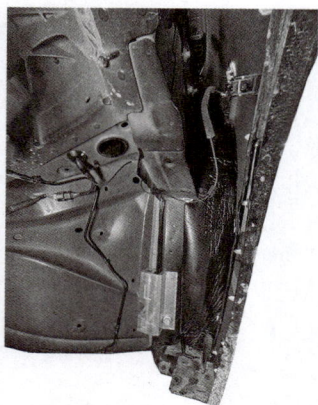

图 6-5-30　原车前轮毂未做任何
隔音处理

❸ 如图 6-5-30 所示，原车前轮毂未做任何隔音处理。对前后轮毂做止振处理，降低该部位的钣金共振；再使用隔音垫对前后轮毂做隔音处理，增强该部位的密封性；最后使用高弹棉对前后轮毂做吸音处理。

❹ 根据前轮毂的结构和尺寸，裁剪合适大小的止震垫、隔音垫、高弹棉，并粘贴在前轮毂上，使用滚轮或手掌将其压实，确保与前轮毂表面紧密贴合（图 6-5-31）。

❺ 用同样的方法对其他的轮毂进行隔音作业。

❻ 拆卸轮胎和挡泥板（图 6-5-32）。

❼ 根据后轮毂的结构和尺寸，裁剪合适大小的止震垫、隔音垫、高弹棉，并粘贴在后轮毂上，使用滚轮或手掌将其压实，确保与后轮毂表面紧密贴合（图 6-5-33）。

❽ 复原车辆。

(a) 粘贴止震垫

(b) 粘贴隔音垫

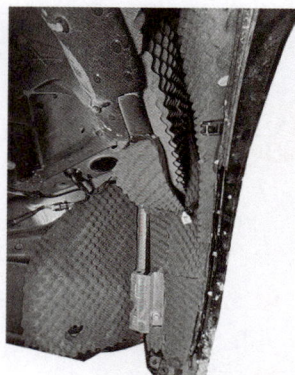

(c) 粘贴高弹棉

图 6-5-31　对前轮毂做隔音处理

图 6-5-32　拆卸轮胎和挡泥板

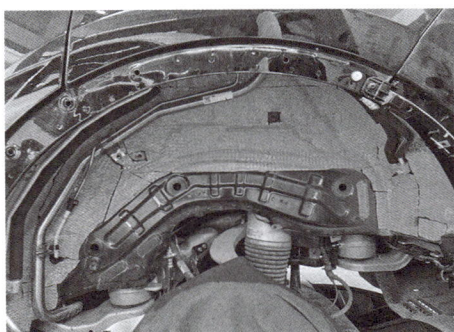

(a) 粘贴止震垫

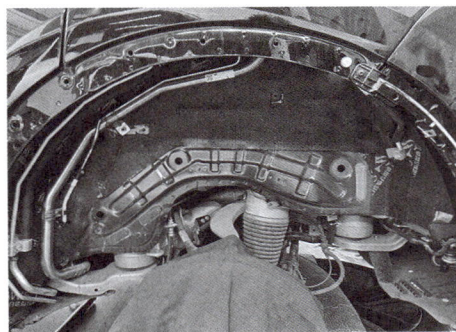

(b) 粘贴隔音垫

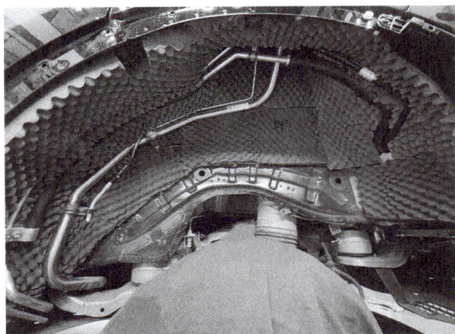

(c) 粘贴高弹棉

图 6-5-33　对后轮毂做隔音处理

6.5.4　质检

❶ 检查拆装的位置是否已经安装到位。

❷ 对车辆进行路试，检查车厢内路噪和胎噪，应该有明显的降低。

223

本书配套视频

序号	二维码视频内容	页码
1	加装汽车车身包围	9/13
2	贴膜工具的使用	15/17
3	汽车大灯包膜施工作业	19
4	汽车后视镜包膜施工作业	20
5	汽车前两侧翼子板包膜施工作业	24
6	汽车后两侧翼子板包膜施工作业	28
7	汽车侧裙下护板包膜施工作业	29
8	汽车前保险杠包膜施工作业	29/30
9	汽车后保险杠包膜施工作业	31/32
10	汽车车门改装剪刀门	34/36
11	加装倒车雷达	41
12	加装固定踏板	43
13	加装行李架	45
14	加装前后护杠	49
15	轮胎的检查与更换	50
16	前制动器的检查与更换	60
17	独立悬架概述	65
18	加装车身强化件	70/73
19	改装排气系统	77/82
20	改装碳纤维进气套件	83/85
21	改装高流量风格	87
22	加装外挂电脑	97
23	改装汽车车载导航	113/115
24	车窗改装一键升降功能	116
25	改装汽车车载音响	121
26	改装汽车电动尾门	123/125
27	改装汽车一键启动	129
28	加装电子油门加速器	129/130
29	更换液晶仪表	131/132
30	改装抬头显示器	133/138